"十三五"江苏省高等学校重点教材

2019-2-019

「十三五」江苏省高等学校重点教材

编著 吴晓红 谢海燕

基于学科核心素养的数学教学课例研究

U0652091

华东师范大学出版社
·上海·

图书在版编目(CIP)数据

基于学科核心素养的数学教学课例研究/吴晓红,谢海燕
编著.—上海:华东师范大学出版社,2019
(基于学科核心素养的教学课例研究)
ISBN 978-7-5675-9744-0

Ⅰ.①基… Ⅱ.①吴…②谢… Ⅲ.①中学数学课-教学
研究 Ⅳ.①G633.602

中国版本图书馆 CIP 数据核字(2019)第 234901 号

基于学科核心素养的数学教学课例研究
JIYU XUEKE HEXIN SUYANG DE SHUXUE JIAOXUE KELI YANJIU

编　　著　吴晓红　谢海燕
策划编辑　李文革
责任编辑　曹祖红　陆奕彤
责任校对　吕安轩
装帧设计　卢晓红

出版发行　华东师范大学出版社
社　　址　上海市中山北路 3663 号　邮编 200062
网　　址　www.ecnupress.com.cn
电　　话　021 - 60821666　行政传真 021 - 62572105
客服电话　021 - 62865537　门市(邮购)电话 021 - 62869887
地　　址　上海市中山北路 3663 号华东师范大学校内先锋路口
网　　店　http://hdsdcbs.tmall.com

印 刷 者　上海景条印刷有限公司
开　　本　787 毫米×1092 毫米　1/16
印　　张　18
字　　数　288 千字
版　　次　2019 年 12 月第 1 版
印　　次　2025 年 7 月第 5 次
书　　号　ISBN 978 - 7 - 5675 - 9744 - 0
定　　价　45.00 元

出 版 人　王 焰

前言

　　党的十八大报告明确提出把立德树人作为教育的根本任务："坚持教育为社会主义现代化建设服务、为人民服务，把立德树人作为教育的根本任务，全面实施素质教育，培养德智体美全面发展的社会主义建设者和接班人，努力办好人民满意的教育。"

　　2014 年颁布的《教育部关于全面深化课程改革，落实立德树人根本任务的意见》（以下简称《意见》）指出，要"研究提出各学段学生发展核心素养体系，明确学生应具备的适应终身发展和社会发展需要的必备品格和关键能力"。"核心素养体系"为进一步深化课程改革指明了方向：要根据学生的成长规律和社会对人才的需求，把对学生德智体美全面发展的总体要求和社会主义核心价值观的有关内容具体化、细化，深入回答"培养什么人，怎样培养人"的问题。也就是说，要把立德树人的要求落到实处，充分发挥课程在人才培养中的核心作用，进一步提升综合育人水平，更好地促进各级各类学校的学生全面发展、健康成长。《意见》还明确指出"研究制定学生发展核心素养体系和学业质量标准"，要用核心素养统领课程标准的修订。2014 年 4 月 26 日，《光明日报》进一步指出："教育部将根据学生的成长规律和社会对人才的需求，把对学生德智体美全面发展总体要求和社会主义核心价值观的有关内容细化，从而研究制定出各学段学生发展核心素养体系。"

　　2014 年 12 月，教育部正式启动普通高中课程标准的修订工作，数学核心素养作为数学课程目标的基本组成部分，成为数学课程标准制定的前提。

　　2016 年 9 月，核心素养研究课题组发布了《中国学生发展核心素养》，可以说，核心素养顺应了世界教育改革发展趋势，是落实立德树人根本任务、全面实施素质教育、深化教育改革的产物。至此，核心素养概念体系已成为新一轮课程深化改革的方向，核心素养成为基础教育课程改革的指路明灯，成为学生成长的 DNA，引领着基础教育深化改革,从"知识本位"时代走向"核心素养"时代。

学生核心素养的培育最终要通过学科教育来实施,必须将宏观的核心素养体系落实到学科核心素养的培育上和具体的学科课程建设中。发展学生核心素养的重任历史地落在学科教育工作者身上。

因此,基于学科核心素养的教学变革成为学科研究和实践的热点。就数学学科而言,数学核心素养是数学课程改革的新指向,是数学教育的培养目标。因而,基于学科核心素养的数学教学变革成为数学教育改革的重点。深入理解数学核心素养的内涵,探讨数学核心素养培养的路径,是推进数学课程改革、促进数学核心素养落地的关键。

数学核心素养是什么?数学核心素养如何落地?这不仅是理论研究的问题,更是实践探讨的重点。一个优秀的教学课例能使我们更加直观、具体地了解数学核心素养的教学,为数学核心素养的落地指明方向。为此,本书汇集部分全国中小学一线数学名师的优质课,精选概念课、定理课、综合实践课、练习课等不同教学课型,通过教学预设、精彩实录、课例评析等方面的展示,力求为大家呈现实实在在的基于核心素养的课堂教学样态。

因此,在关注发展学生核心素养的今天,聚焦数学核心素养,理清数学核心素养的理论内涵和实践意义,基于课例揭示核心素养落地的路径,不仅重要而且极为迫切。

本书主要包括三部分:上篇重点从词源分析、历史脉络考察、关系透视等不同角度揭示数学核心素养的意义,为开展基于数学核心素养的教学奠定理论基础;中篇聚焦数学核心素养的六个方面,基于实践案例对数学核心素养进行进一步解读;下篇重点给出核心素养指导下的数学教学课例,为培养学生核心素养提供基于数学核心素养的数学课堂教学课例。

本书由江苏师范大学吴晓红教授、谢海燕博士主持编著。其中上篇(第1~4章)由吴晓红撰写,中篇由谢海燕(第5章、第6章、第9章)、朱超(第7章)、许晴(第8章)、蒋林倩(第10章)撰写,下篇由来自广东中山的刘燕(第11章)、江苏南京的储冬生(第12章)、河北沧州的杨磊(第13章)、江苏徐州的王宗信(第14章)、江苏连云港的马敏(第15章)、江苏泰州的徐秀峰(第16章)、江苏连云港的顾秋婷(第17章)、江苏新沂的姚松(第18章)撰写。中篇由谢海燕整理统稿,全书由吴晓红统稿。

在本书编写过程中,我们参考了大量文献资料,吸收了许多专家学者的研究成果,在此一并表示诚挚谢意。

目录

中篇　实践解读

下篇　教学课例

上篇　理论概述

多视角审视可以更全面更深入地认识、理解数学核心素养。上篇从词源分析、历史分析、要素分析、背景分析、关系分析等角度入手，探讨数学核心素养的意义。通过对数学核心素养进行词源分析，明确数学核心素养的本质；通过对数学期望课程的历史考察，揭示数学核心素养发展的历史脉络；通过分析数学核心素养诸要素，进一步追溯要素的意义；通过分析数学核心素养与数学素养的关系以及揭示数学核心素养产生的时代背景，进一步理解数学核心素养产生的必要性和重要性，理解从数学素养到数学核心素养的必然性。上篇理论概述力求全方位、多角度揭示数学核心素养的意义，为开展数学核心素养教学，提升学生数学核心素养奠定理论基础。

第1章 词源分析：数学核心素养的本质

理解"数学核心素养"，首先需要理解"素养"、"数学素养"、"核心素养"等相关概念。

1.1 素养

"素养"一词可追溯到《汉书·李寻传》："马不伏枥，不可以驱道；士不素养，不可以重国。"《后汉书·刘表传》："越有所素养者，使人示之以利，必持众来。"（宋）陆游《上殿札子》："气不素养，临事惶遽。"在《汉语大词典（第九卷）》中，"素养"指"修习涵养"，在《现代汉语词典（第7版）》中，"素养"是指一个人平时的修养。而"修养"在《现代汉语词典（第7版）》中，是指人的综合素质，它包含四种基本含义：培养高尚的品质和正确的待人处世的态度，求取学识品德之充实完美；科学文化知识、艺术、思想等方面所达到的一定水平；逐渐养成的待人处事的正确态度；智力，性格。

从中看出，素养是指一个人平日的基本修养，相对于先天的素质而言，素养是后天培养的、可以习得的，是由后天训练和实践而获得的一种修养，它包括个人的才能和内在涵养。

国外与"素养"相关的英文词主要有：competency，literacy，ability，capability，以

及 accomplishment，attainment，quality 等。付文晓等的研究表明①，competency 来自拉丁语 competentia，表示一起集会，在 1590 年表示竞争的意思，到 1797 年才有素养的概念。competencies 是 competency 的复数形式，competency 与 competence 的拉丁文词根为 competere，它是指各种能力或力量（powers）的聚汇，以使人恰当应对情境。在《牛津高阶英汉双解词典（第 7 版）》中，literacy 指读写能力；ability 包含两种含义，即①能力，②才能、本领、才智；capability 表示两种含义，即①能力、才能，②（国家的）军事力量、军事武器；accomplishment 包含三种基本含义，即①成就、成绩，②才艺、技艺、专长，③完成、成就；attainment 包含两种含义，即①成就、造诣，②达到、获得；quality 有两种词性，即名词和形容词。作名词时有五种含义，即①质量、品质，②上乘、优质、高标准，③人品、素质、品德，④特征、特色、特质，⑤（供有品位者阅读的）高端报纸；作形容词时有两种含义，即①优质的、高质量的，②棒极了。

可见这些词主要含有能力、技能、才能、品质等涵义。

整体来说，"素养"就是后天通过训练和实践习得的，沉淀在人身上并对人的发展、生活、学习有价值和有意义的东西，主要包括个人的才能和内在涵养。它具有后天性、可习得性、综合性、持久性。

1.2　数学素养

"与人的先天素质相比，素养具有可教性，学科核心素养是通过学科教育获得的，它是可教育的素养；而且是必须通过学科教育和学生学习才能获得的素养。"②因此，理解数学核心素养必须基于数学学科特点。

也就是说，数学素养不同于其他学科学习所获得的素养，是关于"数学"的素养，是通过数学学习活动获得的。因此，对数学素养的理解必须建立在数学学科本质基础上。例如，如果将数学理解为一门计算科学，那么数学运算则成为学生应该具备的数学素养；如果将数学作为科学技术的基础工具，那么必然强调数学是科学的语言，相应

---

① 付文晓，钱旭升."核心素养"的词源学研究[J].教育导刊，2017(12).
② 余文森.论学科核心素养的课程论意义[J].教育研究，2018(3).

地,数学素养必然强调运用数学语言解决现实问题。

因此,基于不同的观点和视角,国内外对数学素养的认识也有不同。

例如,美国数学教师协会 NCTM 于 1989 年在《学校数学课程与评价标准》中,将数学素养内涵概括为"能理解数学价值,对自己的数学能力有信心,成为数学问题解决的能手,学会数学交流,学会数学推理"[1]。在《面向 21 世纪的基础教学》报告中又指出:"现代数学素养包含数学知识、数学思维、数学方法、数学思想、数学技能、数学能力、个性品质七个方面的内容"[2]。2000 年,澳大利亚在全球生活技能调查中,把数学素养定义为:"人们用来有效处理生活与工作过程中出现的数量问题所需的技能、知识、信念、气质、思维习惯、交流能力、问题解决能力的聚合"[3]。著名的国际学生评估项目 PISA 研究指出,数学素养是"个体识别和理解数学在世界中所起作用的能力,做出有根据的数学判断的能力,以及作为一个关心社会、善于思考的公民,为了满足个人生活需要而使用和从事数学活动的能力"[4]。

在国内,桂德怀、徐彬艳认为,数学素养是数学情感态度价值观、数学知识、数学能力的综合体现[5];蔡上鹤指出,数学素养的结构是多方位的,基本的有知识技能素养、逻辑思维素养、运用数学素养、唯物辩证素养[6];郑强把"数学素养"界定为:"在数学课程学习过程中,学习者通过数学学习,加深对数学知识的理解,内化数学文化的成果,最终在学习者身上体现的一种时代价值或自己达到的新水平,同时能够主动将数学理论应用于生产生活实践[7]。"

整体来看,虽然观点百花齐放,但都认可数学素养是通过数学学习获得的素养,主要将数学素养看作是一个通过数学学习获得的,包括知识、能力、情感的综合体,即"学生的数学素养应包括数学的知识素养(问题、方法、语言、理论等)和观念素养,同时,我

---

[1] National Council of Teachers of Mathematics. Curriculum and Evaluation Standards for School Mathematics [M]. Reston, VA：Author, 1989.

[2] 胡典顺. 数学素养研究综述[J]. 课程·教材·教法,2010(12).

[3] 桂德怀,徐彬艳. 数学素养内涵之探析[J]. 数学教育学报,2008(3).

[4] OECD：PISA 2003 Mathematics Literacy Framework. 2002.

[5] 桂德怀,徐彬艳. 数学素养内涵之探析[J]. 数学教育学报,2008(3).

[6] 蔡上鹤. 谈谈数学素养[J]. 人民教育,1994(10).

[7] 郑强. 论数学素养及其在数学课程中的价值体现[J]. 曲阜师范大学学报(自然科学版),2005(2).

们应将它们看作一个综合体,并从辩证的角度理解这些要素"①。

1.3 核心素养

近年来,"素养"已成为不同领域的热词,不仅出现了与学科相关的"语文素养""数学素养""化学素养"等,还出现了不同领域或者不同维度的相关概念,诸如"媒体素养""金融素养""信息素养""政治素养""核心素养"等。以基础教育的不同学科为标准,素养可以分为数学素养、语文素养、物理素养、化学素养等等,即是通过不同学科学习所获得的素养。以学生发展需求程度为标准,素养又可以分为核心素养与一般素养。

在《现代汉语常用词辞海》第一卷中,"核心"是指中心,指事物的主要部分或事物的关键。《现代汉语词典(第7版)》中,"核心"是指中心、主要的部分(就事物之间的关系说)。因此,"核心"是就事物之间关系而言的,指处于主要地位、起着领导作用的事物,核心素养就是对学生素养发展起重要作用的、居于统帅地位的素养。

与核心素养相对的英文主要有:key competencies、key competency、core competencies、core skills 等。在《牛津高阶英汉双解词典(第7版)》中,"core"有两种词性:名词、形容词。作名词时,基本含义有:①(苹果等的)果心,核;②(物体的)中心部分;③最重要的部分、核心、要点、精髓;④(参加某项活动的)一小群人。作为形容词时,其基本含义有:①最重要的、主要的、基本的;②核心(信念、价值、原则等);③核心成员的、骨干的。"key"有三种词性,分别为:名词、动词和形容词。作名词时,其含义为:①开锁工具(钥匙);②最重要的事(关键、要诀);③计算机(计算机或者打印机的)键;④乐器(钢琴或其他乐器的)键;⑤音乐(调);⑥答案、题解;⑦(地图或平面图的)符号说明、图例。作动词时,其基本含义为:①用键盘输入、键入;②用钥匙划坏(汽车)。作形容词时,包含一种含义:最重要的、主要的、关键的。

可见,core、key 本身就有"关键的""最重要的""主要的""必不可少的"等含义。因而,核心素养就是指在人的发展中居于统治性、根本性的素养,它"指向事物本质,对事

---

① 吴晓红,郑毓信.新课程背景下学生数学素养问题探析[J].中国教育学刊,2012(4).

物全局起支撑性、引领性和持续促进发展的作用"。[1]

通过中外词源考察，我们就可以理解"中国学生发展核心素养框架及数学核心素养的深度解读"[2]的以下阐述：核心素养是所有学生应具有的最关键、最必要的共同素养；是知识、技能和态度等的综合表现；是在先天遗传的基础上综合后天环境的影响而获得的，可以通过接受教育来形成和发展；核心素养的作用发挥具有整合性等等。

1.4　数学核心素养

从以上概念词源考察可知，数学核心素养就是在先天遗传的基础上，通过后天数学学科的学习而形成的素养，它是可教的、可培养的，具有整体性、综合性的特点，是知识、技能和态度等的综合表现。数学核心素养是最能反映数学学科本质的、对学生发展起至关重要作用的素养。

因此，明确数学学科的本质是确定数学核心素养的关键。史宁中教授指出："数学教育的终极目标是，一个人学习数学之后，即便这个人未来从事的工作和数学无关，也应当会用数学的眼光观察世界，会用数学的思维思考世界，会用数学的语言表达世界。所谓数学的眼光，本质就是抽象，抽象使得数学具有一般性；所谓数学的思维，本质就是推理，推理使得数学具有严谨性；所谓数学的语言，主要是数学模型，模型使得数学的应用具有广泛性。"[3]可见，数学抽象、逻辑推理、数学模型突出反映了数学学科本质，对学生发展有重要作用，因而成为数学核心素养的重要要素。

另外，因为"直观想象是实现数学抽象的思维基础"，而数学运算虽然属于逻辑推理，"但高中阶段数学运算很重要"，又因为"在大数据时代，数据分析变得越来越重要，逐渐形成了一种新的数学语言"，所以直观想象、数学运算、数据分析也成为数学核心素养的重要要素。

可见，"数学学科核心素养是数学课程目标的集中体现，是具有数学基本特征的思

① 成尚荣. 基础性：学生核心素养之"核心"[J]. 人民教育，2015(4).
② 中国学生发展核心素养框架及数学核心素养的深度解读[EB/OL]. (2016 - 09 - 20) http://www.360doc. com/content/16/0920/21/2707748_592363478. html.
③ 史宁中. 学科核心素养的培养与教学——以数学学科核心素养的培养为例[J]. 中小学管理，2017(1).

维品质、关键能力以及情感、态度与价值观的综合体现,是在数学学习和应用的过程中逐步形成和发展的"①。数学抽象、逻辑推理、数学模型、直观想象、数学运算、数据分析成为数学课程标准提出的数学核心素养。

---

① 中华人民共和国教育部.普通高中数学课程标准(2017年版)[S].北京:人民教育出版社,2018:4.

第 2 章　目标审视：期望课程中的数学核心素养

国际著名的 TIMSS(The Trends in International Mathematics and Science Study) 是在国际上有较大影响的国际教育评价研究，被誉为规模最大、最为严密的"世界级"教育研究。该研究将课程分为三个层面：期望课程、实施课程、获得课程。期望课程反映的是国家意愿，是国家对基础教育课程的基本规范和质量要求，通常以教学大纲、课程标准或者部审教材的形式得到体现，它代表着国家意志的课程意图、课程目标和要求。实施课程主要关注课堂教学实际实施的情况，获得课程则关注学生实际习得的内容，其中期望课程是实施课程和获得课程的基础。因而，教学大纲或者课程标准中所出现的关键词就反映了国家教育改革的动向。

数学核心素养之所以成为引领数学课程改革的指路灯，成为数学教育研究的热点，一个重要原因在于"数学学科核心素养"是国家期望课程《普通高中数学课程标准(2017 年版)》的关键词。因而，理解数学核心素养，必须考察数学教学大纲或者课程标准的历史演变，从中理清数学核心素养的溯源，明确数学核心素养的意义。

2.1　数学期望课程的阶段划分

1949 年新中国成立之际，我国主要学习苏联数学教育模式，颁布的数学期望课程以"数学教学大纲"命名。1949 年—2000 年期间，我国颁布了许多中小学数学教学大纲。进入 21 世纪，我国进行新一轮课程改革，开始采用"课程标准"名称，相继颁布了一系列数学课程标准。因此，1949～2000 年的改革是基于教学大纲的教育改革，自 2001 年起，则是走向基于课程标准的课程改革。

许多学者对大纲时代的数学课程发展做了不同角度的划分，由于本书主要探讨聚焦数学核心素养的教学改革，因而不再对教学大纲时代数学课程改革细分阶段，只对基于课程标准的课程改革做进一步划分。

2001 年颁布的《义务教育课数学课程标准（实验稿）》（以下简称"2001 课标"）、2003 年颁布的《普通高中数学课程标准（实验）》（以下简称"2003 课标"），标志着基于课程标准的课程改革的开始。基于课程标准的课程改革在经历了激动、困惑、争论、反思、调整的曲折发展历程之后，又站在了一个新的起点上，课程标准修订稿相继出台。2011 年颁布了《义务教育数学课程标准（2011 年版）》（以下简称"2011 课标"）、2017 年颁布了《普通高中数学课程标准（2017 年版）》（以下简称"2017 课标"）。因此可以说，2001 年开始的数学课程改革是基于课程标准改革的初期，而 2011 年修订课程标准之后的改革则是反思、深化、调整后的改革。

基于此，本书将反映国家意志的数学期望课程的演变划分为三个阶段：大纲时代、课标初期、课标当代。大纲时代阶段主要指建国至 2000 年，本书主要考察比较有影响的中小学数学教学大纲；课标初期阶段主要考察义务教育阶段的"2001 课标"和普通高中阶段的"2003 课标"；课标当代阶段主要考察义务教育阶段的"2011 课标"和普通高中阶段的"2017 课标"。

2.2 大纲时代：能力突出、情志显现

1950 年教育部颁布的《小学算术课程暂行标准（草案）》、《供普通中学教学参考适用数学精简纲要（草案）》，分别是建国之初关于小学数学教学和中学数学教学的第一个期望课程。此后，教育部根据时代发展和教育改革的需要，又颁发了许多数学教学大纲。1963 年颁布的中小学数学教学大纲、1978 年颁布的中小学教学大纲、1992 年颁布的中小学教学大纲等等，都对数学教育改革产生了重大影响。

1950 年代颁布的系列中，小学数学教学大纲主要是在学习借鉴了苏联先进经验

的基础上制订的，"没有很好地结合中国实际，存在着比较严重的教条主义"①。为适应中国社会主义建设发展的需要，教育部对中、小学数学教学大纲进行了修订，于1963 年颁布了《全日制小学算术教学大纲(草案)》(以下简称"63 大纲小学")、《全日制中学数学教学大纲(草案)》(以下简称"63 大纲中学")。

"63 大纲小学"指出"小学算术教学的目的是：使学生牢固地掌握算术和珠算的基础知识，培养学生正确地、迅速地进行四则计算的能力，正确地解答应用题的能力，以及具有初步的逻辑推理的能力和空间观念，以适应他们毕业后参加生产劳动和进一步学习的需要"②；"63 大纲中学"指出"中学数学的教学目的是：使学生牢固地掌握代数、平面几何、立体几何、三角和平面解析几何的基础知识，培养学生正确而且迅速的计算能力、逻辑推理能力和空间想象能力，以适应参加生产劳动和进一步学习的需要"③。可见，63 大纲教学除了指出学生要掌握的基础知识以外，还明确提出了针对中小学生的"能力"目标，分别是：计算能力、解答应用题的能力、逻辑推理能力和空间观念(小学)；计算能力、逻辑推理能力、空间想象能力(中学)。其中计算能力、逻辑推理能力、空间想象能力(空间观念)是我国首次提出的"三大能力"。

粉碎"四人帮"以后，教育部在"教材要反映出现代科学文化的水平，同时要符合我国的实际情况"④的指导思想下，采取"精选、增加、渗透"原则，于 1978 年颁布了《全日制十年制学校小学数学教学大纲(试行草案)》(以下简称"78 大纲小学")和《全日制十年制学校中学数学教学大纲(试行草案)》(以下简称"78 大纲中学")。"78 大纲小学"指出，"小学数学教学目的是：使学生理解和掌握数量关系和空间形式的最基础的知识，能够正确地、迅速地进行整数、小数和分数的四则计算，初步了解现代数学中的某些最简单的思想，具有初步的逻辑思维能力和空间观念，并能够运用所学的知识解决日常生活和生产中的简单的实际问题。同时，结合教学内容对学生进行思想政治教

① 课程教材研究所. 20 世纪中国中小学课程标准教学大纲汇编(数学卷)[M]. 北京：人民教育出版社，2001：427.
② 课程教材研究所. 20 世纪中国中小学课程标准教学大纲汇编(数学卷)[M]. 北京：人民教育出版社，2001：82.
③ 课程教材研究所. 20 世纪中国中小学课程标准教学大纲汇编(数学卷)[M]. 北京：人民教育出版社，2001：434.
④ 课程教材研究所. 20 世纪中国中小学课程标准教学大纲汇编(数学卷)[M]. 北京：人民教育出版社，2001：本卷编者的话.

育。""78 大纲中学"阐述的中学数学教学目的是："使学生切实学好参加社会主义革命和建设，以及学习现代科学技术所必需的数学基础知识；具有正确迅速的运算能力、一定的逻辑思维能力和一定的空间想象能力，从而逐步培养学生分析问题和解决问题的能力。通过数学教学，向学生进行思想政治教育，激励学生为实现四个现代化学好数学的革命热情，培养学生的辩证唯物主义观点。"

可见，"78 大纲小学"和"78 大纲中学"继承了"三大能力"的提法，但将计算能力改为运算能力，将逻辑推理能力改为逻辑思维能力，并明确提出了要培养学生分析问题和解决问题的能力。同时，教学大纲还提出了培养学生情感意志的目的，如培养辩证唯物主义观点。

之后，"三大能力"——运算能力、逻辑推理能力、空间想象能力（空间观念），以及"分析问题、解决问题的能力"频繁出现在数学教学大纲中，能力培养已成为我国数学教学大纲的突出特点。例如：1992 年《九年义务教育全日制小学数学教学大纲（试用）》的教学目的包括"使学生具有进行整数、小学、分数四则计算的能力，培养初步的逻辑思维能力和空间观念，能够运用所学的知识解决简单的实际问题"；1996 年《全日制普通高级中学数学教学大纲（供试验用）》的教学目的有"进一步培养学生的思维能力、运算能力、空间想象能力，以逐步形成运用数学知识来分析和解决实际问题的能力"。

另外，考察中小学数学教学大纲发现，培养学生的情感意志也显性出现在数学教学大纲中，并且教学大纲对学生情感意志方面的要求也不断增加。例如："78 大纲小学"指出要"对学生进行思想政治教育"；1986 年《全日制小学数学教学大纲》提出"结合教学内容对学生进行思想品德教育"，之后"思想品德教育"成为小学数学教学大纲的重要内容；"78 大纲中学"提出要"培养学生的辩证唯物主义观点"；1982 年颁布的《全日制六年制重点中学数学教学大纲（征求意见稿）》指出要"培养学生的科学态度和辩证唯物主义世界观"；1986 年《全日制中学数学教学大纲》还提出了"培养学生对数学的兴趣"的要求；1992 年《九年义务教育全日制初级中学数学教学大纲（试用）》首次提出"培养学生良好的个性品质"，其后"培养良好的个性品质和辩证唯物主义观点"成为中学数学教学大纲的重要内容。

整体上看，就情感意志的培养而言，使小学生受到"思想品德教育"，培养中学生"良好的个性品质和辩证唯物主义观点"，已成为我国数学教学大纲的显性特征。

可见,能力突出、情感意志显现是大纲时代的突出特点,其中培养数学"三大能力"、"分析和解决实际问题的能力"以及使学生受到"思想品德教育",培养中学生"良好的个性品质和辩证唯物主义观点"已成为数学教育界的共识,也是大纲时代数学教学的重要目标。

2.3　课标初期:数学素养走向前台

我国于 1992 年首次在官方文件《九年义务教育全日制初级中学数学教学大纲(试用)》中提出"数学素养"一词:"使学生受到必要的数学教育,具有一定的数学素养,对于提高全民族素质,为培养社会主义建设人才奠定基础是十分必要的。"[①]其后,在1996 年颁布的《全日制普通高级中学数学教学大纲(供试验用)》、2000 年颁布的《九年义务教育全日制初级中学数学教学大纲(试用修订版)》和《全日制普通高级中学数学教学大纲(实验修订版)》中都有相同或类似表述。

这些大纲均没有明确界定数学素养,但将运算能力(计算能力)、思维能力、空间想象能力(空间观念)、解决实际问题的能力、创新意识、良好的个性品质、辩证唯物主义观点等内容纳入"数学素养"范畴。可见我国数学教育传统的"三大能力"、分析解决问题的能力、培养学生个性品质和辩证唯物主义观点等仍然是"数学素养"的重要内涵。

虽然政府在大纲时代已经提出培养学生的数学素养,但并未引起学者足够关注。进入 21 世纪,我国进行新一轮基础教育课程改革。"2001 课标"的颁布,标志着新一轮数学课程改革开始实施。

"2001 课标"没有明确出现有关"数学素养"的表述,但其教学总目标的表述却与2000 年数学大纲提出的数学素养的表述有很大关系。例如,在课程目标阐述中,在"数学与思考"方面提出了"发展抽象思维""发展形象思维""发展合情推理能力和初步的演绎能力"等目标;在"解决问题"方面倡导"从数学的角度提出问题、理解问题,并能综合运用所学的知识和技能解决问题,发展应用意识";在"情感与态度"方面,要求学

---

① 课程教材研究所. 20 世纪中国中小学课程标准教学大纲汇编(数学卷)[M]. 北京:人民教育出版社,2001:604.

生能够"对数学有好奇心与求知欲""锻炼克服困难的意志,建立自信心""形成实事求是的态度以及进行质疑和独立思考的习惯"等等。

2003 年《普通高中数学课程标准(实验)》明确指出"高中数学课程的总目标是:使学生在九年义务教育数学课程的基础上,进一步提高作为未来公民所必要的数学素养,以满足个人发展与社会进步的需要",并具体阐述为:"①获得必要的数学基础知识和基本技能,理解基本的数学概念、数学结论的本质,了解概念、结论等产生的背景、应用,体会其中所蕴含的数学思想和方法,以及它们在后续学习中的作用。通过不同形式的自主学习、探究活动,体验数学发现和创造的历程。②提高空间想像、抽象概括、推理论证、运算求解、数据处理等基本能力。③提高数学地提出、分析和解决问题(包括简单的实际问题)的能力,数学表达和交流的能力,发展独立获取数学知识的能力。④发展数学应用意识和创新意识,力求对现实世界中蕴含的一些数学模式进行思考和作出判断。⑤提高数学学习的兴趣,树立学好数学的信心,形成锲而不舍的钻研精神和科学态度。⑥具有一定的数学视野,逐步认识数学的科学价值、应用价值和文化价值,形成批判性的思维习惯,崇尚数学的理性精神,体会数学的美学意义,从而进一步树立辩证唯物主义和历史唯物主义世界观。"①

可以看出,"数学素养"成为"2003 课标"数学课程标准的关键词,课标中虽然没有明确数学素养的内涵,但其意义隐含在以上 6 个方面的具体阐述中。从 6 个方面的具体阐述中可以看出,课程目标不仅继承了传统的"三大能力",还将抽象概括、数据处理作为学生应该具备的基本能力;不仅延续了分析问题、解决问题的提法,还首次提出了"数学地提出问题"的能力;不仅包括数学情感意志的培养,还进一步丰富了情感意志的内容,比如树立学好数学的信心,认识数学的价值,崇尚数学的理性精神,体会数学美等。

可见,"2003 课标"与"2001 课标"虽然是不同学段的课程标准,但表述方式与目标内容较为一致,课程目标的主要内容建立在已有数学期望课程的基础上,延续了我国数学教育传统内容。特别是"2003 课标"明确提出了"数学素养"的目标,并进一步丰富了数学课程目标的内涵,丰富了数学素养的意义。

---

① 中华人民共和国教育部. 普通高中数学课程标准(实验)[S]. 北京:人民教育出版社,2003:11.

　　至此,数学素养从大纲时代的幕后走向课标时代的前台,从课程标准中浮现出来,成为课标初期数学课程改革的重要目标。

2.4　课标当代：数学核心素养成为改革方向

　　《义务教育数学课程标准(2011 年版)》是对"2001 课标"的修订完善,"2011 课标"明确提出了指向义务教育阶段的数学素养的目标:"数学是人类文化的重要组成部分,数学素养是现代社会每一个公民所必备的基本素养。"[①]又具体提出了 10 个核心概念:"在数学课程中,应当注重发展学生的数感、符号意识、空间观念、几何直观、数据分析观念、运算能力、推理能力和模型思想。为了适应时代发展对人才培养的需要,数学课程还要特别注重发展学生的应用意识和创新意识。"[②]这 10 个核心概念是学生在义务教育阶段数学课程学习中最应具备的数学素养,是促进学生发展的重要方面,是学生掌握数学基本思想的基础。其后,马云鹏明确指出,这十个概念就是数学核心素养[③]。

　　《普通高中数学课程标准(2017 年版)》更是将数学素养贯穿于课标始终,特别是提出了"数学学科核心素养"的关键词。整个课程标准共计出现"数学学科核心素养"147 次。在"课程性质"中明确指出:"数学在形成人的理性思维、科学精神和促进个人智力发展的过程中发挥着不可替代的作用。数学素养是现代社会每一个人应该具备的基本素养。"[④]并从课程、教学、评价等方面,将"高中数学课程以学生发展为本,落实立德树人根本任务,培育科学精神和创新意识,提升数学学科核心素养""高中数学课程体现社会发展的需求、数学学科的特征和学生的认知规律,发展学生数学学科核心素养""高中数学教学以发展学生数学学科核心素养为导向""高中数学学习评价关注学生知识技能的掌握,更关注数学学科核心素养的形成和发展"等作为重要的"基本理念"。

① 中华人民共和国教育部. 义务教育数学课程标准(2011 年版)[S]. 北京：北京师范大学出版社,2012：1.
② 邵征峰等. 70 年来我国小学数学课程标准演变及启示[J]. 中小学教师培训,2019(5).
③ 马云鹏. 关于数学核心素养的几个问题[J]. 课程·教材·教法,2015(9).
④ 中华人民共和国教育部. 普通高中数学课程标准(2017 年版)[S]. 北京：人民教育出版社,2017：1.

同时,"2017 课标"首次提出了六大数学学科核心素养:"在学习数学和应用数学的过程中,学生能发展数学抽象、逻辑推理、数学建模、直观想象、数学运算、数据分析等数学学科核心素养。"并将"发展学生数学学科核心素养"作为数学课程的核心目标,提倡"树立以发展学生数学学科核心素养为导向的教学意识,将数学学科核心素养的培养贯穿于教学活动的全过程"。[①]

可以看出,数学课程目标在经历了凸显数学能力(三大能力、分析解决问题能力)、情感意志以及显化"数学素养"之后,使"数学学科核心素养"(简称"数学核心素养")成为基础教育数学课程改革的关键词,成为引领数学课程改革的方向,也成为数学教育界理论研究和实践探索的热点。

---

① 中华人民共和国教育部. 普通高中数学课程标准(2017 年版)〔S〕. 北京:人民教育出版社,2017:58.

第3章　要素分析：数学核心素养的意义追溯

　　从 1950 年的草案、"63 大纲"到"2000 大纲"，再从"2001 课标"、"2011 课标"到"2017 课标"，数学期望课程的演进过程表明了数学核心素养的历史发展。以下我们再聚焦于数学核心素养要素本身，进一步追溯数学核心素养的意义。

　　数学核心素养"是数学课程目标的集中体现，是具有数学基本特征的思维品质、关键能力以及情感、态度与价值观的综合体现，是在数学学习和应用的过程中逐步形成和发展的"。[①] 由于思维品质是思维在敏捷性、逻辑性、批判性、创新性等方面所表现的能力和水平，而关键能力的表现，很大程度上体现了思维能力和水平。因此，关键能力和情感意志可以看做核心素养的两个重要方面。以下分别从关键能力和情感意志两个方面追溯数学核心素养的意义。

3.1　数学关键能力：数学核心素养的显性要素

　　自《中国学生发展核心素养》颁布以来，关于数学核心素养的探讨逐渐成为数学教育界研究的热点，特别是对于数学核心素养的构成要素有不同分析。

　　张奠宙认为，数学核心素养包括情感态度、价值观，不只是数学能力。数学核心素养有真、善、美三个维度：理解理性数学文明的文化价值，体会数学真理的严谨性、精

[①] 中华人民共和国教育部. 普通高中数学课程标准(2017 年版)[S]. 北京：人民教育出版社,2018：4.

确性;具备用数学思想方法分析和解决实际问题的基本能力;能够欣赏数学智慧之美,喜欢数学,热爱数学。[①]

马云鹏指出,数学核心素养是指数感、符号意识、空间观念、几何直观、数据分析观念、运算能力、推理能力、模型思想、应用意识和创新意识等十个核心素养。[②]

喻平通过实证研究指出,数学核心素养主要由以下基本成分组成:数学抽象、运算能力、推理能力、建模与数据处理(或数学建模、数据处理)、空间能力、问题解决能力、数学文化品格。[③]

吕世虎提出了由低到高构成的"数学核心素养体系塔":数学双基层、问题解决层、数学思维层、数学精神层。[④]

而《普通高中数学课程标准(2017年版)》指出,数学学科核心素养包括数学抽象、逻辑推理、数学建模、直观想象、数学运算和数据分析。

可见,我国学者对数学核心素养的要素有不同看法。实际上这不仅与学者们对数学本质的认识有差异有关,还与数学教育培养的对象学生有关。由于不同学段学生认知水平不同,因此"数学核心素养"的构成要素也会有差异。相对于数学核心素养的构成要素的差异,更大的差异在于数学核心素养的水平层面。例如,同是数学抽象,对低年级学生与高年级学生的要求是不同的,但同时也说明,无论是对于低年级学生还是高年级学生来说,数学抽象都是他们需要具备的重要的数学核心素养。因此,虽然学者们提取数学核心素养要素的途径不同,观点有异,但随着基础教育课程改革的不断推进以及人们认识的不断深化,就构成要素而言,人们已基本认可史宁中提出的"三会"[⑤],即会用数学的眼光观察世界;会用数学的思维思考世界;会用数学的语言表达世界。把"三会"具体化即为:数学抽象、逻辑推理、数学建模、直观想象、数学运算、数据分析。其中最为重要的就是抽象、推理和模型。

① 洪燕君等.《普通高中数学课程标准(修订稿)》的意见征询——访谈张奠宙先生[J].数学教育学报,2015(3).

② 马云鹏.关于数学核心素养的几个问题[J].课程·教材·教法,2015(9).

③ 喻平.数学学科核心素养要素析取的实证研究[J].数学教育学报,2016(6).

④ 吕世虎,吴振英.数学核心素养的内涵及其体系构建[J].课程·教材·教法,2017(9).

⑤ 史宁中等.关于高中数学教育中的数学核心素养——史宁中教授访谈之七[J].课程·教材·教法,2017(4).

以下就从这些构成要素出发,揭示数学核心素养的历史溯源。

3.2　数学抽象、数学建模的根源及发展

"2017 课标"指出,数学抽象是指通过对数量关系与空间形式的抽象,得到数学研究对象的素养。主要包括从数量与数量关系、图形与图形关系中抽象出数学概念及概念之间的关系,从事物的具体背景中抽象出一般规律和结构,并用数学语言予以表征。数学抽象主要表现为:获得数学概念和规则,提出数学命题和模型,形成数学方法与思想,认识数学结构与体系。而数学建模是对现实问题进行数学抽象,用数学语言表达问题,用数学方法构建模型解决问题的素养。数学建模过程主要包括:在实际情境中从数学的视角发现问题、提出问题,分析问题、建立模型,确定参数、计算求解,检验结果、改进模型,最终解决实际问题。数学建模主要表现为:发现和提出问题、建立和求解模型、检验和完善模型、分析和解决问题。

仅从字面上看,"数学建模""数学抽象"就核心词本身而言,是首次作为课程目标出现在数学期望课程中的,但从其内涵来看,数学抽象、数学建模与传统的数学教学目标"分析和解决实际问题的能力"有很大相关,因此,可以说数学抽象、数学建模是对传统数学能力的继承。

不仅如此,数学抽象、数学建模还丰富发展了"分析和解决实际问题的能力"的内涵。

首先,无论是"从事物的具体背景中抽象出一般规律和结构,并用数学语言予以表征"的过程,还是"在实际情境中从数学的视角发现问题、提出问题,分析问题、建立模型,确定参数、计算求解,检验结果、改进模型,最终解决实际问题"的过程。实际上都不仅仅是分析问题、解决问题的过程,还包括了发现问题、提出问题的过程。其次,数学抽象与数学建模明确了问题的不同背景,不仅强调了"事物的具体背景""实际情境",还指出了问题的数学背景:"从数量与数量关系、图形与图形关系中抽象出数学概念及概念之间的关系。"

这表明,数学抽象与数学建模根源于"分析和解决实际问题的能力",并丰富发展了"分析和解决实际问题的能力"的内涵。它们不仅将"分析问题、解决问题"拓展为

"发现问题、提出问题、分析问题、解决问题",而且将"实际问题"拓展为"实际问题"与"数学问题",丰富了解决问题的背景。

3.3 逻辑推理、直观想象、数学运算的根源及发展

自"63大纲"首次提出"三大能力"之后,逻辑推理、数学运算、空间想象能力一直成为中小学数学教学重要目标。

例如,1986年《全日制小学数学教学大纲》的教学目的包括"能够正确地、迅速地进行整数、小数和分数的四则计算,具有初步的逻辑思维能力和空间观念";1996年《全日制普通高级中学数学教学大纲(供试验用)》的教学目的有"进一步培养学生的思维能力、运算能力、空间想象能力";2000年《九年义务教育全日制初级中学数学教学大纲(试用修订版)》指出"进一步培养运算能力,发展思维能力和空间观念"。

"2001课标"中"三大能力"分别具化在"知识与技能""数学思考""解决问题""情感与态度"四个方面的课程目标中。例如:"掌握必要的运算(包括估算)技能""发展空间观念""发展合情推理能力和初步的演绎推理能力""能进行有条理的思考"等[①]。

在"2003课标"中,具体的课程目标包括:"提高空间想像、抽象概括、推理论证、运算求解、数据处理等基本能力。"

到了"2011课标","空间观念""几何直观""运算能力""推理能力"等成为重要的数学核心素养。而"2017课标"则明确指出"逻辑推理、直观想象、数学运算"是数学核心素养。

从以上历史发展过程可看出,历次数学教学大纲或课程标准都将"三大能力"作为重要的教学目的。虽然"三大能力"的个别名称略有变化,但基本上指向数学运算、数学推理、直观想象。因此,数学核心素养中的"数学运算、逻辑推理、直观想象"根源于数学"三大能力",是对我国传统数学课程目标的继承。

不仅如此,数学核心素养还丰富发展了"三大能力"的内涵。以下仅以"数学运算"

---

① 中华人民共和国教育部. 全日制义务教育数学课程标准(实验稿)[S]. 北京:北京师范大学出版社,2001:4—10.

素养为例进行说明。

1992 年《九年义务教育全日制初级中学数学教学大纲(试用)》指出"运算能力是：不仅会根据法则、公式等正确地进行运算,而且理解运算的算理,能够根据题目条件寻求合理、简捷的运算途径";2000 年《全日制普通高级中学数学教学大纲(试验修订版)》指出"运算能力是指：会根据法则、公式等正确地进行运算、处理数据,并理解算理,能够根据问题的情景,寻求与设计合理、简捷的运算途径";2011 年《义务教育数学课程标准(2011 年版)》指出"运算能力主要是指：能够根据法则和运算律正确地进行运算的能力",培养运算能力有助于学生理解运算的算理,寻求合理简洁的运算解决途径。

从表面上看,运算能力从大纲时代到课标时代,其意义基本没有发生变化。实际上,基于课标的数学课程改革赋予了运算能力更为丰富的内涵。"除了原先对运算求解能力的一些要求之外(但是要避免繁杂的运算和过于人为的、技巧性过强的运算),还应包括对估算能力、使用计算器和计算机的能力、求近似解的能力等方面的要求。"[①]也就是说,就运算的类型而言,由传统的笔算、口算拓展到了笔算、口算、估算、机算;不仅包括看得见的口算、笔算、估算等运算技能,也包括"运用运算解决各种问题时的分析能力、推理能力等思维能力。也就是说,除了掌握传统的四则运算的基本技能外,还要能够解决许多新型的运算问题。如找数字排列的规律、规律中的计算、计算中的规律、算式的大小比较、代数式求值、数形结合、运算与生活、定义新运算等方面"[②]。就运算的要求而言,课程标准倡导运算的"算法多样化",鼓励学生用多种多样的方法进行计算,让学生具有开放的思维和意识;倡导"算法优化",根据学生的认知特点、积累的运算经验以及学生擅长的计算思维方式,引导学生强化某种思维运算经验,从而使学生获得一种基于自身个性化的优化思维运算。

"2017 课标"对作为数学核心素养的"数学运算"的解释是："数学运算是指在明晰运算对象的基础上,依据运算法则解决数学问题的素养。主要包括：理解运算对象,掌握运算法则,探究运算思路,选择运算方法,设计运算程序,求得运算结果等。数学

① 数学课程标准研制组. 普通数学课程标准(实验)解读[M]. 南京：江苏教育出版社,2004：63.
② 王永春. 小学数学运算能力的培养应与时俱进[J]. 小学数学教育,2012(10).

运算是解决数学问题的基本手段。数学运算是演绎推理,是计算机解决问题的基础。数学运算主要表现为:理解运算对象,掌握运算法则,探究运算思路,求得运算结果。"课标还专门列出了数学学科核心素养的水平划分,将数学运算划分为三个水平,例如:水平一,"能够在熟悉的数学情境中了解运算对象,提出运算问题";水平二,"能够在关联的情境中确定运算对象,提出运算问题";水平三,"在综合情境中,能把问题转化为运算问题,确定运算对象和运算法则,明确运算方向"。从这里可以看出,作为数学核心素养的"数学运算"又进一步发展了运算能力的意义,比如强调了数学运算的层次性,突出了数学运算素养的情境性。

不仅如此,"2017课标"还特别指出了"明晰运算对象"。这表明,课标突出了对运算对象的关注,运算对象不仅仅包括整数、分数、小数、正负数、法则、公式、四则运算等方面,实际上,运算还"具有十分广泛的内涵,不仅包括数值计算,以及代数式、方程的变形,还包括集合、向量、逻辑等的演算和数据的某些处理"。[①] 这样,人们对运算对象有了更广泛的认识,数学运算内涵进一步得到拓展。

可见,"数学运算"是对传统数学运算能力的继承与发展,并且随着认识的深化,其内涵在不断丰富。

3.4 数据分析的根源及发展

"数据分析"源于"2011课标"的"数据分析观念",实际上是由"2001课标"的"统计观念"、"2003课标"的"数据处理能力"演变而来的。

随着社会信息化程度的不断提高,我们已经进入了大数据时代。每天面临各种各样的数据,也越来越依赖于形形色色的数据。"数据是信息的载体,这个载体包括数,也包括言语、信号、图像,凡是能够承载事物信息的东西都构成数据,而统计学就是通过这些载体来提取信息进行分析的科学和艺术。"[②]因而,"统计观念"成为"2001课标"的核心概念。

---

① 曹培英.跨越断层,走出误区:"数学课程标准"核心词的实践解读之六——运算能力(上)[J].小学数学教师,2014(3).

② 史宁中.数学思想概论[M].长春:东北师范大学出版社,2008:147.

统计观念主要表现在："能从统计的角度思考与数据信息有关的问题；能通过收集数据、描述数据、分析数据的过程作出合理的决策，认识到统计对决策的作用；能对数据的来源、处理数据的方法，以及由此得到的结果进行合理的质疑。"①由此看出，统计观念主要体现在统计思考、统计过程及其认识，以及对统计过程、方法、结果的反思，但是却没有突出"随机性"。

统计学是一门收集、整理、分析、解释数据并从数据中得出结论的科学，因此，统计的核心是数据分析。"2011 课标"将 2001 年的"统计观念"修改为"数据分析观念"，凸显了统计的研究对象。

"2011 课标"指出："数据分析观念包括：了解在现实生活中有许多问题应当先做调查研究，收集数据，通过分析作出判断，体会数据中蕴含着信息；了解对于同样的数据可以有多种分析方法，需要根据问题的背景选择合适的方法；通过数据分析体验随机性，一方面对于同样的事情每次收集到的数据可能不同，另一方面只要有足够的数据就可能从中发现规律。"②从中看出，"数据分析观念"增补了"体验随机性"的学习要求，强化了"数据中蕴含着信息"，强调了数据分析方法的"多样"性以及方法的"合适"性。从"统计观念"到"数据分析观念"，更加凸显了数据分析的核心地位，强化了处理数据、用数据说话的观念。

普通高中数学课程标准"2003 课标"提出了"数据处理能力"。"在信息化、数字化时代中，人们经常需要与数字打交道"，"需要我们具有收集数据、处理数据、从数据中提取信息作出判断的能力，进而具有对一堆数据的感觉能力，这是现代社会公民应具备的一种基本素养"。③"2003 课标"进一步突出了信息化社会、数字化时代中"数据处理"的重要性。

"2017 课标"明确提出"数据分析"是数学核心素养之一，"数据分析是指针对研究对象获取数据，运用数学方法对数据进行整理、分析和推断，形成关于研究对象知识的素养。数据分析过程主要包括：收集数据，整理数据，提取信息，构建模型，进行推断，

① 中华人民共和国教育部. 全日制义务教育数学课程标准(实验稿)[S]. 北京：北京师范大学出版社，2001：4.

② 中华人民共和国教育部. 义务教育数学课程标准(2011 年版)[S]. 北京：北京师范大学出版社，2012：6.

③ 严士健，张奠宙，王尚志. 普通高中数学课程标准(实验)解读[M]. 南京：江苏教育出版社，2004：64.

获得结论。数据分析是研究随机现象的重要数学技术,是大数据时代数学应用的主要方法,也是"互联网＋"相关领域的主要数学方法,数据分析已经深入到科学、技术、工程和现代社会生活的各个方面。数据分析主要表现为:收集和整理数据,理解和处理数据,获得和解释结论,概括和形成知识。"①

可以看出,"数据分析"素养更加明确了数据分析过程及表现。同时,课标特别给出了数据分析素养的三层水平划分,指明了数据分析素养的情境性、层次性,强化了对随机现象的理解与认识。

因此,"数据分析"源于课程标准的已有理念,是对"统计观念""数据处理""数据分析观念"的继承与发展。在信息社会、数字化时代的今天,拥有"数据分析"素养越来越重要,"数据分析"素养也因此必然成为新时代数学核心素养。

以上表明,数学核心素养并不是凭空杜撰的新概念,它根源于我国数学教育目标,是对数学教学优秀传统的继承与发展,既体现了数学学科本质,也顺应了新时代对人的发展的要求。

3.5 情感意志:数学核心素养的内隐品质

虽然数学核心素养是对已有数学教育传统的继承与创新,但更进一步看,它主要是数学学科本质的反映。例如:"数学抽象是数学的基本思想,是形成理性思维的重要基础,反映了数学的本质特征";"逻辑推理是得到数学结论、构建数学体系的重要方式,是数学严谨性的基本保证";"数学模型搭建了数学与外部世界联系的桥梁,是数学应用的重要形式"等等。可见"2017课标"所提出的六大核心素养"更像是核心素养所应具备的'要素集',且从表述上看更像是六种数学能力,难以反映数学核心素养的全貌"②。在此意义下,与其说数学核心素养包括数学抽象、逻辑推理、数学建模、直观想象、数学运算和数据分析,不如说数学核心素养所体现的关键能力是数学抽象、逻辑推理、数学建模、直观想象、数学运算和数据分析。

----

① 中华人民共和国教育部. 普通高中数学课程标准(2017年版)[S]. 北京:人民教育出版社,2018.
② 吕世虎,吴振英. 数学核心素养的内涵及其体系构建[J]. 课程·教材·教法,2017(9).

由于数学核心素养是关键能力与情感意志的综合,因此还需要从情感意志方面进一步认识数学核心素养。

考察数学课程标准发现,课程标准不仅明确指出了六大数学核心素养,也明确了数学核心素养的教育价值。例如:就高中数学课程学习而言,通过发展数学抽象素养,"学生能在情境中抽象出数学概念、命题、方法和体系,积累从具体到抽象的活动经验;养成在日常生活和实践中一般性思考问题的习惯,把握事物的本质,以简驭繁;运用数学抽象的思维方式思考并解决问题";通过发展逻辑推理素养,"学生能掌握逻辑推理的基本形式,学会有逻辑地思考问题;能够在比较复杂的情境中把握事物之间的关联,把握事物发展的脉络;形成重论据、有条理、合乎逻辑的思维品质和理性精神,增强交流能力";通过发展数学建模素养,"学生能有意识地用数学语言表达现实世界,发现和提出问题,感悟数学与现实之间的关联;学会用数学模型解决实际问题,积累数学实践的经验;认识数学模型在科学、社会、工程技术诸多领域的作用,提升实践能力,增强创新意识和科学精神";通过提升直观想象素养,"学生能提升数形结合的能力,发展几何直观和空间想象能力;增强运用几何直观和空间想象思考问题的意识;形成数学直观,在具体的情境中感悟事物的本质";通过提升数学运算素养,"学生能进一步发展数学运算能力;有效借助运算方法解决实际问题;通过运算促进数学思维发展,形成规范化思考问题的品质,养成一丝不苟、严谨求实的科学精神";通过数据分析素养的提升,"学生能提升获取有价值信息并进行定量分析的意识和能力;适应数字化学习的需要,增强基于数据表达现实问题的意识,形成通过数据认识事物的思维品质,积累依托数据探索事物本质、关联和规律的活动经验"。

可见,数学核心素养的培养隐含着情感意志的培养,通过发展学生数学核心素养,使学生学会"运用数学抽象的思维方式思考并解决问题""形成重论据、有条理、合乎逻辑的思维品质和理性精神""增强创新意识和科学精神""养成一丝不苟、严谨求实的科学精神""形成通过数据认识事物的思维品质"等等。因此,表面上看,数学核心素养表达的仅仅是关键能力,实际上,情感意志隐含在数学核心素养的具体诠释中,或者说,数学核心素养所体现的情感意志内隐在数学核心素养所体现的关键能力中,数学核心素养所隐含的情感意志的内涵是通过对数学抽象、逻辑推理、数学建模、直观想象、数学运算、数据分析的教学而体现的。

在此意义下，我们才能够更好地理解"2017 课标"所指出的课程性质："数学教育承载着落实立德树人根本任务、发展素质教育的功能。数学教育帮助学生掌握现代生活和进一步学习所必需的数学知识、技能、思想和方法；提升学生的数学素养，引导学生会用数学眼光观察世界，会用数学思维思考世界，会用数学语言表达世界；促进学生思维能力、实践能力和创新意识的发展，探寻事物变化规律，增强社会责任感；在学生形成正确人生观、价值观、世界观等方面发挥独特作用。"

可见关键能力仅是数学核心素养所显性体现的一个方面，因此仅仅将六大数学核心素养理解为关键能力就有失偏颇。与其说数学核心素养是数学抽象、逻辑推理、数学建模、直观想象、数学运算和数据分析，不如说发展学生数学核心素养是通过对数学抽象、逻辑推理、数学建模、直观想象、数学运算和数据分析的教学而实现的。

另外，如前所述，情感意志一直是我国数学教学大纲的重要目标。只有将情感意志看做是数学核心素养的内隐品质，这时我们才能真正说，数学核心素养是对数学教育传统的继承与发展。

第4章 关系透视：从数学素养到数学核心素养

以上从词源、数学课程改革文件等方面考察了数学核心素养的演变。任何演变都不是一蹴而就的，都是时代发展的必然产物。所以，理解数学核心素养，还需要结合当时的时代背景，由此才能更好地理解数学核心素养概念产生的重要性、必要性。

由于数学核心素养于2018年初才在官方文件《普通高中数学课程标准（2017年版）》中正式出现，所以为了更好地理解数学核心素养，有必要探讨数学核心素养与数学素养的关系。以下重点从时代背景出发，考察数学素养与数学核心素养的关系，以此进一步深化对数学核心素养的认识。

4.1 关于数学素养

1. 何时提出数学素养

考察我国数学教学大纲的演变可以看出，"数学素养"首次出现在1992年颁布的《九年义务教育全日制初级中学数学教学大纲（试用）》中："使学生受到必要的数学教育，具有一定的数学素养，对于提高全民族素质，为培养社会主义建设人才奠定基础是十分必要的。"①其后又出现在1996年颁布的《全日制普通高级中学数学教学大纲（供

---

① 课程教材研究所编. 20世纪中国中小学课程标准教学大纲汇编（数学卷）[M]. 北京：人民教育出版社，2001：604.

试验用)》、2000 年颁布的《九年义务教育全日制初级中学数学教学大纲(试用修订版)》和《全日制普通高级中学数学教学大纲(实验修订版)》中。

在基于课标的课程改革时代,"数学素养"又成为数学课程标准的关键词。"2003课标"明确指出"高中数学课程的总目标是:使学生在九年义务教育数学课程的基础上,进一步提高作为未来公民所必要的数学素养,以满足个人发展与社会进步的需要";"2011课标"指出"数学是人类文化的重要组成部分,数学素养是现代社会每一个公民所必备的基本素养";[①]就是指向"数学学科核心素养"的"2017课标",也有对"数学素养"的强调:"数学在形成人的理性思维、科学精神和促进个人智力发展的过程中发挥着不可替代的作用。数学素养是现代社会每一个人应该具备的基本素养。"[②]

可以说,"数学素养"自1992年出现在国家官方文件中以来,就一直是数学期望课程的热词,是数学课程改革的重要目标。

2. 何以提出数学素养

虽然"数学素养"是"92大纲"首先提出的,并多次出现在不同版本教学大纲中,但1986年—2000年颁布的数学教学大纲有很大共性,就初中数学教学大纲而言,虽然版本多,但"实际只有1种"[③]。可以说,数学素养的提出具有共同的时代大背景,1993年颁布的《中国教育改革和发展纲要》(以下简称《纲要》)、1999年国务院颁布的《关于深化教育改革全面推进素质教育的决定》(以下简称《决定》)以及《面向21世纪教育振兴行动计划》(以下简称《行动计划》)等文件,都是制订、修订大纲的重要依据。其中,《纲要》指出:"基础教育是提高民族素质的奠基工程,必须大力加强。""中小学要由'应试教育'转向全面提高国民素质的轨道,面向全体学生,全面提高学生的思想道德、文化科学、劳动技能和身体心理素质,促进学生生动活泼地发展。"《决定》指出"全面推进素质教育,培养适应21世纪现代化建设需要的社会主义新人"。而《行动计划》是"跨世纪素质教育工程","整体推进素质教育,全面提高国民素质和民族创新能力"是实施"跨世纪素质教育工程"的基本目标。

可见,"数学素养"是全面实施素质教育这一时代背景下的产物。数学教育改革的

---

① 中华人民共和国教育部. 义务教育数学课程标准(2011年版)[S]. 北京:北京师范大学出版社,2012:1.
② 中华人民共和国教育部. 普通高中数学课程标准(2017年版)[S]. 北京:人民教育出版社,2017:1.
③ 蔡上鹤. 建国以来初中数学教学大纲的演变和启示[J]. 数学通报,2005(3).

历史表明，数学素养与素质教育是分不开的，数学素养是在数学教育中贯穿素质教育思想的必然产物。在此意义下，提高学生的数学素养就是针对应试教育的诸多弊端（比如只注重知识忽视创造能力，只强调机械训练忽视主动探究，学生被动学习缺乏学习兴趣等等）而提出的。而实施素质教育是面向21世纪教育改革与发展的根本目的，提高学生的数学素养就是数学教育改革的根本目标，也是实现提高全民素质这一大的教育目的的一个学科性目标。即通过数学学科的学习，使学生的数学素养得以提高，促进学生的全面发展，进而提高全民素质。因此，数学素养是素质教育的产物，指向全民素质的提高。即如蔡上鹤所说，92大纲"居高临下，第一次从数学教育的高度来谈数学教学，强调了'数学素养'对人的成长的教育功能，并且把它与义务教育提高全民族素质、培养社会主义四化建设人才的宗旨紧密联系起来，这充分体现了数学学科的重要性"[①]。

实际上，当今世界是个国际化的时代，跨入新世纪的世界各国都在积极进行课程改革。在数学重要性越来越凸显的今天，"关于数学教育研究的任何议程，都要关注当前和将来对数学素养的要求"[②]。数学素养已成为世界数学教育课程改革的重要话题，是21世纪国际数学教育的共同目标。具备一定的数学素养，是对当前国际社会全球化背景下世界合格公民的基本要求；提高学生的数学素养，是世界各国数学教育改革的共同追求。

因此，我国数学素养的提出是顺应国际教育发展趋势、解决我国数学教育问题的必然结果。

3. 什么是数学素养

虽然数学素养在1992年国家官方文件中即已出现，并且之后见之于不同时期的数学教学大纲、数学课程标准中，但国家期望课程都没有给出"数学素养"的明确定义，只是倡导"提高学生数学素养"的理念。所以，探讨数学素养的内涵成为国内教育研究的重要内容，相关研究不仅量多，而且观点百花齐放。

---

① 蔡上鹤. 初中数学课程的新发展——学习《九年义务教育全日制初级中学数学教学大纲（试用）的体会[J]. 课程·教材·教法，1992(10).

② Jeremy Kilpatrick. Understanding Mathematical Literacy：The Contribution of Research [J]. Educational Studies in Mathematics，2001(47)：101-116.

例如：桂德怀、徐彬艳认为，数学素养是数学情感态度价值观、数学知识、数学能力的综合体现[①]；蔡上鹤指出，数学素养的结构是多方位的，基本的有知识技能素养、逻辑思维素养、运用数学素养、唯物辩证素养[②]；王子兴认为，"数学素养涵盖创新意识、数学思维、数学意识、用数学的意识、理解和欣赏数学的美学价值等五个要素"[③]；郑强把"数学素养"界定为，"在数学课程学习过程中，学习者通过数学学习，加深对数学知识的理解，内化数学文化的成果，最终在学习者身上体现的一种时代价值或自己达到的新水平，同时能够主动将数学理论应用于生产生活实践"[④]；蔡金法认为，"数学素养应该是人的一种思维习惯，表现为人能够主动、自然、娴熟地用数学进行交流、建立模型解决问题；能够启动智能计算的思维，拥有积极数学情感，做一个会表述的、有思想的、和谐的人。也就是说，数学素养至少包含着数学交流、数学建模、智能计算、数学情感等四个方面"[⑤]。

综合来看，虽然数学素养观点多样，但基本达成以下共识：数学素养是通过数学学习获得的，是知识、能力、情感的综合体。也可以说，"学生的数学素养应包括数学的知识素养（问题、方法、语言、理论等）和观念素养，同时我们应将它们看作一个综合体，并从辩证的角度理解这些要素"[⑥]。

4.2 关于数学核心素养

1. 何时提出数学核心素养

"数学学科核心素养"首次出现于《普通高中数学课程标准（2017年版）》中。"2017课标"将"高中数学课程以学生发展为本，落实立德树人根本任务，培育科学精神和创新意识，提升数学学科核心素养""高中数学课程体现社会发展的需求、数学学科的特征和学生的认知规律，发展学生数学学科核心素养""高中数学教学以发展学生

---

① 桂德怀，徐彬艳. 数学素养内涵之探析[J]. 数学教育学报，2008(3).

② 蔡上鹤. 谈谈数学素养[J]. 人民教育，1994(10).

③ 王子兴. 论数学素养[J]. 数学通报，2002(1).

④ 郑强. 论数学素养及其在数学课程中的价值体现[J]. 曲阜师范大学学报（自然科学版），2005(2).

⑤ 蔡金法，徐斌艳. 也论数学核心素养及其构建[J]. 全球教育展望，2016(11).

⑥ 吴晓红，郑毓信. 新课程背景下学生数学素养问题探析[J]. 中国教育学刊，2012(4).

数学学科核心素养为导向""高中数学学习评价关注学生知识技能的掌握,更关注数学学科核心素养的形成和发展"等作为重要的"基本理念"。"2017 课标"明确指出"在学习数学和应用数学的过程中,学生能发展数学抽象、逻辑推理、数学建模、直观想象、数学运算、数据分析等数学学科核心素养"并将"发展学生数学学科核心素养"作为数学课程的核心目标,提倡"树立以发展学生数学学科核心素养为导向的教学意识,将数学学科核心素养的培养贯穿于教学活动的全过程"。[①]

在数学教育研究中,常常将"数学学科核心素养"简称为"数学核心素养"。

2. 何以提出数学核心素养

当前,人类正处于全球化、信息化时代。新时代对未来人才培养提出了新要求。世界各国都面临一个重要问题：21 世纪需要培养什么样的人？"以经济发展为核心,致力于儿童青少年核心素养的提升,逐渐成为世界各国发展的共同主题,很多国家甚至把培养 21 世纪核心素养上升到国家战略的高度。"[②]在"世界教育改革浪潮中,教育标准的形式逐步发展变化,以个人发展和终身学习为主体的核心素养模型,逐渐代替了以学科知识结构为核心的传统课程标准体系。"[③]国际组织、世界主要国家和地区先后开展了学生核心素养的研究与探索,也相继出台了核心素养行动方案。

就我国而言,《国家中长期教育改革和发展规划纲要(2010—2020 年)》把坚持"德育为先,能力为重,全面发展"作为未来教育发展的战略主题。党的十八大提出,把立德树人作为教育工作的根本任务,明确强调了教育的本质功能和真正价值,开始从国家层面更加深入系统地考虑"教育要立什么德、树什么人"或者说"教育要培养什么样的人"这一根本问题[④]。

2014 年,《教育部关于全面深化课程改革,落实立德树人根本任务的意见》指出,要"研究提出各学段学生发展核心素养体系,明确学生应具备的适应终身发展和社会发展需要的必备品格和关键能力"。强调要把立德树人的要求落到实处,充分发挥课程在人才培养中的核心作用,进一步提升综合育人水平,更好地促进各级各类学校学

① 中华人民共和国教育部. 普通高中数学课程标准(2017 年版)[S]. 北京：人民教育出版社,2017：58.
② 林崇德. 学生发展核心素养：面向未来应该培养怎样的人？[J]. 中国教育学刊,2016(6).
③ 辛涛,姜宇. 以社会主义核心价值观为中心构建我国学生核心素养体系[J]. 人民教育,2015(7).
④ 林崇德. 学生发展核心素养：面向未来应该培养怎样的人？[J]. 中国教育学刊,2016(6).

生全面发展、健康成长。

2016 年 9 月,核心素养研究课题组发布了《中国学生发展核心素养》。核心素养成为深化课程改革的方向,成为基础教育课程改革的指路明灯,引领着基础教育深化改革从"知识本位"时代走向"核心素养"时代。

学生核心素养的培育,最终要通过学科教育实施,所以必须将宏观的核心素养体系落实到学科核心素养的培育上和具体的学科课程建设中。培养学生核心素养的重任历史地落在学科教育工作者身上。

基于此,普通高中课程标准的修订将核心素养作为重要的育人目标,指导思想是:"以马克思列宁主义、毛泽东思想、邓小平理论、'三个代表'重要思想、科学发展观、习近平新时代中国特色社会主义思想为指导,深入贯彻党的十八大、十九大精神,全面贯彻党的教育方针,落实立德树人根本任务,发展素质教育,推进教育公平,以社会主义核心价值观统领课程改革,着力提升课程思想性、科学性、时代性、系统性、指导性,推动人才培养模式的改革创新,培养德智体美全面发展的社会主义建设者和接班人。"

其中 2017 系列课标的一个重要变化就是"凝练了学科核心素养","中国学生发展核心素养是党的教育方针的具体化、细化。为建立核心素养与课程教学的内在联系,充分挖掘各学科课程教学对全面贯彻党的教育方针、落实立德树人的根本任务、发展素质教育的独特育人价值,各学科基于学科本质凝练了本学科的核心素养,明确了学生学习该学科课程后应达成的正确价值观念、必备品格和关键能力"。数学学科核心素养就是这一时代背景下的产物。通过数学学科的学习,发展学生数学核心素养,进而促进人的全面发展。

3. 什么是数学核心素养

相对于数学素养观点的百花齐放而言,关于数学核心素养内涵的探讨相对较少,已有的探讨主要集中于《普通高中数学课程标准(2017 年版)》颁布之前。主要有以下观点:

马云鹏指出,数学核心素养是数学学习者在学习数学或学习数学某一个领域所应达成的综合性能力,包括数感、符号意识、空间观念、几何直观、数据分析观念、运算能力、推理能力、模型思想、应用意识和创新意识等十个核心素养①。

孔凡哲认为，"数学核心素养的本质在于用数学的眼光观察现实世界、用数学的思维思考现实世界、用数学的语言表达现实世界的综合素养"，"数学核心素养包含三种成分：一是学生经历数学化活动而习得的数学思维方式；二是学生数学发展所必需的关键能力；三是学生经历数学化活动而习得的数学品格及健全人格养成。其中，关键能力包括数学抽象能力、数学推理能力、数学建模能力、直观想象能力、运算能力、数据分析观念"。②

张奠宙认为③，数学核心素养包括情感态度、价值观，不只是数学能力。数学核心素养有真、善、美三个维度：理解理性数学文明的文化价值，体会数学真理的严谨性、精确性；具备用数学思想方法分析和解决实际问题的基本能力；能够欣赏数学智慧之美，喜欢数学，热爱数学。

喻平通过实证研究指出，数学核心素养主要由以下基本成分组成：数学抽象、运算能力、推理能力、建模与数据处理（或数学建模、数据处理）、空间能力、问题解决能力、数学文化品格。④

吕世虎提出了由低到高构成的"数学核心素养体系塔"：数学双基层、问题解决层、数学思维层、数学精神层⑤。

可以看出，研究者们都将数学核心素养看成是综合体，但在综合体的构成上观点略有不同。主要有三种观点：一是将数学核心素养作为一种综合能力；二是将数学核心素养看作是数学能力和情感意志的体现；三是认为数学核心素养包括知识、技能、情感多个层面的素养。

2018 年，教育部颁布了《普通高中数学课程标准（2017 年版）》，明确指出数学核心素养"是数学课程目标的集中体现，是具有数学基本特征的思维品质、关键能力以及情感、态度与价值观的综合体现，是在数学学习和应用的过程中逐步形成和发展的"，"数

① 马云鹏.关于数学核心素养的几个问题[J].课程·教材·教法，2015(9).
② 孔凡哲，史宁中.中国学生发展的数学核心素养概念界定及养成途径[J].教育科学研究，2017(6).
③ 洪燕君等.《普通高中数学课程标准（修订稿）》的意见征询——访谈张奠宙先生[J].数学教育学报，2015(3).
④ 喻平.数学学科核心素养要素析取的实证研究[J].数学教育学报，2016(6).
⑤ 吕世虎，吴振英.数学核心素养的内涵及其体系构建[J].课程·教材·教法，2017(9).

学学科核心素养包括：数学抽象、逻辑推理、数学建模、直观想象、数学运算和数据分析。"①从中看出,课程标准将数学核心素养看作是关键能力与情感意志的综合体,但在外延表现上(或者表述上)只是指出了六大关键能力。

至此,数学核心素养以官方文件被界定,六大数学核心素养(数学抽象、逻辑推理、数学建模、直观想象、数学运算和数据分析)已基本成为学界共识。之后的相关探讨,则主要转向对六大核心素养的解读以及实施。

4.3 从数学素养到数学核心素养

可以看出,虽然数学核心素养与数学素养提出的时代不同,但在根本价值取向上,二者较为一致。"数学素养"是国家全面实施素质教育的产物,只有提高数学素养,才能促进学生全面发展,进而促进全民素质的提高。数学核心素养是"落实立德树人根本任务""发展素质教育""培养德智体美全面发展的社会主义建设者和接班人"的时代产物。国家通过提升学生的数学核心素养,进一步落实立德树人的根本任务;或者说,通过数学的育人价值,促进学生核心素养的发展。

实际上,无论是数学素养还是数学核心素养,都反映了当时国际社会对人的培养的要求,都是借鉴国际经验,根据我国自身实际情况,强调全面贯彻党的教育方针,以培养全面发展的人为核心的课程改革。基于素质教育背景下的聚焦"数学素养"的课程改革,旨在改变当时过分强调"智育唯一、分数至上"的"应试教育"弊端,促进育人模式的转型。基于培养21世纪核心素养的"数学核心素养"的改革,旨在培养面向未来的、全面发展的人才,进一步明确基础教育的质量观念,阐明人才培养要求,从而实现育人模式的根本转型。实际上,这种差别根本在于核心素养与素质教育的差异。即如陶西平先生所说:"核心素养不同于素质教育。素质教育作为一种具有宏观指导性质的教育思想,是相对于应试教育而言的,重在转变教育目标,从过度强调应试应考,转向更加关注培养全面健康发展的人。核心素养是对素质教育内涵的具体阐述,可以使

---

① 中华人民共和国教育部.普通高中数学课程标准(2017年版)[S].北京:人民教育出版社,2018:4.

新时期素质教育目标更加清晰、内涵更加丰富,也更加具有指导性和可操作性。"①

可见,数学核心素养与数学素养有着内在的一致性,它们都是党和国家的教育方针的具体化,都指向培养全面发展的人。数学核心素养的提出是"坚持正确政治方向""反映时代要求"、经过"科学论证"、对已有改革"继承发展"的结果。因此,数学核心素养是素质教育在新时期的深化与体现,是对"数学素养"课程改革的进一步发展,是当前聚焦"核心素养"课程改革的学科具体化。

因此,数学素养、数学核心素养都是课程标准的关键词,都是课程改革的目标,特别是数学核心素养与数学素养还有相同的教育价值,只是二者产生的时代背景略有差异。

另外,由于课程标准的表述不同,二者呈现出更多差异。

在概念意义的开放度上,由于课程标准没有给出数学素养的界定,因而相关探讨较多,观点百花齐放,这使得数学素养的内涵也更加丰富,意义更加充实。相对而言,关于数学核心素养的探讨就比较少,其意义仅限于对六大核心素养的解释。

在概念的内涵上,虽然数学素养观点较多,但大都认为数学素养是知识、能力、情感的综合体。而对于数学核心素养,"2017课标"颁布之前,其内涵主要包括:关键能力、情感意志(由于知识是培养核心素养的基础,因此许多研究没有将数学知识显性提出)。目前,由于数学课程标准的界定,六大数学核心素养(数学抽象、逻辑推理、数学建模、直观想象、数学运算、数据分析)已基本成为学界共识。

在概念表述方式上,如果将知识与能力看做是智力因素,情感意志看做是非智力因素,则数学素养与数学核心素养的表现方式存在较大差异。"大多数学者将数学素养的非智力因素和智力因素并列表述,非智力因素词条外显;而数学核心素养中非智力因素被整合且内隐于非智力因素中,表现出二者不是并列,而是依附式表述。"②可见,数学核心素养的表述方式显性突出了数学关键能力,即如有学者指出"数学核心素养可以理解为学生学习数学应当达成的有特定意义的综合性能力"③。因而,依附式

① 陶西平.陶西平:中国学生发展核心素养研究[EB/OL].[2018-02-02]http://www.sohu.com/a/220631547_559448.
② 林华伟.分析与启示:数学素养与数学核心素养的关系[J].牡丹江师范学院(自然科学版),2018(4).
③ 马云鹏.关于数学核心素养的几个问题[J].课程·教材·教法,2015(9).

的表述方式很容易使人忽略数学核心素养的情感意志要素。在此意义下，有学者指出，数学六大核心素养"更多地表达了高中数学所特有的数学核心能力而非数学核心素养"①。

上篇从不同角度对数学核心素养进行了分析，由此可以得出：数学核心素养是在先天遗传的基础上，在后天数学学习和应用的过程中逐步形成和发展。它是可教的、可培养的，具有整体性、综合性的特点。数学核心素养是最能反映数学学科本质的、对学生发展起至关重要作用的素养，它是数学课程目标的集中体现，是具有数学基本特征的思维品质、关键能力以及情感、态度与价值观的综合体现。

建国以来，在经历了数学课程目标凸显数学能力（三大能力、分析解决问题能力）、情感意志以及显化"数学素养"之后，"数学核心素养"成为基础教育数学课程改革的关键词。数学核心素养的产生是时代赋予数学学科落实立德树人的教育任务。

数学抽象、逻辑推理、数学建模、直观想象、数学运算和数据分析是数学核心素养外显的关键能力，而情感意志是数学核心素养的内隐品质。数学核心素养是对数学教育传统的继承与发展。

因此，与其说数学核心素养包括数学抽象、逻辑推理、数学建模、直观想象、数学运算和数据分析，不如说数学核心素养所体现的关键能力是数学抽象、逻辑推理、数学建模、直观想象、数学运算和数据分析。

进一步地，与其说数学核心素养所体现的关键能力是数学抽象、逻辑推理、数学建模、直观想象、数学运算和数据分析，不如说发展学生数学核心素养是通过对数学抽象、逻辑推理、数学建模、直观想象、数学运算和数据分析的教学而实现的。

从更深层次上看，数学教育承载着落实立德树人的根本任务以及发展素质教育的功能，培养数学核心素养的根本目的在于发展学生核心素养，实现数学学科的育人功能。因而，从更根本意义上看，与其说发展学生数学核心素养，不如说通过数学发展学生核心素养。

---

① 孔凡哲，史宁中. 中国学生发展的数学核心素养概念界定与养成途径［J］. 教育科学研究，2017(6).

中篇　实践解读

数学抽象、逻辑推理、数学建模、直观想象、数学运算、数据分析这六个方面，是数学核心素养的具化。中篇聚焦数学核心素养的这六个方面，从具体内涵、核心素养背景下的特征分析、学生的素养表现等方面分别进行了详细阐述，在此基础上结合实践案例对数学核心素养的六个方面做了进一步具体的解读。中篇旨在明晰课堂实施的一些基本理念及可参考的几个路径，做好从理论到实践的过渡。

第 5 章　数学抽象的理论内涵与实施路径

5.1　数学抽象的理论内涵

1. 什么是数学抽象？

数学抽象是数学六大核心素养中最基础的部分，因为"数学抽象是数学学习的前提，只有理解数学抽象，人们才能真正认识数学概念、定理等""只有具备了数学抽象能力，才能进行数学探索与应用"。

对数学抽象的理解，可以从数学学科本体性和人的主体性两个视角来理解。从数学学科本体性来理解数学抽象是指"人们运用所学知识技能从具体情境中抽象出一般规律和结构，用数学符号、术语予以表征"；从人的主体性这个视角来理解，则是指"运用数学抽象满足自身需要的必备能力及品质"。[①] 前者强调数学知识的形成和理论的逻辑性，注重抽象活动的产物，注重"数学抽象"作为一种重要方法的概括与应用价值；后者更强调人对于数学抽象的应用与内化，包括解决数学问题，用数学抽象的方法解决现实问题，强调在所学知识忘掉之后，留下来作为个体数学素养的一部分核心素养。这一视角把数学抽象看做是一种思维过程、一种微观的内部心理活动过程、一种建构

---

① 张辉蓉,王晓杰,宋美臻. 我国数学抽象研究及反思——基于 1958 年至 2016 年文献计量的分析[J]. 课程·教材·教法,2017(9).

活动。

数学抽象的最大特征是它的层次性。与如上两种理解相对应,对数学抽象的层次划分也从两个方面来认识。第一种看法是从数学学科本身看,数学抽象的产物诸如概念、模型等在结构上是有层次的。徐利治的抽象度分析法就是运用一定方法对数学概念或具体数学问题进行抽象程度分析的方法,用抽象度来刻画数学抽象的层次。① 第二种看法是从"人的主体性"这一视角看,在《数学思想概论:数量与数量关系的抽象》中,史宁中把抽象的深度划分为三个层次:第一层次是简约阶段,即把握事物本质,把繁杂问题简单化、条理化,并能够清晰地表达;第二层次是符号阶段,即去掉具体的内容,利用概念、图形、符号、关系来表述包括已经简约化了的事物在内的一类事物;第三个层次是普适阶段,即通过假设和推理建立法则、模式或模型,并能够在一般的意义上解释具体事物。② 这明显是从过程与活动的角度来划分"数学抽象"的层次,其活动过程依靠的是"人的主体性"。

2. 核心素养背景下的数学抽象

核心素养背景下的数学抽象,要充分认识到数学抽象对人的素养提升的价值,要实现观念的转变,即从重视通过抽象获取数学知识与结论,转变为强调人的抽象能力的养成。

数学抽象对人的素养的提升价值不仅体现在人们能从量或形的角度去认识客观世界,而且在于他们形成概念、定理等时,能经由数学抽象得到数学对象,并进行数学探索与应用。数学抽象还具有思维培养价值,帮助人们从现实世界中抽取事物的量或形,让他们体验从对象中分离多种属性,提取本质属性的过程,从而达到知觉、思维训练的效果,培养数学的眼光、数学的意识,提高解决问题的能力。

数学核心素养引领下的数学课程与教学改革已拉开帷幕,而我国数学抽象的教学研究很多停留于对数学本体性的研究。数学教育改革呼唤数学抽象研究从知识本体研究转向关注活动中人的抽象能力的发展,这是我国在核心素养理念下,在课程改革这样一个大背景下进行数学抽象教学的突破口。

---

① 徐利治,郑毓信著. 数学抽象方法与抽象度分析法[M]. 南京:江苏教育出版社. 1990.
② 史宁中. 数学的抽象[J]. 东北师大学报(哲学社会科学版),2008(5).

3. 学生的数学抽象素养

从人的主体性角度来看待学生的数学抽象素养包括如下四个方面：一是从直观、具体的数学情境(包括数学的与现实的两方面)中抽象出数学概念和法则，需要注意的是，由于"数学抽象"的层级性特点，对学生来说，这里的直观和具体是相对的，包括客观现实，但大多数时候指的是学生已经熟悉的数学结论和规律；二是从数学概念与概念之间、事实与事实之间抽象出数学关系和定理；三是从数学问题解决的过程中抽象出数学思想方法和思维方法；四是对所学知识及时归纳、梳理、抽象，形成良好的数学认知结构。应加强抽象过程中学生思维的交流与碰撞，加强学生的自我感悟，因为"最正确经验的积累不是基于理解而是基于感悟"[1]。

在如上四个方面的学习过程中，学习时机显得十分重要。"没有一些基础的知识，你不可能变得聪明；轻而易举地获取知识，难以习得智慧；操之过急地传授知识，结果适得其反。"[2]如果抽象的时机把握失当，那么结果可能是学生尽管记住了一些抽象的数学知识，但并没有掌握抽象的方法，从而学生抽象的能力没有得到充分发展。"时异则事异"。如果抽象教学的时机偏早，学生感悟单薄，便会导致抽象过度，学生无法从感性认识上升到理性认知；如果学生对具体对象已经充分感知，并形成了表象，而教师却未及时教授抽象，则极有可能导致抽象不足，而使学生的认识滞留于感性认识阶段。前者在教学实践中更易发生。[3]

【案例 1】　　　　　　　　　　**认识平均数**

环节 1：教师出示男生套圈的成绩条形统计图和女生套圈的成绩条形统计图，提问"男生套得准还是女生套得准"。

环节 2：教师引导学生使用"移多补少"和"先求和再平均"的方法计算男生套圈的平均值。

环节 3：教师在统计图中用红色虚线表示出平均数，启发学生思考平均数的含义。

---

① 李昌官. 数学抽象及其教学[J]. 数学教育学报，2017(4).
② 怀特海. 教育的目的[M]. 庄莲平，王立中译. 上海：上海文汇出版社. 2012.
③ 侯正海，徐文彬. 试论小学数学抽象教学的时机把握[J]. 课程·教材·教法，2013(9).

环节 4：根据对男生套圈平均值含义的分析，猜测女生套圈平均值。

环节 5：设问"女生平均值有可能是多少？"

环节 6：如果老师猜 10，可能吗？为什么没有人猜 4？

前面 5 个环节学生都不会感到困难：第 1 个环节，学生能够感悟到需要分别将男生和女生套圈的成绩"匀一匀"才能进行比较；环节 2 和环节 3 由教师引导；环节 4，学生结合统计图能很快发现，平均数比这组数据中最大的数 9 要小，但比最小的数要大；环节 5，学生结合刚才的学习经验，猜得并不离谱。但到环节 6 时，学生们都感到莫名其妙，对问题更是哑然无声。应该说，教师提出"猜女生套圈成绩的平均数是多少"这一问题还是适宜的，学生可以迁移运用刚才求男生套圈平均成绩的经验，运用"数感"给出猜测性的结果。可是教师接下来的设问试图引导学生从"平均数与原始数据的关系"这一层面进行思考，此时便显得有点为难学生了。

从学生的角度看，学生此时对平均数与原始数据之间关系的认识是不够充分的。由于未能获得足够的感性经验支撑，无法将平均数与原始数据进行比较的结果抽象并上升为一般的数学结论（性质）加以认识。教师教学抽象的逻辑或许存在一定的合理性：男生套圈成绩的平均数介于最大值与最小值之间→女生套圈成绩的平均数不可能是 10（最大值）或 4（最小值）→平均数的范围介于最大值与最小值之间。但这一逻辑链条中有两个问题：一是女生套圈成绩的平均数介于最大值与最小值之间只是猜测的结果，并未进行实际计算（这一认识阶段的学生更愿意认同"眼见为实"的结果）；二是即使学生认同女生套圈成绩的平均数介于最大值与最小值之间，但在回答"平均数的范围是怎样"时，还需要经历不完全归纳的过程（特殊到一般的抽象过程），即需要引导学生将男生和女生套圈成绩的平均数分别与原始数据组中的每一个数据进行比较，才有可能发现"平均数与最大值和最小值之间的关系"，从而概括出"平均数的范围介于最大值与最小值之间"。

类似以上案例的现象应该引起我们的注意，如前所述，数学抽象本身具有丰富的层次性，因此，人的抽象素养发展具有丰富的阶段性。所以，教师在教学中要保持对学生发展阶段的敏感性，提高自身对学生学习时机把握的准确性，关键还要清楚学生抽象能力发展主要有哪些阶段及如何促进学生在各个阶段的提升。

5.2　提高学生数学抽象素养的实施路径

数学具有抽象性的特征,但并非凭空产生,而是源于实践,是人脑对实践的反应。人们从数与形两个角度寻找事物之间的共性,进而提炼这种共性,并选择合适的表征方式,用符号表达蕴含的意义。

数学理论是不断抽象的产物,数学抽象的层次性特征相比于其他学科显得非常显著,所以数学看上去似乎"高高在上,远离实践"。要意识到数学抽象的这一特征,抽象能力的培养目标就要从最低或者较低层次的抽象发展到较高层次的抽象,不断提升人的抽象能力,在这个过程中,相邻层级之间的扎实过渡是抽象能力养成的关键,教师可以根据教学情况进行压缩或强调,但要避免层级的跳跃性。

1. 注重表象的积累,充实直观向归纳的过渡

数学课上有很多定理和结论都是对特殊现象共性规律的总结,所以经常会见到这样的教学流程:学生观察一定量的直观(或相对直观)事物或特例后,开始总结归纳概念,接下来运用概念进行应用判断。学生在短短的 45 分钟中进行这样大跨度的流程,他们对概念进行抽象的思维过程显然是跳跃的,而因为对概念的理解不够透彻,导致他们后续环节及后续高阶思维的发展基础不牢,其中最常见的思维断层就是由从直观感知阶段到概括阶段跨度过大,从概括阶段到应用(具体化)阶段速度过快导致的。例如,在概念形成的过程中,表象(也是一种知识表征)是一种重要的过渡性思维,有层次的表象积累是学生数学思考、数学抽象的事实基础。生动的直观感知能为儿童提供理解的起点,而表象的建立则能帮助他们更快地摆脱具体事物的束缚,顺利地向抽象思维过渡。人的思维就是在感性认识,特别是表象的基础上,借助于词语,以知识经验为中介而实现的。

数学中,常见的图形(即表象)和文字符号的适当应用即可看成是实现数学抽象的关键所在。儿童思维始终是以直观形象为主,所以必须以学生原有的生活经验或学习经验来建立表象,作为思维的支撑点,这样他们的思维才会顺畅。但在课时紧张的情况下,有关的表象不能被及时唤醒和提取,从而造成学生理解的困难。这就不得不让我们正视这样一个问题:建立学生思维的表象首先要让他们有正确、丰富的感知。心

理学认为,人对事物的第一次接触是最敏感的,教学的成功与否,其中重要一条就是看首次接触数学问题时,学生能否通过各种途径形成正确的表象。表象的清晰度越高,其在学习中起到的促进作用就越大。教学中,教师必须重视数学对象的第一印象,让学生充分感知、建立表象,进而通过归纳、抽象、概括建构出模型。有经验的教师常常在教学中采取"过电影"的教学策略,即在学生感知了具体事物之后,隐去事物,让学生闭眼回想刚才的事物或情境,帮助学生建立准确鲜明的表象。例如教学《长方体和正方体的认识》时,教师紧紧抓住以下几个环节:"看",让学生看实物,如讲例题带实物,学生做习题看实物等;"拆",让学生把一个长方体纸盒沿着棱剪开,再展开,看一看展开后的形状,这样可以使学生把展开后每个面与展开前这个面的位置联系起来;"做",让学生做长方体,从形体上要求做三种长方体:长、宽、高不等的;底面是正方形的;长、宽、高相等的。"画",教学时,把一个长方体放在桌上,让学生看一看最多能看到它的几个面,然后画立体图和展开图,要求学生练习时也能画,并在一开始的练习中要求学生每题必画,形成正确清晰的表象。

需要强调的几点是,从上述的案例中我们可以看到:表象的建立首先应是典型的;其次,要求所提供的感知材料必须与学生已有的知识经验相结合,否则学生的认知结构里缺少同化新知识的要素,不利于学生头脑中概念表象的形成;第三,让学生动手操作,多种感官参与学习,促进表象的形成。经过充分感知之后的直观事物以心理表象的形式贮存于记忆中,就能达到表象的记忆水平。在数学教学中,教师要有意识地帮助学生积累大量的记忆水平的表象,因为大量积累的记忆水平的表象为学生的思维提供了广阔的基础。[①]

2. 细化概念的离析过程,促进本质的提炼和理解

首先,通过分类的手段离析概念的本质和非本质特征。归纳出事实的共同规律后,要进行概念的提炼,这个过程包括对同类特征的析淬和异类特征的剥离,也就是划清概念的内涵和外延,并对其进行准确表达。分类是完成这一过程的重要教学手段,辨识类之间的区别,同时要对同一类特征进行提炼,这是抽象过程的核心环节。在这一环节,教师要注意让学生经历抽象过程的完整性,从而使他们摆脱具体表象,理解事

_____

① 曹炯. 小学数学教学应重视表象的桥梁作用[J]. 教学与管理,2014(23).

物的本质特征。

例如：在学生积累了长方形、正方形、三角形、梯形这样一些表象后,如何得出这些同类图形的共同特征呢? 学生需要经历如下完整步骤。

第一步：在比较、分析的基础上剥离无关因素。

第二步：观察同类事物的共同特征,先尝试用文字语言表达。

第三步：对共同的特征进行语言描述,并进行严谨推敲。

其中,第一步是核心环节。对不同阶段的学生,这一步骤的思考对象是不同的,也就是说分类的标准不同,低年级学生可能要舍去物理、化学等学科的外在特性,高年级学生可能要舍去无关的数学特性。例如上例,在低年级学生面对的可能是塑料做的图形、木板做的图形,或者是红色的图形、蓝色的图形,要让学生先分清哪些是数学关注的因素,哪些是数学不关心的因素。对于年级稍高的学生,则需要认识到每个人画出的同一类图形会具有不同的长度和大小,而对于年级稍低的学生来说,这是需要舍弃的因素,形状才是需要关注的方面。

其次,脱离表象,进行初步的思维抽象。表象是直观与抽象之间的重要媒介,学生在进行充分积累后要及时脱离,教师的引导才是学生思考的关键。

【案例 2】　　　　　　　两位数减一位数(退位)

师：请同学们拿出 3 捆小棒,怎么从 3 捆小棒中拿走 8 根呢? (学生小组合作拿小棒)

师：哪位同学来说一说你是怎样拿的?

生：只要拆开 1 捆小棒,从 10 根中拿走 8 根就可以了。

师：要不要把 3 捆小棒都拆开?

生：拆开 1 捆小棒就够减了,不需要把 3 捆小棒都拆开。

师：如果现在我们不摆小棒了,你准备怎么计算?

生：按照刚才的操作过程,先把 30 拆成 20 和 10,先算 $10-8=2$,再算 $20+2=22$。

师：$30-8$ 的计算方法和过去学的两位数减一位数的计算方法有什么不同?

生：今天学的计算需要从十位退 1 作 10,然后再减。

师：说得真好，这就是我们今天学的退位减。①

在此案例中，小棒是儿童进行运算活动的具体表象，而抽象过程的第一步表现在片段中教师的提问"如果现在我们不摆小棒了，你准备怎么计算"，这是学生脱离表象的关键引导步骤；抽象过程的第二步表现在教师的提问"30－8的计算方法和过去学的两位数减一位数的计算方法有什么不同"，教师通过不同类之间的比较来提示学生注意"退位减"这一类运算的重要特征，并请学生自己表达；第三步在此案例中没有进行进一步展示，我们不难根据片段中最后一句"说得真好，这就是我们今天学的退位减"预见到接下去将要进行的是对"退位减"的进一步推敲和研究。

如果说上一例更注重对表象的脱离，则下一例更注重对本质的提炼。

【案例3】　　　　　　　　加法结合律

问题一：课间活动，有 28 个男生跳绳，17 个女生跳绳，23 个女生踢毽子，跳绳和踢毽子的一共有多少人？启发学生用不同的方法解答。

解法一：$(28＋17)＋23＝68$（人）

解法二：$28＋(17＋23)＝68$（人）

师：通过观察和比较，你们能发现什么？

生：两种算法不同，结果相同。

生：我发现 $(28＋17)＋23＝28＋(17＋23)$。

问题二：算一算，下面横线上能填等号吗？

$(45＋25)＋16$____$45＋(25＋16)$

$(39＋18)＋22$____$39＋(18＋22)$

（学生通过计算发现，这两组算式结果相同）

师：比较上面三组算式，说一说这些等式有什么共同的特点，发现了什么样的规律？

生（通过讨论交流发现）：每组两个算式中的三个加数相同；先把前两个数相

① 孙保华.依托抽象，提升学生思维能力[J].中小学教师培训,2017(4).

加,或者先把后两个数相加,和不变。

引导学生抽象出:三个数相加,先把前两个数相加,再加上第三个数;或先把后两个数相加,再加上第一个数,它们的和不变,这一规律叫作加法结合律。

引导学生用字母 a、b、c 分别表示这三个加数,这一规律可以写成 $(a+b)+c=a+(b+c)$。

此案例中,加法结合律是抽象目标。抽象过程的第一步表现在对实际情景"跳绳""踢毽子"等无关因素的舍弃和对数量关系的归纳,第二步是对数量关系的语言表达,第三步是对文字语言的符号表达,这个抽象过程的阶层是充足的,过渡是缓和的。

以上两例具体的侧重点虽然不同,但都具有完整的抽象过程。课堂教学中,最忌从表象直接跳到概念含义,然后很快进入应用阶段。学生没有经历完整的抽象过程,对概念的理解和掌握不到位,不仅在概念应用时会出现问题,本身抽象能力的发展也没有得到充足提升。

3. 发现概念之间的关系,提升抽象对象的层次

抽象过程得到的不仅仅是概念,还有概念之间的关系,所以仅仅从现实抽象出概念所经历的思维过程是低阶的,更有价值的是要抽象出概念之间的关系。例如:"数"的本质是元素个数相同的集合的共同特征,如"5"就是一个抽象的概念;而数与数之间还存在关系,数量关系的本质又是多和少的概念,也就是大和小,如 5 大于 4,这是高于"数"概念的更高层级的抽象;进一步地,这种大小关系又可做进一步抽象化处理,用符号表示为 $a>b$。

所以,抽象的过程是思维阶层不断提高的过程,从基本的概念到概念之间的关系,再从关系中提出更高阶的新概念,以此类推。但不相邻层级之间的关系仍然是教学中不可跨越的,上阶层概念的产生一定基于下阶概念的基础。

【案例 4】　　　　　　　　　　认识乘号

环节 1:通过导学案让学生看图回答问题,并说出每个加法算式表示的意思。

环节 2:观察所列的加法算式,概括出每个算式中"加数都相同"这一共属性。

环节 3:引导学生用标准的、抽象的乘号"×"来表示相同加数连加的加法

算式。

环节4：简单介绍乘号的来历和与加法关系，让学生从加号"＋"形象地过渡到认识乘号"×"，规范地读和写乘号。

环节5：通过导学案中的摆一摆和画一画等操作练习，理解乘号"×"的含义。

环节6：让学生用乘法去解决图画中的情境问题。①

如上案例中，加法概念是乘法算理的基础，乘法概念是对加法概念的进一步抽象。在学习乘法概念时，教师之所以强调算理的教学，从核心素养的角度来讲，就是强调相邻层级概念之间的联系；而加强学生对这种联系的认识，实质就是促进抽象素养的形成。

4. 发挥数学抽象的普遍化特征，促进迁移能力的发展

数学本体的抽象性特征决定了其应用的普遍化特征。与其他学科相比，数学是抽象度仅次于哲学的学科，一门学科的抽象度越高，从逻辑上说，其内涵就越少，外延就越宽。所以，数学看上去高高在上，实际是最讲究普遍联系的，而抽象规律是对普遍事实的归纳，因而它实际上更广泛地存在于实践中而非远离实践，这是基本的逻辑。从核心素养的角度来说，学生学会把抽象的数学结论运用于实践，去解决具体的实际问题，是必不可少的能力。

但是，这种普遍化在具体的课堂教学中却应当注意如下两个方面：

一方面，抽象概念应用的具体情景不应当远离学生熟悉的场景。

【案例5】　　　　　　　　　概率知识的应用

假设宾馆有三间双人客房，现安排三对夫妇去住，要求丈夫与妻子同住一室。

（1）有多少种安排的方法？

（2）设有编号为1、2、3的三间房以及A、B、C三对夫妇，则A夫妇不住1号房的概率是多少？

---

① 李艳琴，宋乃庆. 小学低段数学符号意识的培养策略研究［J］. 数学教育学报，2016（10）：1.

上述事例取材于成人的生活,很难激发学生兴趣,也难以达到预期效果。诸如此类的场景,非但不能起到联系学生熟悉的日常生活,激发学生兴趣的作用,反而由于学生之前没有接触过这样的生活场景,只能产生使学生凭空想象、机械训练等适得其反的作用。如果将事例稍做改动,或许更能让学生体会到概率的价值。

假设有编号为 1、2、3 的三个篮球框,由 A、B、C 三个学生分别投球入框,要求一球只能对应投入一框。问:

(1) 这样投球入框的方法共有多少种?

(2) 学生 A 不投 1 号框的概率是多少?

此类事例取材于学生熟悉的场景,便于他们观察和联想,容易取得显著效果。因此,联系学生的生活,要求教师多从学生的角度考虑,秉持一种关怀伦理,设置学生比较熟悉的生活场景,只有这样才能真正激发学生的学习兴趣。①

另一方面,加强数学应用的普遍性特征,是促进学生迁移能力发展的好机会,这也是国际上考察学生素养的一个重要方面,即问题的情景作为衡量数学问题难度的一个维度,可分为个人生活情景、学校情景、社会情景、科学情景等。教学应当培养学生在新情景中迁移知识的能力。

弗赖登塔尔举过两个应用题:约翰有 26 颗玻璃弹子,又赢了 10 颗,现在他有多少颗?屠夫史密斯有 26 千克肉,他又订购了 10 千克肉,现在他有多少千克肉?显然,小孩世界和屠夫世界之间存在某种同构,史密斯对应约翰,子弹数对应肉的千克数,"赢"对应"订购",一切都对应着。如果更仔细地看,这种同构是极其完美的。在教学"26 + 10"时,首先它是处于具体的情境中,在这个情境中,学生了解了这个式子的含义,即使离开这个背景,这个式子仍然有意义。如果谈到应用,它能够适用于任何情境:26 天和 10 天;16 千米和 10 千米;26 次和 10 次……事实上,加法不仅仅适用于这种改变型情境,日本学者古藤伶根据学生编写的应用题,发现加法还适用于并加型、排队型、逆运算型。并加型:如有红花 5 朵和白花 3 朵,共有多少朵花?排队型:如一郎排在从前面数是第 5 位,一郎后面的第 3 位是二郎,二郎排在由第一位算起的第几位?逆运算型:如操场上有一些人,走了 3 人,还有 5 人,原有几个人?虽然这些问题与玻

① 孙建敏. 数学教学联系生活的意蕴[J]. 上海教育科研,2008(3).

璃弹子问题的结构相比不够完美,但这并不妨碍人们运用加法这种运算来解决更多的实际问题。[①]

5. 正确评价学生的抽象素养,校准抽象素养的提升时机

评价是指挥棒,是"牛鼻子"。以前的测试主要考查学生对知识点了解、理解、掌握的程度,而基础教育质量监测要求,监测内容中要蕴含数学素养,重点在于培养学生抽象思维的品质,考查学生的抽象能力。

案例4中《认识乘号》的课堂小测包括以下4个问题:

问题1:根据情境概括出加法算式中"加数相同"的特征,能用"几个几"的形式表示。

问题2:根据直观图,概括出(　　)个(　　　),写出加法算式和乘法算式。

问题3:对加法算式和乘法算式进行改写,如 $5+5+5+5$ 改写成乘法算式,$3×6$ 改写成加法算式。

问题4:根据乘法算式 $2×6=12$ 编写一道数学应用题。[②]

在本案例的测试中,问题1考察了学生从直观情境中归纳出数学特征的能力,并用正确的形式进行表达,核查学生是否能脱离表象;问题2则考察了"几个几"这种抽象形式与直观图的对应关系,也就是对抽象形式本质的理解程度;问题2中要求同时写出加法算式和乘法算式,则是对不同抽象层级之间关系的铺垫,因而问题3进一步明确考察了二者之间的联系;问题4显然是考察数学知识的应用,也就是看学生能否将数学知识迁移到自己熟悉的新情境中。这些试题与测试运算技能的乘法题相比,背后蕴含了更深的素养理念。

① 吉智深.数学教学需处理好内容与形式的关系[J].教学与管理,2016(12).
② 李艳琴.小学低段数学符号意识的培养策略研究[J].数学教育学报,2016(5).

第6章　逻辑推理的理论内涵与实施路径

6.1　逻辑推理的理论内涵

1. 什么是逻辑推理

"逻辑"一词是英语"logic"的音译（始见于 1905 年近代学者严复的译作《穆勒名学》），而在现代汉语中，"逻辑"一词除了作为逻辑学的简称之外，还具有"思维规则""客观规律"等意义。逻辑是逻辑学的简称，逻辑学是研究概念、命题和推理的学问，其核心内容是研究推理的规律。[①] 数学家陈省身说过，学生应该学会推理，推理很要紧，推理不仅在数学，在其他学问里也是要用到的。[②] 逻辑推理是个体的一种基本思维品质，这种品质的基本性，不仅体现在数学学科的各个分支中，而且体现在其他学科的基本能力中。更广泛地说，逻辑推理存在于文化环境的方方面面，而逻辑思维恰恰被认为是"中国人思维的软肋"。生活中常见的现象包括概念不明确就展开议论，没有论据下论断，在毫不相关的对象之间做类比，主观性地选择经典作为论据，在个别现象基础上作普遍结论等，都是逻辑思维欠缺的表现。一个思维健全、精神自立的人必然具备很强的逻辑思维能力。因此，逻辑推理素养的核心性对应着它的一般性，不仅存在于

---

① 李长明，周焕山. 初等数学研究［M］. 北京：高等教育出版社，2011.

② 王志玲，王建磐. 中国数学逻辑推理研究的回顾与反思——基于"中国知网"文献的计量分析［J］. 数学教育学报，2018(8).

数学学科范围内,更广泛地存在于其他学科。

数学中的"逻辑推理"不能等同于逻辑学中的"逻辑推理"。逻辑学只关心"推理形式"是否遵循逻辑规则,不关心由此得来的推理结论是否保持真值;而数学中的逻辑推理则既关注形式是否合乎逻辑规则,又关注在数学内容上,命题是否为真。逻辑推理作为数学教育研究中的重要主题之一,受到了众多数学教育研究者,甚至教育研究者们的广泛关注。做推理的过程是进行论证和发展思维的过程,数学中的很多活动都依赖推理,例如:信服某个论断,解决某个问题,将大量数学关系整为一个系统。

国内外关于中小学数学逻辑推理的研究起步都较早,研究内容也比较丰富,研究者们所使用的相关概念名称亦不尽相同,如数学推理、数学逻辑推理、数学推理与论证等。总体来讲,中小学教学中涉及到的有关逻辑推理的概念研究,可以分为静态的认识和动态的认识两种类型。

静态的认识关注逻辑推理的构成要素及要素之间的关系,如常见的将逻辑推理分为演绎与合情,其中演绎主要包括假言推理和命题演算,合情推理分为归纳与类比等。① 研究者们认为,数学推理的对象是表示数量关系和空间形式的数学符号,数学推理的依据主要来自问题所在的数学系统,数学推理是环环相扣连贯进行的、符合逻辑的过程等,②这些都是从静态的视角进行的描述。

而动态的认识将逻辑推理看作是一个认知过程,是探索对象本身或探索对象之间关系的活动过程,这个过程主要以语言及交流为媒介进行。例如:有学者把推理的过程分为异同辨认过程、对命题有效性的证明过程、例证对推理过程的支撑价值这三个过程。其中,异同辨认过程又分为互相联系的五个部分,包括归类、猜测、模式辨认、比较、分类。归类是将子类对象归入上一级的大类中;猜测包括从分析过程中比较异同来寻找似然规律或关系,这些规律或关系具有潜在的数学理论价值;模式辨认指比较异同的过程中给出一个关于数学对象或关系的递归关系式;比较是基于数学性质或定义对异同进行寻找和观察,这在其他过程中都会发生;分类作为推理过程的一种,是指通过寻找数学对象之间的相似点和不同点,推断出一种基于数学属性和定义的关于一

---

① 黄智华,渠东剑. 高中生逻辑推理能力的调查研究——以南京市为例[J]. 数学通报,2018(6).
② 王智玲,王建磐. 中国学生数学逻辑推理研究的回顾与反思——基于"中国知网"文献的计量分析[J]. 数学教育学报,2018(8).

类对象的叙述。这五个部分相互衔接与渗透,并无明显界线。有效性的证明过程分为辩论、证明和正式证明三个部分,辩论可以看作是一个互动的过程,也可以看作是证真的过程,也就是演绎的过程;可以是证伪的过程,也就是反证的过程;还可以是从似然到似然的辩论过程,也就是类比的过程。证明与正式证明的区别是:证明倾向于演绎推理,但不要求全过程充满严格演绎,只要是能令全部同学信服的辩论都可以,如验证和实验;而正式的证明则仅仅指严格的演绎证明。例证对推理过程的支撑可以发生在前两种过程中,但很少有研究做专门论述。①

我国学者吴宏从逻辑学角度,将数学推理分为论证推理(必真推理/逻辑推理/演绎推理)和合情推理(似真推理/非逻辑推理),并将方法论中的观察、实验、联想、猜测、直观、推广、限定、抽象等科学发现手段划入合情推理范畴②,也具有静态与动态划分的倾向。

2. 核心素养背景下的逻辑推理

如上,关于逻辑推理的复杂结构和双重特性在我国数学教育界的反应之一,就是上世纪 80 年代认识论上的变化改变了"逻辑推理专指演绎推理"的认识。这种变化的重要源头是 1954 年波利亚出版的《数学与猜想》,书中将推理分为合情推理和证明推理。合情推理这个词也出现在最近几次的"课程标准"中。例如:"2011 课标"提出,"推理一般包括合情推理和演绎推理",要求"在参与观察、实验、猜想、证明、综合实践等数学活动中,发展合情推理和演绎推理能力";"2013 课标"也要求学生"了解合情推理的含义""体会合情推理在数学发现中的作用""了解合情推理和演绎推理之间的联系和差异"。这种分类之所以会被官方文件采纳,主要是因为它们是针对我国学生发明与创新能力不足的特点制定的,而合情推理的思维价值就是发明与创新。这种对合情推理的强调引起了各界注意,虽然"课标"中提出要注意二者的区别与联系,但在实践中低段出现了一些对合情推理与演绎推理刻意割裂及对演绎推理过分弱化的现象,而高段"轻探索,重运用"的倾向依然存在。

在最新版的"2017 课标"中,逻辑推理作为六大核心素养之一出现,是指从一些事实和命题出发,依据规则推出其他命题的素养。按照人们认识事物的思维顺序划分为

---

① Doris Jeannotte Carolyn Kieran. A conceptual model of mathematical reasoning for school mathematics [J]. Educ Stud Math,2017,96.

② 吴宏. 推理能力表现:要素、水平与评价指标[J]. 教育研究与实验,2014(2).

两类：一类是从特殊到一般的推理，推理形式主要有归纳、类比；一类是从一般到特殊的推理，推理形式主要有演绎。逻辑推理作为一种能力，是个体掌握相关知识和技能的个性心理特征，这种能力在个体行为中的表现就是个体的品质，就是人的素养。"2017课标"同时给出了逻辑推理素养的三个水平要求，主要是一些对外部行为的描述。特别要注意的是，"2017课标"中关于逻辑推理的要求，多次提到表达与交流，这是因为语言是外部行为的一种重要组成，也是逻辑思维的重要外化手段，语言贯穿推理的全过程，既包括书面形式的，也包括口头形式的，而口头形式的数学语言包含了更多猜想、质疑、辩论等过程性探索活动。这就意味着，新课标更加强调逻辑推理的过程性及过程中的外部行为表现，更强调学科育人的目的。

3. 学生的逻辑推理素养

我国学生逻辑推理能力的各类调查研究表明，学生的逻辑推理能力在各个年级、各个方面，甚至性别上都表现出不均衡。例如，高中生整体逻辑推理能力水平中等，其中各个年级归纳推理与演绎推理能力发展不均衡，归纳推理能力落后于演绎推理能力。在和内容相关的调查研究中发现，学生几何推理能力得分较低；在学优生和后进生的调查中发现，优生元认知活动较少，差生元认知活动较多。类比推理水平处于低级状态，性别差异明显。[1]

另外，由于一些调查样本较小，所以调查结果并不十分统一。例如：逻辑推理发展"关键期"的研究，有的表明四年级是小学阶段数学推理能力发展的关键期，有的指出是小学四、五年级，有的分析发现可以提前到三年级；初中阶段逻辑推理发展的关键期为八年级；高中阶段逻辑推理发展的关键期是高二年级。又如：关于逻辑推理能力的性别差异研究显示，小学男生、女生之间基本上不存在性别差异，男生在合情推理方面的水平略高于女生，女生在演绎推理方面的水平略高于男生；初中和高中学段，男生数学推理能力一定程度上高于女生。在对高中阶段做的性别差异调查中，王艳丽的调查显示，男女生在高中阶段推理与证明能力存在显著差异，且男生推理与证明能力要高于女生；而程靖和张俊珍的两份调查都认为不存在显著差异。[2]

---

[1] 黄智华，渠东剑. 高中生逻辑推理能力的调查研究——以南京市为例[J]. 数学通报，2018(6).
[2] 王志玲，王建磐. 中国数学逻辑推理研究的回顾与反思——基于"中国知网"文献的计量分析[J]. 数学教育学报，2018,27(4).

对于高中生的逻辑推理水平,"2017 课标"从情境与问题、知识与技能、思维与表达、交流与反思四个方面划分。例如:在思维与表达方面,表现为从有条理的表述逐渐过渡到准确、谨慎的表达;在交流与反思方面,表现为从有内涵、有观点的交流逐渐过渡到合理运用数学语言和思维进行跨学科的交流。

对于小学生的逻辑推理能力,林崇德把归纳推理划分为四个水平,包括算术运算中直接归纳推理、简单文字运算中直接归纳推理、算术运算中的间接归纳推理、初步代数式的间接归纳推理。把演绎推理划分为"简单原理、法则直接具体化的运算""简单原理、法则直接以字母具体化的运算""算术原理、法则和公式作为大前提,进行多步演绎推理和具体化,得出正确的结论,完成算术习题""初等代数或几何原理为大前提,进行多步演绎推理,得出正确的结论,完成代数或几何习题"。

学生的逻辑推理发展存在关键期,对儿童演绎推理发展关键期的研究,早在皮亚杰时代就开始了。对 12 岁左右儿童的研究认为,11 岁学生在判断范畴三段论的大前提和中项是否有逻辑联系时也存在困难;我国学者方富熹的研究认为,12 岁的学生在假言推理方面已经有了初步发展,数学成绩优异的学生能够脱离具体内容进行形式演绎;黄煜烽等人的研究认为,演绎推理能力在初三到高二之间迅速发展,其中直言推理最好掌握,其次是选言和复杂推理,最困难的是联言推理。心理学方面的一项研究认为,儿童归纳推理能力出现得较早,9 个月大的婴儿就已经表现出了这种能力,幼儿能够依据颜色、质地等外在特征进行归纳推理;在对 3、5、7、9、11 这五个年级的 2 400 多名学生进行归纳推理能力的研究发现,3 年级学生已经具备了一定的归纳推理能力。类比推理能力的出现时间也比较早,费广洪等人综合采用了几何图形、关系图形、词语、数字、故事五种材料,对 3—11 岁儿童进行研究,研究显示:4—5 岁儿童开始能够进行类比推理;6—7 岁儿童的类比推理主要依据外在特征;8—9 岁儿童能够完成半数以上的类比推理任务,并更多转向事物之间的关系;10—11 岁儿童能够较为稳定地以事物之间的关系为依据进行类比推理,且各年龄成绩之间均存在显著差异;材料类型不影响儿童的类比推理成绩,而在不同任务中,几何图形类比推理得分最高,数字类比推理得分最低。[①]

① 严卿. 从 PME 视角看逻辑推理素养及其培养[J]. 教育研究与评论(中学教育教学),2017(2).

从以上调查和心理学分析可见,比较统一的观点是合情推理能力发展比演绎推理要早,无论哪种推理能力的发展都具有明显的阶段性和关键期,从"2017 课标"的水平划分来看,逻辑推理能力发展成分比较复杂,至少包括了四个主要方面,四个方面分别强调了逻辑推理的学科价值和育人价值,是对逻辑推理本质进行静态认识和动态认识的反映。

6.2 提高学生逻辑推理素养的实施路径

1. 把素养提升置于优先位置,提倡单元教学,保持推理过程的完整性

合情推理和演绎推理在实践中被割裂的客观原因之一,就是在有限的一个课时内,学生逻辑推理发展过程的充分性和完整性是一对难解的矛盾。我们希望探索的过程是丰满的,能给大部分学生充足的时间进行独立思考,这就意味着推理的后半个过程是不可能完成的;而如果保证过程的完整性,则势必要压缩一些环节,首选就是探索过程。因而,大单元整合教学可能在素养提升方面具有很大潜力。

【案例 1】   **垂径定理**

常见教学设计环节:

环节 1 定理引入,提出问题:如何求出赵州桥主桥拱的半径?

环节 2 复习旧知,操作发现:通过折纸活动找到弧的中点,发现拱形是轴对称图形,进而发现圆是轴对称图形,每条直径都是圆的对称轴。

环节 3 观察-探究-验证-表达:借助几何画板观察发现垂直于弦的直径平分弦并且平分弦所对的两条弧,进而用语言表达为垂径定理。

环节 4 定理运用:运用垂径定理解决引例中"赵州桥"的问题。

上述教学设计,教师从一个实际情境出发,提出一个学生不能立即解决的问题,从而激发起学生探究新知识的欲望;通过折纸让学生回忆圆具有轴对称性;在定理的证明过程中,利用圆的轴对称性直接得到垂径定理的结论;最后一个环节回应了环节 1。整体来看,整节课保证教学内容过程的完整性:教师希望学生感受数学与现实的联

系,体会定理的产生和发现的过程,最后用数学结论解决实际问题。

　　但是这样的教学设计存在着这样几个问题:首先,我们为什么要计算"赵州桥"的半径? 这个问题提出得不自然;其次,垂径定理是圆的轴对称性质的运用还是对圆的轴对称性的判定? 我们学习垂径定理的目标是什么? 垂径定理是对圆的轴对称性的严格证明,而不是对圆的轴对称性质的运用,这是一个非常关键的问题,否则逻辑上就出了问题;最后,仅仅使用折叠和观察的方法就得到定理结论,最多属于猜想和验证,没有实质性证明,这对小学生是合适的,但是对中学生发展来说是不够的。

　　如上问题的主要原因是一个课时内时间有限,教师有课时既定任务要完成,必然要压缩某些环节才能保证整个推理过程的完整性。实际上,数学问题的提出,并非都从实际中来;相反,随着个体数学知识体系的逐渐丰富化,越来越多的数学问题来自数学内部。实践教学中,从现实问题提出数学问题的现象有矫枉过正的趋势,以至于把数学概念、数学结论与实际问题对立起来,显得很不自然,甚至有喧宾夺主之嫌。实质上,数学本身就具有抽象性,一些概念、结论远远超越了我们的生活经验,正因为如此,才需要更多的逻辑推理来解决问题。另外,轴对称的定义是不好严格验证的,欧式几何为人诟病的原因之一就是没有对"重合"这样的一些词进行定义。圆沿着直径所在的直线折叠能够重合,所以圆是轴对称图形,并非一个证明,垂径定理才是对圆的对称性的严格证明。

改进的教学设计环节:

　　环节 1　已知⊙O 和⊙O 的两条弦,请你画出所有可能的图形。

　　环节 2　请你对大家画出的上述图形进行分类。

　　环节 3　对每一类图形你能得到什么性质?

　　环节 4　聚焦核心问题:对"直径垂直于弦"的类型进行探究,对结论进行归纳,形成定理。

　　环节 5　为什么要对"一条直径与弦垂直"的类型进行单独研究,并进行提炼?

　　环节 6　小学的时候,我们通过折纸知道圆是轴对称图形,你能说明为什么沿着圆的直径所在的直线折叠能够完全重合吗? 也就是要证明以下两个问题:

　　(1) 如何证明完全重合?

　　(2) 如何证明圆的每一条直径所在的直线都是对称轴?

环节 7　根据圆的轴对称性发现并证明垂径定理。

可以看到,这个设计与原设计最大的不同是给学生发出活动指令或提出具体问题的形式。前 3 个环节要给学生留出足够的探究时间和空间,可以多课时完成,因为这一过程需要教师对本章的内容加以整合,探究完这些内容就已经解决了本章的多数内容。这种做法把学生逻辑推理素养的提升放在优先于教授数学内容的位置,突出了探索的思维过程。4、5 两个环节,让学生多角度认识垂径定理的重要性,进一步体会把一些重要结论提炼为定理的必要性。推理能力的培养并不仅仅是教师提出结论,然后让学生去解决问题,这样最多只能算是训练学生去解题。真正推理能力的培养应该是在教师的引导下,创设出学生自主发现、提出问题的情景,尽可能还原人类发现这一知识的本来过程,适合学生进行自主探索,也就是说,好的学习活动应该是朴素、自然、生动、有趣的。所以,在这个教学设计中,不仅要关注是什么的问题以及问题如何提出,而且要重视问题场的创设,让学生在头脑中自主地形成问题,在问题的解决过程中,引导学生对上述各类图形进行分类,并探究它们的性质。当然,这些问题的解决是一系列的,不是一节课就要全部解决,可以通过开展系列的探究活动进行,而整个的探究过程也恰恰还原了一个数学问题被真正解决的全过程:发现问题——提出问题——分析问题——解决问题——过程反思。这一过程不仅正好展示了人们认识事物的逻辑推理的全过程,而且也渗透了一种研究问题的基本方法。

数学的发展过程正是其自身在逐渐追求严密和完善的过程,数学问题的提出也正是数学自身发展的需求,教学设计很好地突出了"合情推理"和"演绎推理"的关系,有助于培养学生的推理能力。定理课的教学是培养学生推理能力的重要素材,在教学设计的过程中,教师应该瞻前顾后,整体把握所教授的内容,了解学生已有的知识、方法和能力的储备情况,确立当下定理教学的着力点和学生能力的提升点。因此,在利用定理教学提升学生推理能力的过程中,既要重视学生推理能力的培养,还要重视学生推理能力培养的完整性。[①]

2. 精心挖掘与教材内容相关的推理探究问题,拓宽推理训练的渠道

逻辑推理能力不能脱离内容培养,课程是发展学生推理能力的重要载体,逻辑推

---

① 黄延林. 关注推理,还要关注推理的阶段性——议"垂径定理"的教与学[J]. 数学通报,2016(2).

理不仅存在于几何与代数,也广泛存在于其他数学分支及学科中。所以,培养推理能力不可能独立进行规则训练,而是要将其融合在数学教授过程中进行,在学生经历观察、实验、猜想、证明等完整过程的时候进行。以几何为例,欧式几何在培养学生演绎推理能力方面具有明显的优越性,但也是因为演绎证明的系统性和严密性一度增加了数学学习的难度,而在新世纪课改中被大幅削减。削减的目的是为合情推理让出空间。

教材首先对如上思想作出了回应,在概念的形成、公式的推导、定理的发现中都设计了丰富的实例或动手操作,让学生体验探索、推断的生动过程。但教材只是培养推理能力的一个表层策动,更重要的是怎样在课堂实施中把这个过程做"深",做"到位"?如果仅是借助一个个实例或操作来认识某个事实,验证某种关系,就不会得到多少推理思维的训练。新教材的一个突出特点正是安排了许多实例和操作活动,使用不容易流于浅层次的机械操作与演算,在学生操作、探索、体验的过程中创设推理的环境和机会,这也是将活动深化的一个重要标志。著名数学教育家斯腾伯格基于自身的教学实践研究认为,培养数学推理的有效方式是将操作、实践性思维与分析、概括性思维有机地结合起来,也就是说,一定要使"外在"的操作活动与"内在"的思考活动协调发挥作用并突出思考的过程。[①]

【案例 2】　　　　　　　　**"平行四边形面积"**

人教版五年级数学上册的教学内容。教材的编写意图很清晰:将比较花坛大小这一生活问题转化成一个数学问题——计算图形面积,随后通过数方格得出图形的面积,并借助表格收集整理数据,让学生首先得出平行四边形面积计算方法的猜想,再进一步用割补转化的方法进行验证,并由个别推向一般,揭示平行四边形面积的计算公式。如果教师简单地呈现教材例题,让学生按照教师的要求去数方格、填表格、割补图形等,想必学生也能掌握平行四边形面积的计算公式。但是,如果教师不从核心素养的角度深入分析教材,学生在这些外部动作活动的过程中,内部思维活动得不到充分锻炼。数学知识只是素养的载体,教数学一定要

---

① 宁连华. 新课程实施中数学推理能力培养的几点思考[J]. 数学通报,2006(4).

教思维,但是不能空洞地、形式地教思维,而要以数学内容为载体教思维。对于这一节课,潘小明老师是这样实施的:

片段1:开放问题,开阔思路

师:(电脑出示平行四边形)我们已经学习了长方形、正方形的面积计算,今天我们来学习平行四边形的面积计算。(手拿练习纸)我们同学手中都有这样一个平行四边形,你能自己想办法,算出纸上这个平行四边形的面积吗? 从中你能知道平行四边形面积的计算方法可能是怎样的吗?

生1:35平方厘米。

师:有不同答案的吗?

生2:28平方厘米。

生3:32平方厘米。

生4:24平方厘米。

生5:14平方厘米。

课一开始,教师并没有用一系列小问题对学生进行启发引导,而是让学生直面"怎样计算纸上平行四边形的面积"这个问题,并用足够的时间进行独立自由的思考和大胆的尝试。面对怎样计算平行四边形的面积这一问题,有的学生用长方形面积计算的方法进行类推得相邻两边相乘;也有学生将平行四边形拉转成长方形后用长乘宽去计算,这些都是合情推理。

可以看到,课堂上学生充分暴露了自己的内部思考结果,答案正确并不是首要意义,学生对错误答案的反思和质疑才是教学的首要意义。在对不同答案逐个进行辨析的过程中,学生不断产生新的疑问:同一个平行四边形,它的面积只可能有一个答案,正确的答案到底是多少呢? 用割补平移成长方形算出28平方厘米是正确的,那用拉转成长方形的方法算得35平方厘米为什么是错误的呢? 周长相等的平行四边形的面积也相等吗? 拉转过程中导致面积大小发生变化的原因在哪里等等。这些问题是学生自己的问题,只有学生自己的问题,学生才会真的参与,学生思维也才会有真的发展。

片段2:呈现冲突,质疑说理

在对32、24、14等错误答案进行分析后,仅留下和本节课新知识特别相关的两个答案 28 与 35 进行说理。

师：我在想，如果没有量错算错的话，恐怕就是这个答案，那么我们接下来要做什么事情？（终于，有学生认为应该让他们讲道理）

师：对，讲道理！现在比较集中的有两种意见：一种认为是 28 平方厘米，另一种认为是 35 平方厘米。看看到底谁能说服谁！

讲道理就是说理，老师引导学生考虑面对这样两个不同答案，接下来应该做什么。知道应该说理，是学生证明意识的外部表现。教师适当引导学生自己思考，怎样才能让对方信服自己呢？只有进行说理与辩论，才能说服对方。

片段 3：维持冲突，导向证伪

师：（边说边演示）不用剪开平移，也能把平行四边形转化成长方形的，只要拉一拉就行了。长方形的面积确实是 35 平方厘米，所以平行四边形的面积也是 35 平方厘米，我觉得也蛮有道理的。

师：她刚才说这个平行四边形是可以任意拉的，我就拉给大家看看（教师进行操作演示），同学们思考，拉一拉，面积和原来一样吗？继续拉呢？这样不断地往下拉，平行四边形将变成一个什么图形？

众生：快变成一条线了。

本环节，教师先肯定了错误思路中的合理想法，维持思维冲突，引起学生更大的关注，然后突然导出谬论，对错误答案进行了"证伪"的实操验证，这是反证法的思想在实验验证中的体现。

片段 4：澄清思路，推测关系

师：由此，你知道平行四边形面积的大小是由什么决定的？

生 1：跟平行四边形的高有关系。

生 2：我认为不应该只是和高有关系，和底也有关系。

师：为什么说与平行四边形的底也有关系呢？

生 2：如果平行四边形的底发生变化的话，它的面积大小也会发生变化的。

师：考虑问题非常全面！平行四边形面积的大小，不仅与高有关，而且还与底有关。

由上可见,借助教材培养学生逻辑推理素养,就要从素养的角度分析教材。素养是指向学生的素养,在整个教学过程中,要考虑的不是走完教材内容,而是如何拓宽学生思维发展的渠道:首先,要有足够的时间让学生独立思考、形成自己的想法;其次,要让学生充分表达自己的想法,教师不表态,从而引发学生间的争议;再次,引导学生进行质疑,对猜想所得的结论进行验证;最后,让学生"回头看走过的路",对探索过程进行反思。所以,课中那"拉转成长方形"的合情推理,教师不但没有直接否定,反而帮助分析了合理的方面并进行了肯定,继而顺着学生的观点向其他同学提出质疑。学生在对不断"拉转"着的平行四边形进行观察的过程中进行比较与探索,从"变化"中找"不变"。整个探究平行四边形面积计算的过程,不仅是一个不断发现,提出问题和分析、解决问题的过程,也是一个合情推理和演绎推理相结合的过程。学生从中不仅建构了平行四边形面积计算的模型,获得了数学知识技能,而且学习了数学抽象、数学推理、数学建模这些数学的基本思想,积累了数学活动的经验(特别是对合情推理的结论必须进行验证的思维经验)。①

3. 充分认识语言交流在逻辑推理中的价值,让思维外化

数学是一种重要的交流语言,"2017 课标"中对逻辑推理素养的描述一共有四段,其中三段都提及"交流"这个词,并指出逻辑推理"是人们在数学活动中进行交流的基本思维品质",逻辑推理的表现之一是"有逻辑地表达与交流",最终能"形成重论据、有条理、合乎逻辑的思维品质和理性精神,增强交流能力"。语言不仅是思维的外显形式,也"在动作内化为思维方面起着主要作用,虽然它不是唯一起作用的,起作用的还有画图、造型、动作模仿、意向、手势、身姿等,不过语言是这些符号系统中最佳的,无论教学内容、教学活动如何,记录或用语言表达数学发现以将思维留存成数学语言,在记录或表达的过程中对发现再思考、再丰富,都是必要的"。②

推理是一种基于语言的活动,语言是学生思考与交流的核心,成功的推理教学都离不开学生的语言能力,数学教学应当基于数学对话去做出猜想,讨论问题,解释不同的数学概念。逻辑推理在不同的年级都可以发展,语言的形式主要有书面和口头两种

---

① 潘小明. 数学思维的发展不是空洞的——"平行四边形面积"教学实践及思考[J]. 人民教育,2012(6).
② 吴维维,邵光华. 逻辑推理核心素养在小学数学课堂如何落地[J]. 课程·教材·教法,2019(3).

形式,书面语言呈现的大多是结构相对完整的演绎推理,平时教学中的书面语言主要是作业,作为日常工作,教师大都重视作业中推理表达的正确性、流畅性和简洁性,但对于日常教学中非正式的口头证明并不重视。有研究对江苏省初二学生所做的错误分析指出:(1)学生会画图,但不会解释,数学表达欠缺;(2)学生会画图,但解释不清楚或不完整,能正确运用转化思想,语言描述简介,但还不够严谨。[①] 这些都显示出学生缺乏口头的、非正式的语言训练。

所以,大部分教师认为,低段儿童不能书写完整严格的推理过程,发展演绎推理可能存在困难。事实上,低段学生对演绎推理的认识不能和高段相同,并且演绎推理应当在低段就开始培养,只不过不能追求严格的推理过程而已。例如:在小学阶段,教师对学生推理能力的培养主要是以合情推理为主,针对低年级的学生,教师会侧重让他们在动手操作等丰富的活动中通过类比、归纳等方法获取数学结论,不要求他们有严格的证明,但可以进行简单的说理;在初中学段,学生则是通过类比、归纳获得一个数学猜想,然后再通过演绎推理论证猜想的正确性。又如:一年级的学生可以对不同对象进行简单比较,对具体对象的表征进行辩论,对已经成立的模型进行解释;六年级的学生能够指出运算中使用的策略,描述一个序列的结果,进行问题转换等。

西南大学张文超博士提出"三说"教学模型,[②]认为小学生存在"不会说""不能说""不乐说"的现象,提出课前"说点凝练"、课中"说理训练"及课后"说题锻炼"的三说操作程序。课前"说点"是指基础知识与基本思想,如具体的语言"因为这个图形里面包含了 4 个 1 平方厘米的小正方形,所以这个图形的面积就是 4 平方厘米";课中"说理"重在对推理规则的引导和纠正;课后"说题"重在完善推理思路的正确性、完整性和流畅性。可见"说理"也是一种容易实施的、具体的思维锻炼方式。

---

① 周雪兵. 基于质量监测的初中学生逻辑推理发展状况的调查研究[J]. 数学教育学报,2017(2).
② 张文超. 小学生数学语言能力发展的教学模型研究[D]. 重庆:西南大学,2017.

第 7 章　数学建模的理论内涵与实施路径

7.1　数学建模的理论内涵

随着素质教育的推进,全面提升学生的综合素养成为当今教育的主要目的。就数学而言,培养学生的应用意识可以在很大程度上提升学生的数学素养。数学建模不仅是一个学数学的过程,更是一个用数学的过程。换句话说,数学建模在一定意义上是培养学生数学应用意识的过程。"2017 课标"将数学建模列为数学学科六大核心素养之一,数学建模素养成为数学课程的目标和基本理念。

1. 什么是数学建模

简单来说,数学建模就是运用数学的思想、方法和知识建立数学模型的过程。数学模型是用来近似表达事物或其现象特征的一种数学结构,是用一组数学规则和定理来描述、刻画事物和现象的理论模型,其搭建了数学与外部世界联系的桥梁,是数学应用的重要形式。广义上,一切数学概念、数学理论体系、数学公式、方程式和算法系统都可称为数学模型。例如,实数是度量的模型,几何是物体外形的数学模型。狭义上,只有那些反映特定问题的数学结构才称为数学模型①。例如,不等式是最大利润问题的数学模型。

---

① 张思明. 中学数学建模教学的实践与探索[M]. 北京:北京教育出版社,1998.

数学建模的主要过程包括：

(1)由实际问题出发：实际生活问题往往是极为复杂的，因此只能抓住问题的主要方面进行研究，将实际问题抽象、简化。(2)抽象、简化进而明确变量和参数：变量和参数不是一次就能准确地确定，确定变量、参数的过程是极其复杂的，需要反复操作确定。(3)根据某种定律建立变量和参数间明确的数学关系：这里的定律可以是数学、物理等其他学科的定律。(4)求解该数学问题：在此过程中，可以使用计算机技术辅助求解，如果不能得到数学问题的准确答案，可以求其近似解。(5)在理论上和实际上进行数学模型的双重验证：在理论上进行验证指的是整个数学建模过程中的数学理论使用得是否准确；在实际上进行验证指的是数学建模的结论应用于实际问题中是否合理可行。(6)验证通过则推广该数学模型的实际应用，验证不通过则重复数学建模的以上过程直至验证通过：数学建模是建立数学模型的过程，当建立的数学模型不符合实际要求时，应该重新修改和构建数学模型，直到新的数学模型符合实际，最终被广泛应用。

数学建模的对象侧重于非数学领域，但需要用数学知识、方法来解决问题，即数学作为工具解决来自物理、化学、生物、医学、经济学、人文社会科学等学科中与数学相关的问题。

2. 核心素养背景下的数学建模

数学建模素养是数学学科核心素养的重要组成部分。"2017 课标"对数学建模素养作了如下定义："数学建模是对现实问题进行数学抽象，用数学语言表达问题、用数学方法构建模型解决问题的素养"。培养、提升学生数学建模素养的实质就是对他们的一些学习能力进行培养、提升。这些能力主要包括信息收集的能力、信息分析的能力、信息处理的能力、概括抽象的能力、合作交流的能力、创造性思维的能力、计算机应用的能力。

数学建模过程主要包括：在实际情境中从数学的视角发现问题、提出问题，分析问题、建立模型，确定参数、计算求解，检验结果、改进模型，最终解决实际问题[①]。数学建模基本过程的流程图(见图 1)直观地表明：数学建模的过程是循环往复的，不同

---

① 中华人民共和国教育部. 普通高中数学课程标准(2017 年版)[S]. 北京：人民教育出版社，2017.

实际情境

↓

提出问题

↓

建立模型

↓

求解模型

↓

检验结果 —— 不合乎实际

↓ 合乎实际

实际结果

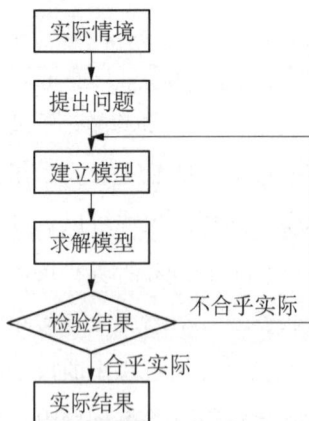

图1 数学建模活动的主要过程

的人在面对同一个实际情境所建立的数学模型也是可以不一样的,一切模型的建立和推广都要根据实际情况来实施。因此,学生在数学建模过程中,大大发挥了主观能动性,同时增强了创新意识。

"2017课标"指出,通过数学建模的学习,"学生能有意识地用数学语言表达现实世界,发现和提出问题,感悟数学与现实之间的关联;学会用数学模型解决实际问题,积累数学实践的经验;认识数学模型在科学、社会、工程技术诸多领域的作用,提升实践能力,增强创新意识和科学精神"。这是对高中阶段的学生提出的数学建模素养培养的最终目标。

核心素养下的数学建模强调的是学生对于建模过程的整体把握,学生能够在建模的完整过程中,感悟数学和生活的联系,从而提高学习能力。核心素养下的数学建模是从学生角度出发、对学生提出的素养要求,因此强调分层、分类地逐步推进、培养数学建模素养;核心素养下的数学建模是要求在校学生学会运用数学解决问题,认识数学在社会中的作用,因此数学建模素养强调要结合教材中的学习内容,构建数学和生活的联系,促进学生的认知意识。数学建模的过程是繁琐的,计算机的使用可以大大提高数学建模的效率。核心素养下的数学建模不仅要求学生能够运用数学知识解决问题,而且要求学生在这个过程中,认识数学模型在社会各个领域中的应用。

3. 学生的数学建模素养

学生的数学建模素养要求学生能够通过数学建模的学习,有意识地用数学语言表达现实世界,发现和提出问题,进而感悟数学与现实之间的关联,积累数学实践的经验,提升数学实践能力,增强创新意识以及科学精神。

在对我国学生数学建模素养的各类调查研究中可以看出,我国学生数学建模素养水平的一些现状。

高中生数学建模素养水平普遍偏低。"2017课标"中将数学建模素养划分成三个水平,据问卷调查分析可知,75.06%的学生处于数学建模素养水平一,8.94%的学生处于数学建模素养水平二,0.83%的学生处于数学建模素养水平三。从整体分析,高中生数学建模素养水平偏低,平均建模水平处于水平一、水平三的同学极少,还有部分零水平的同学。

不同学校、年级的学生数学建模素养水平存在显著性差异。从学校层面来看,重点中学学生的数学建模素养水平普遍高于普通中学学生的数学建模素养水平。在同一所中学中,高三年级学生的数学建模素养水平普遍高于高一年级,这说明随着年级的增长,学生的数学建模素养水平有提高的趋势。高一学生刚进入高中,紧张的生活还未适应,知识储备不足,知识面相对比较窄,所以数学建模的能力比较弱。

不同性别的学生数学建模素养水平不存在显著差异。据调查,男生的数学建模素养水平略高于女生,但两者之间无显著差异。男生数学建模的优势在于他们更容易从问题情境中抽象提炼出数学问题,并加以解决;而女生数学建模的优势在于计算细致。男生和女生的优势不同,数学建模能力的差距不大,因此不存在显著差异。

高中生的数学应用意识薄弱。高中生除了课本知识,很少有时间和精力去接触其他的学习资源①。在日常的学习生活中,学生接触社会的机会少,所以很少会主动运用数学相关的知识去解决实际生活中的问题,也因此造成他们应用意识薄弱。例如,某一高中学生在现实生活中选购手机卡时,营业厅告知有两种计费方式:月租费 30元,本地通话费 0.10 元/分;无月租费,本地通话费 0.30 元/分。该高中生不知该如何选择,其实只要列出一个简单的一次方程组,根据结果,结合自己每月实际通话时长就可以做出明智、准确的选择。诸如此类的现实问题,很少有人意识到用数学方法来做决策。高中生的数学应用意识薄弱,不能将数学知识应用于生活中,没有明白“用数学”的真正含义。

7.2　提高学生数学建模素养的实施路径

由于新课程改革和“2017 课标”将高中数学教学中,学生数学建模素养培养作为明确的目标要求和基本课程理念;新高考也对学生数学建模能力提出明确要求②;史

---

① 宋宏悦.高中生数学建模素养水平现状调查研究[D].石家庄:河北师范大学,2019.
② 汤晓春.高中数学教学培养学生数学建模素养的实践[J].教育理论与实践,2017(9).

中宁教授指出,"抽象、推理、模型是高中阶段的数学核心素养中最重要的三个要素"。因此,数学建模的教学应贯穿整个高中的数学教学过程。不仅如此,在高中课堂教学中,如何提升学生的数学建模素养成为当今数学课堂教学的重点研究内容之一。

1. 经历建模的完整过程,提升学生的整体学习能力

核心素养下的数学建模强调完整性,学生经历完整的数学建模的过程,可以更好地体会数学和生活的联系,积累更多数学的经验。数学建模活动是一个科学研究的过程,通常需要经历选题、开题、做题、结题四个基本步骤。第一步,选题。根据学生的爱好以及实际水平,教师提供可探究的数学建模课题,学生可以个人单独进行研究,也可以组织研究小组共同开展活动,但是教师可通过列举团队合作的优点,建议学生自行组织研究小组共同开展建模活动。第二步,开题。学生结合选择的问题,自行查阅相关资料,检索问题的相关成果;小组成员之间通过合作与交流初步形成问题解决的大致思路、方案;尝试撰写开题报告;教师审阅开题报告,给出实质性的建议;学生小组成员交流反思后改进实施方案。第三步,做题。建立模型,求解模型,检验结果,写出解题报告或者小论文。第四步,结题。个人或者小组代表在班级里介绍建模过程、结果和收获,教师和班级其他同学给出评价。在数学建模的教学活动中,让学生体验、经历这四个基本步骤,有助于学生相关建模能力的整体提升。下面结合停车距离问题的案例,给出数学建模教学中,教师应如何引导学生整体提升相关建模能力。

【案例1】　　　　　　　　　停车距离问题①

根据实际背景,创建急刹车的停车距离的数学模型。在本案例中,开题部分的关键环节是确定影响停车距离的主要因素。教师需要引导学生查阅相关资料,观看急刹车的停车过程,从而能够确定影响停车距离的主要因素。此环节中,在确定因素时,学生集思广益:停车距离与刹车前汽车行驶的速度有关,停车距离与驾驶员的反应时间有关,停车距离与车辆的刹车性能有关,停车距离与行驶的道路状况有关,停车距离与天气状况有关……此时,教师需要对学生罗列的因素提出疑问:在求解停车距离问题时,这些相关因素都要考虑吗?最为关键的因素

① 中华人民共和国教育部. 普通高中数学课程标准(2017年版)[S]. 北京:人民教育出版社,2017.

是什么？学生小组交流讨论，最终达成一致意见。构建停车距离的数学模型需要确定两个关键的因素，因素一是刹车时的速度，因素二是驾驶员的反应时间。关键环节讨论完，教师要求学生以小组的形式写出开题报告，并选出代表阐述实施过程；在此过程中，教师针对学生开题报告的疑难之处再发问，几番交流反思后，学生在教师建议下改进并确定实施方案。数学建模教学活动的开题过程中，学生的信息收集能力、信息分析能力、信息处理能力、合作交流能力均可得到提升。针对做题部分的两个关键环节：建立急刹车的停车距离模型；确定参数，计算求解。由开题部分的分析讨论可以知道，急刹车时的停车距离是反应距离与制动距离的总和，即初步模型：停车距离＝反应距离＋制动距离。设停车距离为 d，反应距离为 d_1，制动距离为 d_2，那么初步模型用数学符号语言可以表示为：$d = d_1 + d_2$。为了得到具体的表达式，教师需要引导学生分析并作下面的假设。关于反应距离，驾驶反应距离是关于反应时间和汽车速度的函数。教师追问学生反应时间以及汽车速度的准确定义。通过回忆简单的物理知识，学生可以轻松得到反应距离与反应时间、汽车速度之间的正比关系，即 $d_1 = atv$，其中 a 为正的待定系数。关于制动距离，教师需要引导学生进行进一步的资料查阅，合作交流，从而做出以下假设：假设刹车受力大小近似等于汽车轮胎与路面的摩擦力，制动距离是刹车受力与汽车速度的函数。根据提示，学生回忆相关物理学知识，例如能量守恒定律、牛顿第二定律，进行算式推理，得出制动距离与汽车速度平方成正比，即 $d_2 = bv^2$，其中 b 是待定系数，从而得出数学模：$d = d_1 + d_2 = atv + bv^2$。以上是做题的关键一步——建立模型，接下来便是数学模型中参数的确定了。一般来说，学生遇到的参数都是通过理论计算得到的，但是在现实模型中，参数值通常是需要通过统计方法得到的。为了顾及停车距离模型中的参数，需要进行实验、统计，从而得到现实数据。此时，教师可以建议学生通过计算机网络查询相关实验数据，分组求解 a、b 两个参数值，最终得到停车距离模型 $d = 0.21v + 0.006v^2$。在做题这部分中，学生的合作交流能力、抽象能力得到提升。结题部分，教师鼓励学生讲解其结题报告或者结题小论文，并说明建模过程、结果以及收获。结题部分提升了学生合作交流的能力，让学生在与老师、同学的合作交流中，体会到学习数学的快乐。

在数学建模教学活动中,教师重视让学生体验数学建模的全过程,不仅可以帮助学生理解数学模型的意义,也可以在一定程度上提升学生各方面的学习能力。

2. 结合学生的实际水平、爱好,分层、分类地逐步推进

学生对任何知识都有一个逐步学习、适应的过程,数学建模课程也不例外。数学建模课的学习对学生的要求比较高,通常需要学生有较强的学习能力。因此,数学建模的教学需要教师结合学生的实际情况进行,对学生的实际情况又需要分为两类进行说明。一是学生的实际水平:对于数学成绩较好的学生来说,教师可以为其提供较难的数学建模的相关问题,例如高中数学竞赛中的题目;对于数学成绩较差的学生来说,教师可以为其提供基础的数学建模的相关问题,例如高中必修课本中的相关题目。二是学生的实际爱好:对于爱好物理的学生,教师可以在数学建模的课题中加入与物理相关的建模问题;对于爱好化学的学生,教师可以在数学建模的课题中加入与化学相关的建模问题,等等。这样的区别教学可以增强学生的学习兴趣。

(1) 结合学生的实际水平,分层教学

【案例 2】　　　　　　　　　　下料问题①

例如:某仪器厂要生产 A 仪器不少于 46 台,B 仪器不少于 55 台。为了给每台仪器做一个外壳,需从两种不同规格的薄钢板上截取。甲种薄板每张面积为 $2\ \mathrm{m}^2$,乙种薄板每张面积为 $3\ \mathrm{m}^2$。甲种板可做 A 外壳 3 个和 B 外壳 5 个,乙种板可做 A、B 外壳各 6 个。问甲、乙板各做多少张,才能使总的用料面积最小?对于这样同一个数学建模问题时,在给数学学习成绩较好的学生教学时,教师在课前先给学生布置学习任务:对于下料问题不熟悉的同学可以先自行查阅相关资料了解下料问题的内容,例如下料问题的条件组成、问题组成,然后个人或者以小组的形式找一个工厂统计相关数据,确定一个问题情境,最后进行建模与求解。在给数学学习成绩较弱的学生教学时,教师可以直接给出下料问题的具体一个问题情境。因此,同一个数学建模问题的不同呈现,适应了不同学生的实际数学成

---

① 卜月华. 中学数学建模教与学[M]. 南京:东南大学出版社,2002.

绩水平,达到了分层教学的效果。

【案例 3】　　　　　　**测量不可及"理想大厦"的高度**[①]

在解决这类问题时,对于数学学习成绩较弱的学生,教师在鼓励、提示中让这类学生掌握一种测量方法即可;对于数学成绩较好的学生而言,教师可以让他们多角度考虑问题,最终掌握测量不可及"理想大厦"的方法:两次测角法、镜面反射法等。对于同一个数学建模问题,教师可以通过调节不同学生掌握方法的多少来进行分层教学,如此数学建模的教学可以达到较高的效率,避免了"部分学生吃不饱,部分学生塞不下"的情况。

(2) 结合学生的实际爱好,分类教学

"2017 课标"指出,"选修课程是由学校根据自身情况选择设置的课程,供学生依据个人志趣自主选择,分为 A,B,C,D,E 五类。这些课程为学生确定发展方向提供引导,为学生展示数学才能提供平台,为学生发展数学兴趣提供选择,为大学自主招生提供参考。学生可以根据自己的意向和大学专业的要求选择学习其中的某些课程"。类似地,教师在进行数学建模教学时,可以根据学生对其他学科的喜好,进行分类教学:对于喜欢物理的学生,教师可以选择和物理相关的数学建模类问题进行教学;对于喜欢生物的学生,教师可以选择和生物相关的数学建模类问题进行教学,等等。

【案例 4】在空间相隔 $10\,\text{m}$ 的两点 A,B 处分别放置 200 瓦、450 瓦的电灯,由这两个光源所照射的照度相等的点在什么面上? 被这个面所包围的空间部分的体积是多少[②]?

---

① 卜月华. 中学数学建模教与学[M]. 南京:东南大学出版社,2002.
② 张思明. 中学数学建模教学的实践与探索[M]. 北京:北京教育出版社,1998.

对于喜爱物理的学生,教师可以挑选物理情境的数学建模题进行教学,本文前面所提及的案例1也是物理情境下的数学建模题。

【案例5】某人计划向银行贷款10万元,有两个银行可贷款:建设银行贷款年利率为5%,分10次等额归还,利息不计入下一年的本金生息,每年还款一次,从借款后的第二年的相同时间开始还款;工商银行贷款年利率为4%,也分10次等额归还,但本年利息要记入下一年的本金生息,每年还款一次。请计算一下,向哪个银行贷款合算?

对于喜爱经济学的学生,教师可以选择类似案例5的信贷问题进行数学建模的教学,在数学建模教学中,注意结合学生的喜好。实行分类教学不仅仅可以激起学生学习数学建模的兴趣,也可以保证数学建模教学的课堂效率。实施分类教学实质就是扬长避短、培养特长,而数学建模是学生学习中扬长避短的良好调节剂。因此,在数学建模教学中,教师结合学生爱好和长处进行分类教学是有必要的。

3. 结合教材内容,实现学中用,用中学

数学建模应该与当前数学教材有机结合,在教学过程中,教师需有意识地把数学建模和数学课内知识的学习进行高效结合,而不是刻意地做成两套系统。在高中教材中,比较适合与数学建模有机结合进行教学的教材内容主要有:函数应用、概率、统计、数列、一元函数导数及其应用、立体几何、解析几何。这种结合可以向两个方向展开:一是向"源"的方向展开,即教师应特别注意向学生介绍知识产生、发展的背景;二是向"流"的方向深入,即教师要引导学生了解知识的功能,在实际生活中的作用,了解数学应用、数学建模与学生现实所学数学知识的"切入点",引导学生在学中用,在用中学。

向"源"的方向展开,换句话说就是在数学建模教学中融入数学史的教学。例如,在教学图论这一类数学模型时,教师可以创建一个故事情境,向学生讲解欧拉为解决"哥尼斯堡七桥问题"建立的"一笔画图形判别模型"的相关数学史;在常规课教学函数应用时,教师可以搜罗一些关于函数的数学史,呈现在课堂上;在教学概率与统计相关知识时,教师可以呈现给学生关于概率与统计的发展历史,等等。通过融入数学史,数学建模与正常的教学内容就可以很好地结合在一起,这样有利于学生了解数学家们创造数学知识的艰难历程,从而培养学生实事求是、独立思考、勇于创造的科学精神。

向"流"的方向展开,数学建模本质说来便是数学知识的应用过程。教师在数学建模教学过程中,要能够引导学生发现数学建模与实际所学的数学知识的"切入点"。切入的过程即是将一些小的数学建模的问题放入正常教学的环节中去解决问题。在新课导入环节时,教师可以用数学建模的问题作为情境导入。

【案例 6】如果一个五金商店每年销售某种零件 50 000 件,为了保证供应,要有计划地进货,若销售量是均匀的,每批进货量相同,已知每个零件每月储存费用是 0.04 元,每批进货量的手续费是 150 元,求全年总费用与每批进货量之间的函数关系? 并求每批进货为多少时,全年总费用最少?

有了这样一个简单的数学建模作为问题情境,学生的听课过程便是有目的进行的。在解决这个问题之后,学生对于求函数最值的步骤,也记得比较清楚。案例 6,教师在讲授对数函数的应用时,在新课导入环节可以创建如下一个问题情境。

【案例 7】物体在常温下的温度变化可以用牛顿冷却规律来描述:设物体的初始温度是 T_0,经过一定时间 t 后的温度是 T,则 $T - T_a = (T_0 - T_a) \cdot \left(\dfrac{1}{2}\right)^{\frac{t}{h}}$,其中 T_a 表示环境温度,h 称为半衰期。现有一杯用 88℃ 热水冲的速溶咖啡,放在 24℃ 的房间中,如果咖啡降温到 40℃ 需要 20 min,那么降温到 35℃ 时,需要多长时间(结果精确到 0.1)?

这样一个简单的问题解决,如果从数学建模角度出发,则促进了学生对数学建模的意义理解;如果从课本知识角度出发,则促进了学生对知识的更好掌握。在复习课时,教师可以选择用数学建模的问题作为复习题,呈现给学生,让学生在复习教材知识的同时,了解、掌握数学建模的意义。

【案例8】一种放射性元素,最初质量为 1 000 g,按每年 10% 衰减,求这种放射性元素的半衰期(精确到 0.1)。

【案例9】某工厂第一季度某产品月生产量分别为 10 000 件、12 000 件、13 000 件,为了估测以后每个月的产量,以这 3 个月的产量为依据,用一个函数模拟该产品的月产量 y 与月份 x 的关系,模拟函数可以选用二次函数或者函数 $y = ab^x + c$ (其中 a,b,c 为常数)。已知 4 月份的产量为 13 600 件,问:用以上哪个函数作为模拟函数较好[①]?

以上两个数学应用与建模题均可作为函数应用的复习题,一方面可以切实起到复习课本知识的作用,另一方面锻炼了学生的建模能力。

数学建模的教学应注意结合正常的教学内容,如果切入的内容和正常的教学内容、教材的要求比较近,教学就可以起到一箭双雕的作用。一方面,便于学生理解和掌握教材知识;另一方面,有熟悉的教材知识的铺垫,数学建模对学生来说便不再陌生。数学建模与正常数学教学的有机结合,使得学生在潜移默化中提升了应用意识,实现学中用,用中学。

4. 强调学生积极主动参与,促进教学过程的转变

传统的教学过程中,教师是滔滔不绝的演讲者,学生是静静聆听的听讲者。大部分学生的学习过程是消极、被动的,他们通常只是单纯地服从教师的学习指令,对于学习缺少热情主动。数学建模的学习对学生的学习态度要求更高,强调学生积极主动地参与数学建模的课堂;数学建模的教学需要遵循主体性原则,教学中要以学生为主体,教师为主导,教师作为一个指导者、组织者、激励者的身份,不断引导、激励学生,维持学生对数学建模学习的兴趣,从而充分发挥学生的主观能动性,最终让学生体验问题产生、发展、解决的过程,以及学会自己提出问题并解决问题。

教师在数学建模课中如何调动学生的积极性,让其主动参与到数学建模的学习中呢? 第一步,在数学建模教学前,教师需要对学生的兴趣爱好进行调查分析,根据学生

---

① 张思明. 中学数学建模教学的实践与探索[M]. 北京:北京教育出版社,1998.

特点提供给学生不同的选题,其中选题要符合学生经验,题材要有趣,难度适度;第二步,开题过程中,学生的思路出现障碍时,教师要及时给予提示和指导,以防学生思考时间过长,对解决问题失去了兴趣;第三步,做题过程中,教师要不断激励学生对模型的求解;第四步,结题过程中,教师要正确评价学生的建模过程,同时要善于发现学生的优点,对学生优点加以表扬,避免学生对数学建模失去信心。本文将结合案例 10 进行具体分析。

【案例 10】生物学家认为,睡眠中的恒温动物依然会消耗体内能量,主要是为了保持体温。研究表明,消耗的能量 E 与通过心脏的血流量 Q 成正比,并且根据生物学常识可知,动物的体重与体积成正比。表 1 给出一些动物体重与脉搏率对应的数据①。

表 1　一些动物的体重和脉搏率

动物名	体重/g	脉搏率/(心跳次数 · min^{-1})
鼠	25	670
大鼠	200	420
豚鼠	300	300
兔	2 000	205
小狗	5 000	120
大狗	30 000	85
羊	50 000	70
马	45 000	38

回答下面的问题:

(1)请根据生物学常识,给出血流量与体重之间关系的数学模型。

(2)从表 1 可以看到,体重越轻的动物脉搏率越高。请根据上面所提供的数据寻求数量之间的比例关系,建立脉搏率与体重关系的数学模型。

---

① 中华人民共和国教育部. 普通高中数学课程标准(2017 年版)[S]. 北京:人民教育出版社,2017.

（3）根据表1，作出动物的体重和脉搏率的散点图，验证建立的数学模型。

在此案例的教学中，由于涉及了生物学的概念，教师在学生困惑时，要及时指导学生查阅血流量、脉搏率等与生物学相关的专有名词；另外，在此建模过程中，还需要学生了解一些生物学假设，例如：心脏每次收缩挤压出来的血量与心脏大小成正比，动物心脏的大小与这个动物体积的大小成正比。学生面对这些比较陌生的知识时，会一时乱了方寸，这时就需要教师在一旁给予指导，并组织学生自行查阅相关知识点。教师若在课堂上一直以一种指导者、组织者、激励者的身份进行教学，那么学生自然会以饱满的情绪，积极主动地参与数学建模的学习，从而提升自身的数学建模素养。建模完成后，针对学生不熟悉的领域，教师要鼓励学生课后多查阅相关书籍；在数学知识方面，教师要对学生做出公正的评价，并以赞赏的话语鼓励学生再接再厉。数学建模的教学过程中，教师以主导者的身份主持教学过程，强调学生积极主动地参与，也就实现了传统教学过程向以学生活动为主的教学过程的转变。

5. 强调计算机的使用，提高数学建模的效率

随着社会的迅速发展，计算机成为科学研究的一种重要工具，自然也是数学建模的重要工具。一般人都认为，计算机在数学建模中的主要作用就是计算，用计算机就是要编程序来计算。这样的观念很是片面，它只指出了计算机在数学建模过程中最基础的作用。在数学建模过程中，计算机的作用不仅是计算，还有数据处理、模拟、资料检索，文字、图像、表格的处理等作用。在数学建模过程中，计算机就是学习、发现、求解、演算、表达的工具。因此，在数学建模教学中，教师要强调学生对计算机的使用，从而发挥计算机的最大利用价值。但是，在教学过程中，教师又如何指导学生使用好计算机呢？这是我们需要考虑和深思的问题。

（1）结合日常教学为学生创设使用计算机的问题

结合日常教学，教师可以设计一些有一定计算强度的问题让学生求解。在求解函数的零点问题、线性回归方程问题、不等式解法等问题时，教师都可以让学生利用计算机来解决问题。例如在求方程 $x - \ln x - 3 = 0$ 的根，求 $2\cos x - \ln x = 0$ 的根等类似问题时，教师可以指导学生使用 Mathcad 软件，一步步得到方程的根。

（2）结合数学建模和数学实践活动，为学生创设使用计算机发现创造的机会

在数学建模、实践活动过程中,教师可以启发学生对一组数或者学生自己统计的生活中的一组相关数,利用计算机来动手实践,发现数的规律。例如:教师可以创设一个建模情境,日常我们在网上买鞋常常看到下面的表格(表 2)①。

表 2　脚长与鞋号对应表

脚长 a_n/mm	220	225	230	235	240	245	250	255	260	265
鞋号 b_n	34	35	36	37	38	39	40	41	42	43

请解决下面的问题:找出满足表 3 中对应规律的计算公式,通过实际脚长 a 计算出鞋号 b。

在学生用代数方法解决了这个数学建模问题之后,教师可以引导学生用计算机作出散点图,选择几种函数模型进行拟合,接着对比拟合结果,从而确定该数组满足一个线性模型。类似这种的数学建模相关的题目很多,教师可以多选用这类题,让学生在计算机的辅助下,加深对此类数学建模问题的理解。

(3)让学生有意识地使用计算机解决一些生活中非数学问题

教师让学生有意识地用计算机解决非数学问题,有利于学生加深对计算机功能的熟悉程度。例如:教师在假期布置一个任务,让学生学习一个与作图相关的软件,并使用该软件来设计一个贺卡、纪念卡等;让学生利用计算机在网上检索指定内容的资料等。

教师在数学建模的教学中,强调学生对于计算机的使用,让学生明白计算机在数学建模过程中发挥的作用不仅仅只是计算的功能,还有其他更为重要的功能。

6. 激励独立探究,培养学生独立思考的习惯

在数学建模的教学中,教师应该鼓励学生独立思考、自主探索,力求学生能够自己找到解决某个数学建模问题的思路和方法。即使教师的建模方法可能更简单、方便,但是学生经历了自主探索的过程,对数学建模的过程变得更为熟悉,另外,学生自己探索出来的方法策略也更贴近学生的发展水平。因此,教师需要给学生充足的、自主思考的空间和时间,激励学生个体自主探索。

① 中华人民共和国教育部. 普通高中数学课程标准(2017 年版)[S]. 北京:人民教育出版社,2017.

　　激励学生独立探究时,问题的选择很重要。通常学生的数学建模能力不强,要求学生独立探究出问题解决的方法较难,因此,教师需要选择一些强操作性、强实践性、可供选择的方法多的建模问题让学生探究。例如,教师可以给这样一个数学建模问题:尽可能选择比较多的方法测量学校或居住地的一座最高的建筑物的高。测量方法很多:方法一,利用楼在太阳下的影长和人在太阳下的影长,结合相似形的知识进行计算;方法二,利用双镜反射法进行计算;方法三,利用三角方法来计算;方法四,直接测量一层的高度,再乘以层数,得出此建筑物的高度。数学建模问题的解决方法越多,学生就会自行探索出其中一种方法,并且在自行探索的过程中锻炼了自身的探究能力。

　　激励学生独立探究时,教师要为学生创设良好的独立探究的环境。数学建模的问题往往是与物理、生物、化学等学科相结合的综合问题,学生对建模中出现的物理、生物、化学相关的知识比较陌生时,教师要给予一定的资料,条件允许的情况下,教师可让学生使用计算机自行检索相关学科知识。解决了非数学知识问题,学生独立探究的障碍也就少了许多。例如,在解决“你知道某材料的硬度如何测定吗?”这个数学建模问题时,学生通过教师直接提供或者自行搜索物理学的相关知识解决了问题。即在物理学上,测定材料的硬度,可用标准钢球放在材料上,加上一定的压力 P(单位:kg),使材料表面留下球冠形的凹痕,如果凹痕的面积是 S,那么这种材料的硬度就可用 $\frac{p}{s}$(单位:kg/mm^2)来表示。学生一旦了解了这个知识,数学建模的问题就容易解决了。

　　教师在数学建模教学中,激励学生独立探究,尊重学生的个性化思考,允许不同的学生从不同的角度认识问题,以不同的方式表征问题,用不同的方法探索问题,并尽力找到自己的建模思路与方案,以培养学生独立思考的习惯和自主的探究能力[1]。

　　教师可以通过这些策略来提升学生的数学建模素养,让学生经历建模的完整过程,教学中注意结合学生的实际水平、爱好,分层、分类地逐步推进,结合正常教学的教材内容,强调学生积极主动参与数学建模活动,强调计算机的使用,在教学中激励学生独立探究问题。

―――――――――――

[1] 封平华,李明振. 高中数学建模教学策略研究[J]. 教学与管理,2013(8).

第8章 直观想象的理论内涵与实施路径

8.1 直观想象的理论内涵

1. 什么是直观想象

关于直观,西方哲学家通常会认为,"直观就是未经充分逻辑推理而对事物本质的一种直接洞察,直接把握对象的全貌和本质的认识";心理学家认为,"直观是从感觉的具体的对象背后,发现抽象的、理想的能力"。而数学的直观是对概念、证明的直接把握。我国学者徐利治教授认为,直观就是借助于经验、观察、测试或类比联想,所产生的对事物关系直接的感知与认识,而几何直观是借助于见到的或想到的几何图形的形象关系,产生对数量关系的直接感知。①

关于想象,这是数学学习中必不可少的一种科学的思维活动,属于高级的认知过程。心理学上关于想象的定义是以表象为基本材料,但并非表象的简单再现,而是"在头脑中对已有表象进行加工、改造、重新组合形成新形象的心理过程"。②

"2017课标"对直观想象素养进行了内涵界定,指出:"直观想象是借助几何直观和空间想象感知事物的形态与变化,利用空间形式,特别是图形,理解和解决数学问题

---

① 徐利治. 谈谈我的一些数学治学经验[J]. 数学通报,2000(5).
② 方雅茹. 高中数学素养培养的实践研究——以几何直观与想象素养为例[D]. 福州:福建师范大学,2016.

的素养。主要包括：借助空间形式认识事物的位置关系、形态变化与运动规律；利用图形描述，探索解决问题的思路。"①

直观想象是发现和提出问题、分析和解决问题的重要手段，是探索和形成论证思路、进行数学推理、构建抽象结构的思维基础。主要表现为：建立形与数的联系，利用几何图形描述问题，借助几何直观解决问题，运用空间想象认识事物。

2. 核心素养背景下的直观想象

我国在 2003 年颁布的《普通高中数学课程标准》中就强调，要改善教学方式，加强几何直观，重视图形在数学学习中的作用，鼓励学生借助直观进行思考，在几何和其他内容的教学中，都应借助几何直观，揭示研究对象的性质和关系。②

"2017 课标"更是将"直观想象素养"列为数学六大核心素养之一，并明确指出："通过高中数学课程的学习，学生能提升数形结合的能力，发展几何直观和空间想象能力；增强运用几何直观和空间想象思考问题的意识；形成数学直观，在具体的情境中感悟事物的本质。"由此可见，学生直观想象素养的培养是十分重要的，它能够帮助学生将抽象的数学概念、公式和定理转化为生动形象的图式，促进理解和记忆。

3. 学生的"直观想象"素养

在核心素养新背景下，我们不仅将直观想象定义为学生学习数学的一种思维方式，更是将它作为一种数学解题方法来对学生进行要求。而这样的要求可以从以下几个层次进行理解：

（1）学生能够通过想象构造数学问题的直观模型，领会图形与数量的关系及其运动变化规律。例如旋转体的概念：平面上一条封闭曲线所围成的区域绕着它所在平面上的一条定直线旋转所成的几何体叫做旋转体。这需要构造相关模型，例如，将长方形黏贴在一根小棒上，旋转小棒形成圆柱体，如图 1。让学生观察线段绕定直线形成圆柱体的过程，从而从实体模型中抽象出复杂的数学知识，进行深度的理解和记忆。关于数学概念界定、公式推导等，都可以利用模型帮助学生理解学习。

---

① 中华人民共和国教育部. 普通高中数学课程标准（2017 版）[S]. 北京：人民教育出版社，2017.
② 中华人民共和国教育部. 普通高中数学课程标准（实验）[S]. 北京：人民教育出版社，2003.

图 1

（2）学生能够借助图形的性质把握数学知识的本质特征，通过数形结合，探索数学规律。比如求多边形内角和问题：已知三角形的内角和为 $180°$，让你探究出四边形的内角和为多少度？五边形的内角和为多少度？进而探究出 n 边形内角和为多少度？

对于这样一道几何问题，学生需要通过多边形之间的边角数量关系，借助图形的切割。如图 2，发现一个四边形可以分割成两个三角形，一个五边形可以分割成三个三角形，一个六边形可以分割成四个三角形，进而通过图形推导出代数关系，得到 n 边形可以分割成 $n-2$ 个三角形。这样利用图形的性质可以更容易理解数学知识。

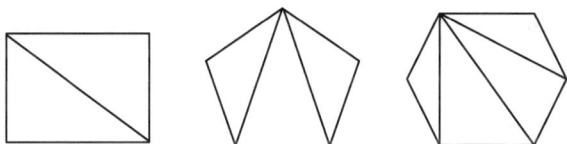

图 2

再举一个十分简单的数学问题：一个正方形纸片，剪去一个角，还剩下几个角？很多学生都会直接回答是 5，如果能够借助图形进行分析，我们很容易就能发现其实存在三种情况。如图 3，正确答案应该是 3 或 4 或 5。

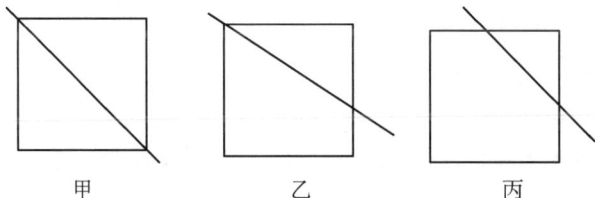

甲　　　　　乙　　　　　丙

图 3

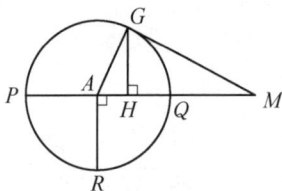

图 4

（3）学生能够在直观背景下借助直观语言探讨数学问题。比如不等式的证明问题：证明均值不等式 $\dfrac{2}{\dfrac{1}{a}+\dfrac{1}{b}}$

$<\sqrt{ab}<\dfrac{a+b}{2}<\sqrt{\dfrac{a^2+b^2}{2}}$。可以借助图 4 中的一些线段长来表征均值不等式中的各项代数式，令 $PM=a$，

$QM=b(a>b>0)$，则直观分析可得 $AM=\dfrac{a+b}{2}$；再由切割线定理、相似三角形等数学知识进行证明。

8.2 提高学生直观想象素养的实施路径

虽然我国一直在大力倡导培养学生的直观想象素养，但目前我国几何直观化教学仍与期盼的效果存在一定程度的差距，高中生的直观想象能力仍然存在很大不足。比如：利用直观想象解决问题的意识较为薄弱，缺乏从宏观上利用几何直观对问题进行表征的意识；空间想象能力不强，导致对问题的直观化存在一定障碍，难以从图形的分析上寻找出问题解决的突破口；等等。究其原因，是因为在教学过程中，大部分教师仍然没有意识到将直观想象融入实际教学的重要性，没有静下心来去思考如何通过创设合适的学习任务、学习情景和学习活动，利用相关教学策略，将直观想象素养的培养渗透、呈现在日常教学中。

针对数学教学过程中容易出现的一些问题，我们从以下几个方面出发。给出几个教学策略，并结合具体案例，帮助教师更好地理解教学策略的关键点以及学会如何在日常教学中进行运用。

1. 借助几何模型的制作与应用，培养空间想象能力

几何模型是由现实世界物体经过初级抽象得到的空间几何体。直观化的表征或图形构造是直观想象的前提条件，其中几何模型的制作与应用是培养学生直观感知及立体图形绘制的必要手段。培养学生关于现实物体初级抽象的感知能力，能为他们直观想象素养的培养建立良好的基础。因此，几何模型的制作与应用对学生直观想象素

养的培养起着重要作用。

学生在自己动手制作几何模型的过程中会思考：几何模型将有几个面组成？有几个平面图形，各是什么形状？有没有曲面？曲面截下来应该是什么图形？各个部分之间的长度有什么关系？有哪些平面可以在一张纸上裁出？哪些平面必须与其他平面分开裁剪？等等，一连串基于直观分析的思考过程。在模型的制作过程中，学生不仅能逐步了解模型制作的步骤与方法，还能在交流讨论中一步步观察，发现空间几何体的本质特征，感知点、线、面之间的部分位置关系和长度关系。这个过程将为之后直观图的绘制、空间几何元素之间的位置关系及相关定理的学习打下基础。模型的制作有助于加深学生对空间几何体的直观认知。

【案例 1】　　　分析圆锥展开图，制作圆锥模型教学片断

师：请猜测圆锥体的侧面展开图是什么形状？

生："圆形""三角形""扇形"。

（教师先不急着肯定或否定这些答案。）

师：请同学们自己动手，看看能否用刚刚猜测的图形制作出圆锥体。

（在学生意识到利用"圆形""三角形"等图形无法制作出圆锥时，教师带领学生观察圆锥沿母线剪开得到的展开图是什么图形。）

直观化的表征或图形构造是直观想象的前提条件，在柱体、锥体、台体等立体图形的教学中，学生有时无法自行想象出图形的形状，这就需要具体的物体让学生进行直观观察。在圆锥侧面展开图的教学中，让学生动手制作圆锥模型，那么学生需观察出圆锥侧面沿母线剪开得到的展开图是扇形，且扇形弧长与底面圆周长相等这两个结果。得出这个结果需要较好的观察能力，部分学生可能没有办法观察得出，而是认为母线剪开得到的展开图是三角形，这就需要教师引导学生观察得出圆锥顶点到底面圆上任意点的距离等于母线的长这个特征，帮助学生感知侧面展开图的形状。更值得一提的是，在学生熟悉模型制作步骤与方法，直观能力取得一定进展时，进一步研究拓展模型的制作及其直观图绘制也是提高学生的直观想象能力、培养图形感知及直观构图能力的好方法。

【案例2】 空间中直线与直线的位置关系

如图5,在长方体 $ABCD-A'B'C'D'$ 中,线段 $A'B'$ 所在的直线与线段 BC 所在的直线的位置关系是怎样的? 引导学生观察思考得出两条直线既不相交,也不平行,从而对空间中的异面直线进行定义,之后让学生在图形中找出其他的异面直线。

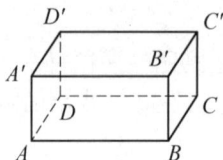

图 5

在教学中,几何模型不仅仅是几何直观图绘制的具体表象材料,在研究空间直线与直线、直线与平面、平面与平面的位置关系时,为防止学生对知识的建构产生偏颇,这时一些基本几何模型(特别是长方体)的棱与面的位置关系就成了教师帮助学生进行直观分析的最佳材料。

教师在教立体几何中的一些具体的概念、定理之前,先让学生在简单的几何模型(如长方体)中进行了有条理的观察与分析,感受几何模型的空间形状和数量关系,感受空间立体图形的基本性质,从而让学生在脑海中形成直观表象,如此帮助学生逐步形成从具体实物建立几何图形到依靠想象建立几何图形的转变。依托几何模型进行教学,不仅使学生获得的感性认识与实物间有较高的一致性,对他们的学习也有较好的引导作用,还会使抽象的数学知识显得更加具体、形象,激发学生学习的兴趣。

2. 通过数学公式、定理的几何表征,深化本质理解

数学中的概念、公式及定理等是构建数学大厦的基石,理解他们的数学本质是学生正确思维的重要保证,其中大部分都有着"数"与"形"的双重特征。著名的数学家希尔伯特也曾说过:"算数记号是写下来的图形,几何图形是画下来的公式。"但由于对某些因素的考量,教材部分内容并没有深入分析和强调知识直观表达下的几何意义,若教师没有进一步对其做介绍,容易导致学生过于重视抽象的数学语言及特定的数学符号表示,难以自行从中体会知识的本质。此外,直观想象往往能为一些复杂数学问题的解决提供简洁的思路,但在解题时,学生经常难以找到解题方法的突破口,部分原因可归结为学生对一些数学结论的几何意义理解不够透彻,或对数学结论之间的几何关系理解不够深入,导致他们在解题过程中与需要应用的知识产生联系时出现困难。

以上这些问题就要求教师在教学中重视数学概念、定理等方面关于"形"的应用，结合数学知识的几何意义及数学知识之间几何关系的相关图形来加强学生对数学知识的本质的认识，体会数学抽象对象的"图形化"在知识理解与记忆上带来的便利，引导学生从直观上对数学知识的本质特征进行理解和分析，对学生的数学学习起着至关重要的作用。

【案例 3】　　　　　　**用向量法研究距离问题**[①]

距离问题是培养学生直观想象的很好的载体，基础教育阶段涉及的距离问题主要有：两点间距离、点到直线距离、平行线之间距离、点到平面距离、直线到平面距离、平行平面之间距离、异面直线之间的距离（选修）。计算距离可以用综合几何方法，也可以用解析几何方法，还可以用向量方法。

教学片段 1　梳理求平面上点到直线距离的几种方法

综合几何方法：给定过点 A，C 的直线 l，B 为直线 l 外一点，求点 B 到直线 l 的距离。因为过点 A，B，C 可以得到一个平面上的三角形，因此求距离就等价于求三角形的高。基本思路是：用余弦定理确定 $\angle A$，再用正弦函数值求出 AC 边上的高。

解析几何方法：建立平面直角坐标系，确定点 B 的坐标和过点 A，C 的直线 l 的方程，然后求点 B 到直线 l 的距离。基本思路是：求与直线 l 垂直的直线的斜率，再求过点 B 的点斜式直线方程，最后求这两条相互垂直直线的交点。交点与点 B 的距离就是点 B 到直线 l 的距离。

向量方法：建立平面直角坐标系，确定点 B 的坐标和过点 A，C 的直线 l 的法向量，求点 B 到直线 l 的距离。基本思路是：求 $\overrightarrow{AB}$ 到法向量的投影向量，投影向量的长度就是所要求的距离。

教学片段 2　比较求点到平面距离和求两条异面直线距离的向量方法

点到平面距离。用向量方法求点 B 到平面距离的基本思路：确定平面法向量，在平面内取一点 A，求 $\overrightarrow{AB}$ 到法向量的投影向量，投影向量的长度即为所要求

---

① 中华人民共和国教育部.普通高中数学课程标准(2017 版)[S].北京：人民教育出版社,2017.

的距离。

异面直线距离。用向量方法求异面直线距离的基本思路：求出与两条直线的方向向量都垂直的法向量，然后在两条直线上分别取点 A 和 B，求 $\overrightarrow{AB}$ 到法向量的投影向量，投影向量的长度即为所要求的距离。

分析上述两个片段，可以归纳出下面的结论。

首先，对于片段 1，通过处理距离问题三种方法的对比，可以知道垂直反映了距离的本质，垂直意味着线段长度最短，借助勾股定理可以直观、准确地揭示这个本质，两点间距离公式以及向量投影都可以看作是勾股定理的应用。可以让学生在比较的过程中分析不同方法的共性与差异，进而发现解决问题的关键。

其次，对于片段 2，无论是平面还是直线，法向量都是反映垂直方向的最为直观的表达形式，法向量的方向和法向量上投影向量的长度既体现了几何图形直观，又提供了代数定量刻画。在这个过程中，向量与起点无关的自由性为求距离带来很大的便利。归纳用向量研究上述距离问题的方法，可以得到通性通法，即程序思想方法：

第一步，确定法向量；

第二步，选择参考向量；

第三步，确定参考向量到法向量的投影向量；

第四步，求投影向量的长度。

通过以上分析，可以体会借助几何直观的必要性，可以启发运算思路，甚至可以得到解决问题的程序。程序思想方法具有解决一类数学问题的功能，是计算（特别是运用计算机进行计算）的基本思想方法。

【案例 4】 　　　　　　　　　　**指数函数图像教学片段**

如图 6，在学习了指数函数的定义后，教师利用几何画板在同一平面直角坐标系中作出 $y=2^x$，$y=\left(\dfrac{1}{2}\right)^x$，$y=5^x$，$y=\left(\dfrac{1}{5}\right)^x$ 等函数的图像，让学生有条理地分组观察图像有什么性质，进而总结出指数函数的定义域、值域、特殊点、单调性、最大（小）值、奇偶性。总结后可以利用几何画板控制 a 的大小，动态地展示指数函数图像的变化,从而验证结论是否正确。

　　教材中反映函数概念的图像都是以标准的形式给出的,例如指数函数的图像给出了 $0<a<1$ 和 $a>1$ 的函数的两种标准图形,学生通过对指数函数的代数形式及图像的直观分析,可以得到一些函数图像的基本特征及基本性质,但是如果能利用几何画板控制 a 的大小来展示图像的变化过程,不仅能让学生直观地感知 a 的大小对图形的影响,也能避免一些静态图形中特殊值带来的对概念及结论的片面认识,比如在底数 $a>1$ 时,取的 y 都大于 x,导致学生产生 $a>1$ 时指数函数图像都在 $y=x$ 上方的错觉。

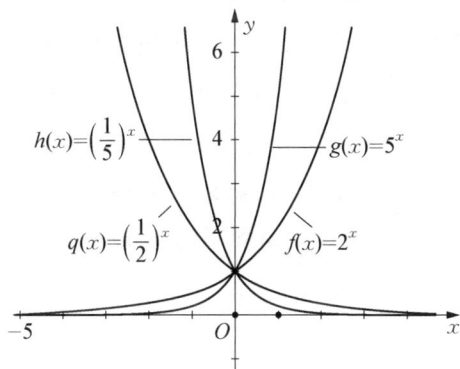

图 6

　　在较为直观的数学知识的教学过程中,教师可以利用几何画板向学生展示几何图形及动态的几何变换过程。除了观察函数的性质,教师还能通过立体模型的制作来分析平面或空间中的点、直线、平面的位置关系,以及平面中直线与圆、圆与圆的位置关系等,这有助于学生认识和理解事物的运动规律、形态变化和位置关系。所以,充分利用多媒体可以加强学生的数学直观想象素养。

　　3. 利用数形结合的解题方法,强化直观想象能力

　　建立“数”与“形”的联系是直观想象素养的重要组成部分,数形结合思想本质上是文字、符号语言与图形语言的相互转化,这三种数学语言以不同的形态表征同一个知识内容,加强着学生对于数学的理解。

在数学解题过程中,有些学生也知道自己的代数解法可能比直观化解法要复杂很多,但却没有反思以改进解题方式,而是坚持自己惯用的解题方法,这样容易使数学的学习变得形式化、枯燥无味。究其原因,是学生解数学题时抓不住问题中所体现出来的几何背景,缺乏将图形语言转化成符号或文字语言的意识。所以,教师在解题教学中应当尽可能带领学生直观地分析解题思路,强化学生的图形语言转化意识,有意识地将试题中代数形式的表象与几何直观表征产生联系,培养学生灵活地使用直观想象进行解题的习惯。

【案例5】　　借助一元二次函数,求解一元二次不等式

例题:解不等式 $ax^2 + bx + c > 0 (a \neq 0)$。

以下在实数范围内进行讨论。当一个问题有不同的解决方法时,需要对这些方法进行分析、比较,选择能够体现数学本质的、适用范围更广的方法。

求解一元二次不等式通常有两种基本方法:一种是代数方法,先对二次三项式进行因式分解,把一元二次不等式转化为一元一次不等式组,通过求解一元一次不等式组,得到一元二次不等式的解集;另一种是函数方法,借助一元二次函数图象的直观,得到求解一元二次不等式的通性通法。后者是一种程序思想方法,具体分析如下。

对于一元二次不等式 $ax^2 + bx + c > 0$,根据系数的不同,一元二次函数 $y = ax^2 + bx + c$ 的图像与 x 轴的位置关系可以分为六类,如图7所示。用函数方法求解的程序为:通过系数 a 的符号,判定函数图像的开口方向;通过一元二次方程 $ax^2 + bx + c = 0$ 根的判别式 $b^2 - 4ac$,判定函数图像与 x 轴的位置关系;通过计算方程的根得到不等式的解集。

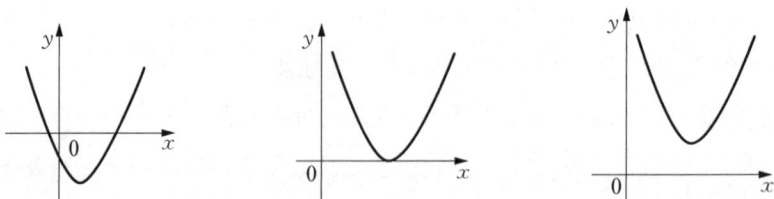

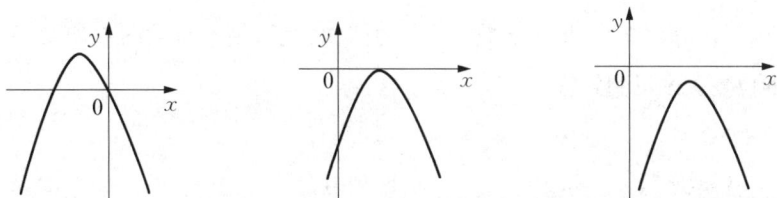

图 7

上述两种方法的共性是都与一元二次方程的根有关,差异是函数方法考虑了函数的变化规律。因此,函数方法是具有一般性的,特别是类比上述函数方法的思维过程,还可以讨论其他类型函数的相关求解问题。

【案例 6】　　　　　　　　　**函数图像**[①]

例题:(2014 山东卷理 15)已知函数 $y=f(x)(x \in R)$。对函数 $y=g(x)(x \in I)$,定义 $g(x)$ 关于 $f(x)$ 的"对称函数"为函数 $y=h(x)(x \in I)$,$y=h(x)$ 满足:对任意 $x \in I$,两个点 $(x, h(x))$,$(x, g(x))$ 关于点 $(x, f(x))$ 对称。如果 $h(x)$ 是 $g(x)=\sqrt{4-x^2}$ 关于 $f(x)=3x+b$ 的"对称函数",且 $h(x)>g(x)$ 恒成立,求实数 b 的取值范围。

本题结合数形结合思想考查了函数与不等式知识,题目的解答建立在新定义的"对称函数"的直观表征及函数图形的直观分析之上,可先引导学生根据"对称函数"的定义及题中 $h(x)>g(x)$ 恒成立的条件,形成如图 8 所示的直观图象,即函数 $h(x)$ 的图像恒在 $g(x)$ 的图像上方。接着通过想象得到 $f(x)$ 的图像

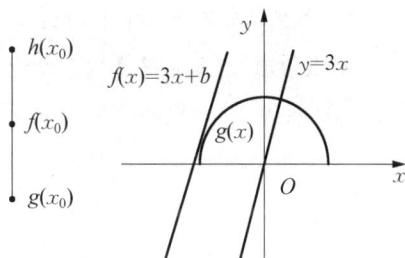

图 8

---

① 方雅茹. 高中数学素养培养的实践研究——以几何直观与想象素养为例[D]. 福州:福建师范大学,2016.

恒在 $g(x)$ 的图像上方,转化为直线 $y=3x+b$ 在圆 $x^2+y^2=4$ 在 x 轴上方的半圆的图像上方且相离。动态想象函数 $f(x)$ 的图像位置,画出函数图像如图,并根据直线与圆的位置关系得到解答。

【案例7】 **排列组合**①

例题:25 个空位排成 5×5 的方阵形式,现从中选 3 个空位给 3 个人坐,要求 3 个人所在位置属于不同行不同列,有几种选法?

这是一道难度中等的排列组合题,但是有不少学生没有思路,按照排列组合的思路来,先从 5×5 的方阵中选出 3 行 3 列共有 $C_5^3C_5^3$ 种选法,接着从 3×3 方阵中选出 3 个空位属于不同行不同列有 $C_3^1C_2^1C_1^1$ 种选法,最后将 3 人放入这 3 个空位有 A_3^3 种方式,故共有 $C_5^3C_5^3C_3^1C_2^1A_3^3=3\,600$ 种选法。

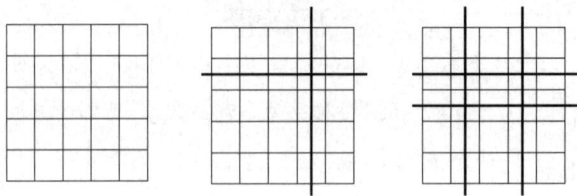

图 9

若引导学生直观化思考,出 25 个学生排成 5×5 的方阵空位,可以很自然地联想出一个方阵图形,下面拟构造出一个 5×5 表格,如图 9,接着思考如何从这 25 个空位中选出 3 个不同行不同列的空位,根据实际反映,可以一个一个选,然后做排除,解题思路立刻变得十分清晰。

先从 25 个空格中任选一空给第一个人,有 C_{25}^1 种选法;第二个人和第一个人不同行不同列,故划去第一个人所在的行列,剩下 16 个空格,第二个人有 C_{16}^1 种选法;第三个人和前两个人不同行不同列,故划去前两人所在的行列,剩下 9 个空格,第三个人有 C_9^1 种选法。

① 方雅茹.高中数学素养培养的实践研究——以几何直观与想象素养为例[D].福州:福建师范大学,2016.

综上所述,共有 $C_{25}^1 C_{16}^1 C_9^1 = 3\,600$ 种选法。

教师在教学生数学解题时,需要培养学生利用几何直观来分析和简化问题的思维能力和方式。具体行动上,则可以在学生现有的图形图像理解的基础上,以图形图像表征的形式画出问题的示意图,在此基础上进行有效的分析和判断,从而在形式上尽量减小问题的难度和复杂度,最终以图像的形式表征出其中隐藏的关系,化繁为简。

第 9 章　数学运算的理论内涵与实施路径

9.1　数学运算的理论内涵

1. 什么是数学运算

我国《义务教育数学课程标准(2011 年版)》明确把"运算能力"作为数学教学中应特别重视的 10 个重要能力之一。"2011 版课标"中指出:"运算能力主要是指能够根据法则和运算律正确地进行运算的能力。培养运算能力有助于学生理解运算的算理,寻求合理简洁的运算途径解决问题。"[①]

《普通高中数学课程标准(2017 版)》明确提出,学生通过高中阶段的学习需要形成和发展六大数学核心素养,其中数学运算是学生数学学习的素养之一。数学运算是指"在明晰运算对象的基础上,依据运算法则解决数学问题的素养",主要包括理解运算对象,掌握运算法则,探究运算思路,选择运算方法,设计运算程序,求得运算结果等。[②] 课标还明确指出,"有效借助运算方法解决实际问题,通过运算促进数学思维发展,形成规范化思考问题的品质,养成一丝不苟、严谨求实的科学精神"。

两版课标中分别使用了"运算能力"和"运算素养"两个词,其定义中有明显的相

---

① 中华人民共和国教育部. 义务教育数学课程标准(2011 版)[S]. 北京: 北京师范大学出版社,2011.

② 中华人民共和国教育部. 普通高中数学课程标准(2017 版)[S]. 北京: 人民教育出版社,2017.

似成分，都强调了运算法则和算理的掌握、算法的优选、运算的目的性，即解决实际问题。不同之处在于，数学素养超出能力界定的上限，提出掌握运算的目的不仅在于解决实际问题，而且将"根据法则和运算律正确运算"进一步提升为运算过程中规范化思维品质的发展和严谨做事的精神，将原来的运算能力统一于国家核心素养理念之下。这种转变体现的是对个体内在的，更加一般化和综合化的能力的重视和强调。

2. 核心素养背景下的"数学运算"

与其他学科（例如政治、语文）相比，数学学科在不同课改背景下具有相对的恒定性，其中数学运算就是历次课改中保持恒定性的内容之一。数学运算所承载的一些特征并非是在新背景下才产生的，它所承载的一般化、综合化能力的培养价值，早在上个世纪九十年代就有学者归纳过，例如曹才翰认为，"运算能力为一种非单一的数学能力，而是运算技能与逻辑思维能力等的一种独特的结合"，[1]以及"运算能力不是简单的加、减、乘、除的计算，而是与观察能力、记忆能力、理解能力、推理能力、表达能力及想象能力等有关的，由低级到高级的综合能力"[2]。

过去，由于我们对这方面的认识不够明确，对数学运算的价值理解过于狭隘，所以过分强调运算速度和正确性。实际上，支撑运算速度的是优化的算法，背后是思维灵活性的体现，结果的正确性是逻辑思维有据性的体现。因此，数学运算过程不仅仅能培养运算能力本身，还强调"解决实际问题"（和数学建模相关），强调"明晰运算对象"（和基本概念的理解相关），而概念的理解本质上是抽象能力的发展，是对运算思路的探究和运算方法的选择，考验的是学生思维的广阔性和灵活性，"设计运算程序"是典型的算法思维，"根据法则和运算律正确运算"则需要可靠的逻辑推理和严谨的数学态度，所有这些能力的结合，构成了学生的素养。所以，数学运算始终是最经典的数学内容，就是因为它价值的丰富性。因此，新背景下重新认识数学运算，就是要保持对运算价值的挖掘态度，在运算教学的过程中，正确借助运算达成"人的发展"所需的那些一般能力和综合能力。

---

① 曹才翰. 中国中学教学百科全书·数学卷[M]. 沈阳：沈阳出版社，1991：65.
② 徐有标，陶文中，刘治平. 数学教学与智能发展[M]. 北京：光明日报出版社，1991：208.

3. 学生的数学运算素养

"学生运算不过关"是大部分教师总结学生数学学习困难的终点。一个微小的运算失误可能导致后续正确的运算程序"一分不值",所以"粗心"带来的对整道题目的毁灭性结果令很多老师头疼。有人对安徽省某中学全校 1 200 名高三学生的调查发现,61％的学生认为考试中有 45％—60％的失误源自运算。[①] 很多教师和学生把这种失误看作是"粗心",防止这种错误发生的方法就是让学生多加练习,在多次错误经验中形成"细心"的品质。然而,没有足够科学的证据证明这是行之有效的方法,并且这种方法的效率也是质疑的焦点。

有学者认为,学生运算能力表现在数学解题活动的几个方面:(1)迅速、正确地感知数学题目的形式结构(关系及其特点)的概括化能力(对数学材料的形式化知觉能力)。(2)根据题目类型(运算和关系的特点),正确地定出解法模式,根据运算法则、运算律或关系及其性质,定出化归的方向、解算的程序和变换的方法。(3)心理过程的灵活性,即心理活动迅速重组的能力。打破原有的解法模式,代之以一个新的模式的能力;多方面去试探题目的解法,摆脱思维定式的影响。(4)力求解法简洁、清楚、经济与合理。(5)对题目类型、解法模式和原则等的概括化记忆(这种记忆特别有利于数学知识和方法的迁移)。[②]

与以上分析相对应,已有研究针对"粗心"提出的基本策略是:a. 挖掘概念内涵、强调基本概念或算理的充分理解;b. 积累、选择和优化算法;c. 打破思维定式,引导创新;d. 突出学生思维品质。[③] 在这些策略中,策略 a 主要针对(5)和(1),策略 b 针对(2)(3)(4),策略 c 针对(3),策略 d 则是对当下重视学生"思维品质"的呼应。这些策略在一定程度上体现了核心素养背景下数学运算教学的实施策略。

9.2 提高学生数学运算素养的实施路径

1. 发展学生在现实情境中发现运算关系的"眼光",形成正确的数学观

① 谢永清. 高中生"数学运算"素养的落地之策[J]. 当代教育与文化,2018(5).
② 曹才翰. 中国中学教学百科全书·数学卷[M]. 沈阳:沈阳出版社,1991:65.
③ 陈玉娟. 例谈高中数学核心素养的培养——从课堂教学中数学运算的维度[J]. 数学通报,2016(8):34—36,54.

"2017 课标"中明确提出"有效借助运算方法解决实际问题"。对于这一点,国内早有学者指出,国内外对于数学素养的认识具有趋同性特征,都认同数学素养的生活说,也就是强调个体在生活中要有应用数学的意识,认识到数学在现实世界中所起的作用。[①] 因此,课标所指的理解运算对象,不仅应当包括理解那些明确给出的操作对象,即数学概念,还应当包括能从现实的、隐含的具体情境中"看到"的数学对象,这需要一种更加综合的,称为素养的东西。

【案例 1】　　　2018 年江苏高考政治试卷第 35 题

材料一　假设 A 国 2016 年、2017 年进出口贸易额和国内生产总值如下表:

表 1

单位: 10 亿美元

年份　　　项目	进口	出口	国内生产总值
2016	100	140	1 600
2017	120	240	1 800

材料二　近年来,受国际政治和经济形势影响,贸易保护主义蔓延,贸易摩擦与冲突频发,我国出口企业面临严峻挑战。甲企业为我国一家从事电子类产品生产的高科技公司,产品畅销海内外,但和发达国家相比,企业产品仍处于世界价值链中低端。B 国以本国产业受到损害为由,宣布对甲企业产品进行反倾销调查,并决定征收反倾销税,致使该企业受到较大冲击。针对这种情况,有学者指出,从长远看,提高企业创新能力是应对贸易保护主义的有效途径。

结合材料,运用《经济生活》知识,回答问题:若其他条件不变,试计算 A 国从2016 年到 2017 年净出口(净出口＝出口－进口)变动 1 单位导致的国内生产总值应变动量,并对此变动原因加以解释。

---

① 黄友初. 我国数学素养研究分析[J]. 课程. 教材. 教法,2015(8).

对此,不少考生表示看不懂题目要求,不知道如何计算,因而没有办法分析说明其变动的原因。[①] 其实,此题重点考察学生的数学运算素养。第一步,需要理解文字含义。题目要求的是净出口值变动一个单位所导致的 GDP 的变动量大小。第二步,确认数量关系。自变量是净出口值、因变量是 GDP 值,很简单的除法运算求比例:(2017年 GDP 值－2016 年 GDP 值)/(2017 年进出口值－2016 年进出口值)。

由此例看出,这道政治题目中涉及的数学知识其实非常简单,难点在于从情境中辨识出数学关系。这种数学"眼光"是解题的关键,需要学生具有透过现象看到本质的思维品质。这种品质不能说是属于数学的还是属于政治的,它是属于学生个体的,是在任何现实情境中都能随时体现出的,这就是素养的含义。因此,在日常的教学中,学生除了要理解和掌握基本概念,还要锻炼在现实情境中仔细审阅问题,关注相关条件、数据和事实,抽象出数学模型,明确运算对象的能力。

2. 用算法多样化实现算法优化,保障运算速度

"2011 版课标"在"教学建议"中明确指出,要鼓励算法的多样化。算法多样化不但是课标所倡导的教学理念,也是编制教材的具体要求。在算法多样化的前提下,学生才能在不同情境中进行算法的选优。在明确运算思路的背景下,通过比较,选择运算步骤少、变形简单、运算量小的运算方法进行计算,这样就能避免不必要的失误,顺利求得最终的运算结果,但前提是要有多种算法供自己选择。高中阶段不同类型的知识点通常具有不同的算法。

【案例 2】　　　　　　解决平面向量的共线问题

由于向量的本质有"双重身份",即"代数形式"和"几何形式",因此形成了解决向量的三部曲:一是把几何中的元素用向量表示,二是针对几何问题进行向量运算,三是对向量运算的结果作出几何意义的解释。"三部曲"的理论总结得很对,但在使用它解决问题的过程中容易陷入坐标情结、方程情结,也容易偏重代数形式而忽略几何形式,让思维处于机械状态,有时候运算过程很繁琐。这时,就不能一条路走到底,可以尝试运用向量"回路法"进行解题,重视图形的分析,关注几

---

① 陈育彬,王爱琴.调用数学核心素养解析《经济生活》难题[J].中学政治教学参考,2018(8).

何与代数的融合,让解题思路更加明朗。需要注意回路法的关键是利用条件,将我们所关注的两个向量列成比例式,关联题目中的条件,最后将向量分解成共线形式,问题就迎刃而解了。就像 $\overrightarrow{AB}+\overrightarrow{BC}=\overrightarrow{AC}$ 或 $\overrightarrow{AB}-\overrightarrow{AC}=\overrightarrow{CB}$,其中等号就可以理解成"结果等效"。

例如 2016 安徽合肥高三第一次质量检测填空题第 14 题:在梯形 $ABCD$ 中,已知 $AB \parallel CD$,$AB=2CD$,M,N 分别为 CD,BC 的中点。若 $\overrightarrow{AB}=\lambda\overrightarrow{AM}+\mu\overrightarrow{AN}$,则 $\lambda+\mu=$ _____。

我们首先考虑用三部曲法来解题:由 $\overrightarrow{AB}=\lambda\overrightarrow{AM}+\mu\overrightarrow{AN}$,通过化简得 $\left(\dfrac{1}{4}\lambda+\dfrac{3}{4}\mu-1\right)\overrightarrow{AB}+\left(\lambda+\dfrac{1}{2}\mu\right)\overrightarrow{AD}=0$。由于过程繁琐在此就不赘述。又因为 $\overrightarrow{AB}$,$\overrightarrow{AD}$ 不共线,所以由平面向量基本定理知,对应系数分别为 0,解得 $\lambda=-\dfrac{4}{5}$,$\mu=\dfrac{8}{5}$。所以 $\lambda+\mu=\dfrac{4}{5}$。

但由于过程太过繁琐,可能有的学生算不到底,我们就可以反过来思考,用回路法优化解题步骤,结合图形:连接 MN 并延长交 AB 的延长线于 T,由已知中点、平行的条件,易得 $AB=\dfrac{4}{5}AT$。所以 $\dfrac{4}{5}\overrightarrow{AT}=\overrightarrow{AB}=\lambda\overrightarrow{AM}+\mu\overrightarrow{AN}$,由于 T、M、N 三点共线,所以 $\lambda+\mu=\dfrac{4}{5}$。

【案例 3】　　　　　　　　　　**解决最值问题**

例如 2018 年江苏高考第 13 题:在 $\triangle ABC$ 中,角 A,B,C 所对的边分别为 a,b,c,$\angle ABC=120°$,$\angle ABC$ 的平分线交 AC 于点 D,且 $BD=1$,则 $4a+c$ 的最小值为 _____。

本题考查学生三角函数的知识,因为这一章与"数学运算"有着密切的关系,所以被称为是培养数学运算素的"沃土",相应的解题方法也有很多种,所以我选取了这道例题。针对这道题目,学生给出了多种不同的解法。

方法一：利用角平分线，把三角形分成两个部分。由三角形面积公式得到 $\frac{1}{2}ac\sin 120°=\frac{1}{2}a\sin 60°+\frac{1}{2}c\sin 60°$，化简得 $ac=a+c$。等式两边同除以 ac，得 $\frac{1}{a}+\frac{1}{c}=1$，所以 $4a+c=(4a+c)\left(\frac{1}{a}+\frac{1}{c}\right)=\frac{c}{a}+\frac{4a}{c}+5\geqslant 9$，当且仅当 $\frac{c}{a}=\frac{4a}{c}$ 时，即 $c=2a$ 时取等号。

方法二：用向量方法。$\overrightarrow{BD}=\frac{a}{a+c}\overrightarrow{BA}+\frac{c}{a+c}\overrightarrow{BC}$，平方，得 $1=\frac{a^2c^2}{(a+c)^2}$，所以 $ac=a+c$，通过变形得 $(a-1)(c-1)=1$，所以 $4a+c=4(a-1)+(c-1)+5\geqslant 9$，当且仅当 $4(a-1)=c-1$ 时，即 $c=4a-3$ 时取等号。

方法三：建立直角坐标系，以 B 为原点，BD 为 x 轴建立直角坐标系，容易得出 $D(1,\ 0)$，$A\left(\frac{a}{2},\ \frac{\sqrt{3}c}{2}\right)$，$C\left(\frac{c}{2},\ -\frac{\sqrt{3}c}{2}\right)$。又因为 A，D，C 三点共线，列式化简也可以得到 $ac=a+c$，后面步骤同上。

可见，学生的这三种算法体现了不同的思维方式。题目中已知角和边，学生很容易想到利用正余弦定理进行求解，但不一定能够巧妙地结合三角形面积公式。方法三的建系也不失为一种方法，想不出任何思路的时候再选择建系是一定能做出结果来的，而且一谈到建系就跟向量联系在一起，两者不分开，只是步骤相对于方法一的运算繁琐了些。所以，当一道题目呈现在眼前，学生首先想到的应该是通性通法，在此基础上进行数学运算；在具体操作方面，教师不仅要向学生阐述思路来源，还要展示详细运算过程，避免有些学生知道方法但是计算出错。在使用算法的过程中，优化运算方法，这既是数学运算核心素养的基本要求，也是培养学生运算能力的具体操作，更是优化思维品质，提升核心素养的途径。

【案例4】　　　　　推导抛物线的标准方程①

《抛物线的标准方程》这节内容是在学生了解圆锥曲线（椭圆、双曲线、抛物

---

① 所广一. 5 年高考 3 年模拟[M]. 北京：首都师范大学出版社，2017：146.

线)的一般概念和具有建立椭圆与双曲线标准方程经验的基础上学习的。为了提升学生运算能力,我们可以这样设计教学环节:

　　由于学生已经知道抛物线的定义,即平面内与一个定点 F 和一条直线 L 的距离相等的点的轨迹叫做抛物线。接着请同学们想一想,二次函数的图形抛物线是什么样的? 然后让学生想一想,求曲线方程的基本步骤是怎样的? 可以和学生一起回顾步骤。(1)建:建立直角坐标系。(2)设:设点坐标$(x,\ y)$。(3)列:根据条件列出等式。(4)代:代入坐标与数据。(5)化:化简方程。下面重点就是探究如何建立直角坐标系? 由于双曲线和椭圆标准方程的推导过程较为复杂,在教学设计中一般是不安排学生自主建立直角坐标系的;而抛物线方程的推导因为不是过于复杂,所以可以让学生尝试不同的建系方法,从而得到不一样的抛物线方程。由于教材中只研究了顶点在原点,焦点在 x 轴正半轴上的抛物线标准方程,教师可以请用这种方法建系的学生上黑板板演这种推导过程,结果得到 $y^2 = 2px$。再请以准线所在直线为 x 轴建系的学生板演推导过程,最后得到 $y^2 = 2p\left(x - \dfrac{p}{2}\right)$。通过对比分析,让学生自主选择适宜做标准方程的方程形式,显然大家都认为第一种形式更为简洁。学生由此可以了解抛物线方程产生的来龙去脉,知道算法优化的好处。在推导出标准方程的一种形式后,教师继续追问学生抛物线的标准方程还有没有其他形式,进而举一反三得到另外三种方程形式。把抛物线的位置和标准方程统一起来,分为上下型和左右型,体现了举一反三;接着通过几道习题达到巩固理解的目的;最后总结归纳,对于已知抛物线的标准方程,求其焦点坐标的准线方程这类题目时应该怎么处理? 一般是先定位,后定量。这样的课堂才能使学生的数学运算得到提高。

3. 认识运算理解的层次性和有限性,校准运算教学与学生能力的匹配性

学生对运算的理解具有层次性与有限性,不同类型的运算是由低级到高级,从简单到复杂,再从特殊到一般逐步发展起来的。理解是运行运算的基础,这一点,大部分教师都是认同的,也是重视的。但是"什么是理解了运算的意义和算理"呢? 有调查结果显示,学生对有理数乘法运算的理解水平具有层次性和局限性,总体理解水平其实

很低；①而且不仅实际教学中没有明确什么是"理解运算"，课标中也缺乏相应的说明。

从思维角度看，数学家和数学教育家从数学知识的特征出发，对理解进行过层次划分，将数学运算的理解分为直观理解、程序理解、抽象理解和形式理解四个阶段。直观理解是学生的推理基于形象化的感知，学生常常通过他们的动作来表达他们的思维过程。比如，对于"加"这个概念，就是把两堆物体合在一起。程序理解是通过程序，即解决问题的方法，程序的获得来表明的，这些程序摆脱了形象化的感知。程序的获得是概念建构的前提，比如，"加"就是对合在一起的物体从 1 开始数数。最初，学生获得的是解决问题的程序，概念与程序混杂在一起，模糊不清（数的概念是与数数的程序混杂在一起的）；渐渐地，概念与程序分离，概念的轮廓越来越清晰，并获得独立，这就是抽象理解。抽象由两个阶段构成：一是概念同程序分离，二是不变量的构建。形式理解是通过符号系统的使用，或者运算的逻辑证实，或者公理的发现来表明的。对某一个数学概念的理解，往往是这四种理解的汇合。② 有了以上划分和界定做依据，教师在教学中就能更好地判断学生所处的理解层次，从而努力帮助学生提升理解水平。

从内容的角度看，中小学阶段数学运算的主要内容是算术和代数，算术是代数发展的基础，但两种思维在解决实际问题时却有着本质的区分。第一，在算术思维中，运算过程是通过已知的量得出未知的量，而代数思维同时操作已知量和未知量；第二，算术思维通过一系列的、连续的运算得出答案，而代数思维是进行一系列的等价或者不等价的符号变换；第三，算术思维中未知量是暂时的，表示中间过程，而代数思维在整个问题解决过程中，未知量是设定的、固定的；第四，在算术思维中，如果有方程的话，方程被看作是用于计算的公式，或者是对数产生的一种描述，而代数思维中，方程被看作是对不同量之间的某种关系的描述；第五，算术思维中，中间量有明确的含义，而代数思维中，中间量不一定有明确含义。这些区别造成了学生思维过渡中的困难，包括未知量可以作为操作对象，代数运算的结果是个表达式而不一定是确切的数值。③

过去的教学大纲中，算术与代数分别作为独立的学习领域，并且以算术内容作为主干；现行课程标准虽将其作为一个完整的学习领域——"数与代数"，但之间的割裂

---

① 巩子坤. 课程目标：理解的视角——以有理数乘法运算为例[J]. 教育研究，2011，32(7).
② 巩子坤. 课程目标：理解的视角——以有理数乘法运算为例[J]. 教育研究，2011，32(7).
③ 鲍建生. 数学学习的心理基础与过程[M]. 上海：上海教育出版社，2009.

状况依然存在。诚然,算术与代数关注的问题有所不同。小学生起初学习的读数、写数、比较数的大小等,关注的是具体的数,它们对于数的运算是程序性的,关注的是算理、算法和运算结果;而代数关注的是数量关系的一般化、概括化,对代数表达式的理解和解释,以及如何进行基于相等性质基础之上的代数表达式的运算和变换等。卡彭特和利维(Carpenter 和 Levi)曾经指出:"算术和代数之间的人为割裂不仅剥夺了学生在小学低年级思考数学的有效图式,而且这还给他们在后续学习代数时造成了更大的困难。"为了便于算术与代数之间的联结,卡彭特和利维在要求小学生判断数字语句"78-49+49=78"是否为真时,希望孩子们理解的是这样的语句:无论第一个数是多少,只要减去的和加上的是同一个数,最终结果还是原来那个数。这样的数字语句被称作"准变量(表达式)"。"准变量(表达式)"蕴含着一个潜在的数学命题或关系,在这个语句中,不管它所包含的数字是什么,其关系或命题都是真的。由此看来,我们在小学数学教学中尽管没有提出这样的概念,但已经有意或无意地运用"准变量"进行数学思维了。准变量思维的对象主要是非符号化的语句或表达式,它超越算术思维方式,利用算术中所隐含的数量关系与结构,识别、提取出关键的数字和包含在表达式中的关系性元素,对潜在的结构进行表达和转换,对算术问题进行"代数地思考"。准变量思维的运用将有助于缓解算术思维与代数思维之间的割裂状态,有利于算术教学与代数教学之间的顺利衔接,为代数的正式学习搭建了"脚手架"。准变量(表达式)是算术中潜在的代数性质,正如 Blanton 和 Kaput 所强调的:为了理解和运用这些算术中的代数思维之机会,小学教师尤其需要培养"代数的眼睛和耳朵"。①

4. 在运算中提升思维品质,达成核心素养的终极目标

高中课标中将数学核心素养定义为:具有数学基本特征的、适应个人终身发展和社会发展需要的人的思维品质与关键能力。良好的数学思维品质主要包括思维的严谨性、深刻性、广阔性、灵活性和批判性。在数学运算中,几乎可以培养以上所有品质。

例如,思维的广阔性。思维的广阔性是指对一个问题能从多角度考虑,具体表现为一个事实能作多方面的解释,一个对象能用多种方式表达,一道题目能想出各种不同的解法。在数学学习中,注重多方位、多角度的思考方式,拓广解题思路,可以促进

---

① 徐文彬. 试论算术中的代数思维:准变量表达式[J]. 学科教育,2003(11):6—10,24.

学生思维更加广阔。

【案例 5】   **多角度思考，发散思维**

已知：函数 $f(x)=e^x$，$g(x)=x-m$，$m\in\mathbf{R}$。试证当 $m=0$ 时 $e^{f(x-2)}>g(x)$。

当 $x\leqslant 0$ 时，显然 $e^{f(x-2)}>g(x)$，接下来考虑 $x>0$ 的情形。一般解法是设 $\Phi(x)=e^{x-2}-\ln x$，判断 $\Phi(x)$ 的正负性来解决。而一般性解法有时候并非是最简便的解法，考虑到一般方法之所以不简便，是因为 e^{x-2} 与 x 不是"同一系列"的"关系"，所以，找到它们之间的联系，问题就解决了。

易证：$e^x\geqslant x+1(*1)$，及 $x-1\geqslant\ln x(*2)$。

另一种解法：取 $(*1)$ 中 x 为 $x-2$，得 $e^{x-2}\geqslant x-1(*3)$，当且仅当 $x=2$ 时取等号；又因为 $(*2)$ 式子中，当且仅当 $x=1$ 时取等号，由 $(*3)$、$(*2)$ 可得 $e^{x-2}>\ln x$，从而得证 $e^{f(x-2)}>g(x)$。

由上一解法又可得一种解法：取 $(*1)$ 中 x 为 $x-1$，得 $e^{x-1}\geqslant x(*4)$，当且仅当 $x=1$ 时取等号。同时观察目标和 $(*3)$、$(*4)$ 的结构特征，在 $(*3)$ 两边同时取以 e 为底的指数，问题得以解决。即 $e^{e^{x-2}}\geqslant e^{x-1}\geqslant x$，因为两个等号不能同时取到，从而得到 $e^{e^{x-2}}>x$。[1]

又如，思维的灵活性。思维的灵活性指善于根据客观实际情况的变化而及时改变原来的工作计划或解决问题的思路，并提出新的符合实际情况的思路和方案的思维特征。思维的灵活性是一种很重要的品质，因为客观事物总是处于不断运动、变化之中，一切都以时间、地点和条件为转移。思维的灵活性表现为：不囿于过时的方案，而善于根据实际情况的变化，灵活地改变原有的方案，采用新的方法、途径去解决问题。[2]

---

[1] 陈玉娟. 例谈高中数学核心素养的培养 —— 从课堂教学中数学运算的维度[J]. 数学通报，2016(8).
[2] 萧浩辉. 决策科学辞典[M]. 北京：人民出版社，1995.

【案例6】　　　　　　　　**灵活运用点坐标，设而不求**

例如：过点 $M(1,1)$ 作斜率为 $-\dfrac{1}{2}$ 的直线与椭圆 $C：\dfrac{x^2}{a^2}+\dfrac{y^2}{b^2}=1(a>b>0)$ 相交于 A、B 两点，若 M 是线段 AB 的中点，则椭圆 C 的离心率为＿＿＿＿＿。

这一题，当学生初次遇到时，首先想到的方法是设直线方程，然后根据直线与椭圆联立方程组，解出交点 A、B 的坐标，最后再求出离心率。这是学生的惯性思维，没有错。但数学是培养学生的思维品质，数学运算中蕴含着丰富的思想方法，如数形结合、归纳演绎、特殊到一般等等。教师应在学生掌握通信通法的基础上，让他们进行适当的技巧性练习，培养学生思维的灵活性，使学生产生积极的情绪体验，从而激发他们学习的兴趣。对于这一题的另一种解法，就是采用"设而不求，进行整体运算"的思想。设 $A(x_1，y_1)$，$B(x_2，y_2)$，则 $\dfrac{x_1^2}{a^2}+\dfrac{y_1^2}{b^2}=1$，$\dfrac{x_2^2}{a^2}+\dfrac{y_2^2}{b^2}=1$，两式相减整理得 $\dfrac{y_1-y_2}{x_1-x_2}=-\dfrac{b^2}{a^2}\cdot\dfrac{x_1+x_2}{y_1+y_2}$。由于斜率是已知的，代入即可，解得离心率为 $\dfrac{\sqrt{2}}{2}$。虽然我们在刚开始设了两个点坐标，许多学生看到字母多就害怕，但在实际运算中，我们根本不需要把 A，B 的坐标解出来，设点坐标只是把它们作为解题的一个工具，然后利用斜率进行公式替换。

事实上，思维品质的提升在低学段就已经开始了。以苏教版《数学》六年级上册第三单元"分数除以整数"为例。学生根据已有的知识储备和运算经验，会有自己个性化的认知理解与行为反映。教材首先出示了分 $\dfrac{4}{5}$ 升果汁的现实情境，配备了一个1000毫升的量杯插图，学生还可以通过老师"先在右图中分一分，再算出结果"得到首次面对分数除以整数的思维路径，降低问题解决的难度。

屏幕呈现：$\dfrac{4}{5}\div 2$ 会算吗？先独立思考，把你的想法记录下来，完成后再在小组内交流讨论。

学生的第一类做法是图示法（线段图、长方形图等）：取出1份中平均分成5份的其中4份，再把4份平均分成2份，每份都是4份的 $\dfrac{1}{2}$，也就是 $\dfrac{2}{5}$。

学生的第二类做法是分数的组成：4 个 $\frac{1}{5}$ 平均分成 2 份，每份是 2 个 $\frac{1}{5}$，是 $\frac{2}{5}$。即 $\frac{4}{5} \div 2 = \frac{4 \div 2}{5} = \frac{2}{5}$。

学生的第三类做法是转化法：① $4 \div 5 = 0.8$，$0.8 \div 2 = 0.4 = \frac{2}{5}$；② $\frac{2}{5}$ 升 = 800 毫升，$800 \div 2 = 400$ 毫升 = $\frac{2}{5}$ 升。

最后补问：你能再用另一种方法来计算 $\frac{4}{5} \div 2$ 的商吗？完成后和同桌交流。① 这个例子从不同路径解决问题，可以看出，由学生独立思考的方法还是非常多样的，这体现出学生整体的思维的广阔性。学生通过交流算理，发现问题本质，又在思维广阔性的基础上锻炼了思维的深刻性。

思维的广阔性往往也和思维的灵活性紧密相连，学生需要在各种思路中进行优选。在教材随后安排的"试一试"中，题目" $\frac{4}{5} \div 3$ "，此时，图示法、分子除以整数法、转化小数法全部"失灵"；而"练一练"中的第 3 题，$\frac{9}{8} \div 3$ 和 $\frac{8}{9} \div 4$，直接把分子平均分就比较简便。具体情境具体对待，也体现出了思维的灵活性。

思维的创新性，始终是历次课改强调的重点，创新思维也是如上各种思维品质的集中体现，其中，数与形的结合一直被认为是启发创新思维的经典路径。数学图形语言往往比文字语言更直观、更形象，正如笛卡尔曾说过："没有任何东西比几何图形更容易印入人脑际了。"数学运算离不开图形语言的掌握。

【案例 7】　　　　　　巧妙构造图形

例如：计算 19 961 997 × 19 971 996 − 19 961 996 × 19 971 997。②

这是一道纯代数运算，应该不会有人进行死算。大家通过观察式子本身，都

---

① 姚建法. 数学运算教学的三次"转变"[J]. 教学与管理，2017(4).
② 何军. 发挥图形语言在数学教学中的作用[J]. 数学教学研究，2011(5).

会发现它有一定的规律：都是 1996 和 1997 这两个数的相互组合。如果教师稍微点拨，让学生从几何的角度去思考，这个式子可以看成什么？聪明的学生会有意外的收获。如图 1 所示，构造长方形 $ABCD$ 和长方形 $ECHF$，算式即为这两个长方形的面积之差，所以原式就转化为两个长方形的面积之差 $= S_{ABHG} - S_{EDGF} =$ 19 971 996 $\times$ 1 $-$ 19 961 996 $\times$ 1 $=$ 10 000。这就是数学的奇妙之处，在解决问题时，发挥自己的创新能力，利用数形结合思想，巧妙地解答。

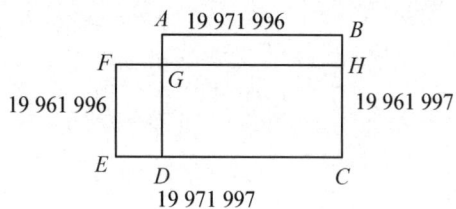

图 1

第 10 章　数据分析的理论内涵与实施路径

10.1　数据分析的理论内涵

1. 什么是数据分析？

现在的社会是一个高速发展的社会，科技发达，信息流通，每时每刻都在产生着海量的数据。在这个信息爆炸的大数据时代，我们每天都接触成千上万的数据。史宁中教授在《数学思想概论(第 1 辑)》中指出："数据是信息的载体，这个载体包括数，也包括言语、信号、图象，凡是能够承载事物信息的东西都能构成数据。"[①]由此我们看出数据是承载信息的载体，且载体形式是多种多样的，不能简单地把数据等同于阿拉伯数字，数只是数据的载体之一。

数据分析是指用适当的统计分析方法对收集来的大量数据进行分析，将它们加以汇总和理解并消化，以求最大化地开发数据的功能，发挥数据的作用。数据分析是研究随机现象的重要数学技术，是大数据时代数学应用的主要方法，也是"互联网＋"相关领域的主要数学方法，数据分析已经深入到科学、技术、工程和现代社会的各个方面。数据分析的基础是数据的"不确定性"及数据的随机性。数据分析的目的是把隐没在一大堆信息中，看起来杂乱无章的数据信息集中、萃取和提炼出来，以找出研究对

---

① 史宁中.数学思想概论(第 1 辑)[M].长春：东北师范大学出版社，2008.

象的内在规律。①

2. 核心素养背景下的"数据分析"

在当下"互联网＋"的时代,数据处理和分析自然而然地成为了当代人必备的基本素养之一。

数学课程正是顺应了时代的发展,把"数据分析"作为学生必备的核心素养之一。学科核心素养是育人价值的集中体现,是学生通过学科学习而逐步形成的正确价值观、必备品格和关键能力。由于不同年龄阶段的学生心理特征和能力不同,所以在不同的学段对他们的数据分析素养内涵和要求不一。

2001 年,由教育部颁布的《全日制义务教育阶段数学课程标准(实验稿)》中,更是将"统计与概率"作为义务教育阶段数学课程学习的四大板块之一,并将"统计观念"作为"统计与概率"这部分内容教学的核心概念,明确地提出要培养学生的统计观念。

自 2011 年以来,数据分析素养主要表现为数据分析观念。在《义务教育数学课程标准(2011 版)》中,数据分析观念被解释为:"了解在现实生活中有许多问题应当先做调查研究,收集数据,通过分析做出判断,体会数据中蕴含着信息;了解对于同样的数据可以有多种分析方法,需要根据问题的背景选择合适的方法。通过数据分析体验随机性:一方面,对于同样的事情每次收集到的数据可能不同;另一方面,只要有足够的数据就可能从中发现规律。数据分析是统计的核心。"

在《普通高中数学课程标准(2017 版)》中,对数据分析素养的解释是:针对研究对象获取数据,运用数学方法对数据进行整理、分析和推断,形成关于研究对象知识的素养。数据分析过程主要包括:收集数据,整理数据,提取信息,构建模型,进行推断,获得结论。数据分析主要表现为:收集和整理数据,理解和处理数据,获得和解释结论,概括和形成知识。同时课标还对数据分析素养进行了水平划分,将数据分析素养划分为三个水平,对每个水平都指出了具体的要求。

自上世纪末以来,国内外专家学者对"数据分析素养"的关注度在不断提升,随着普通高中课程标准改革的推动,教育界对其内涵的认识也在不断变化。他们将"统计观念"变为"数据分析观念"再变为今天的"数据分析素养",初衷是改变原先概念过

---

① 李红梅. 数据分析观念的认识及调查分析——以七年级学生为例[J]. 数学教育学报,2014(8).

"泛"的问题,实现核心概念的具体化,以便能为一线教师的教学提供更好的指导价值。

3. 学生的数据分析素养

在我国,系统研究学生统计认知发展阶段的研究较少。在国外,数据分析方面的研究相对比较丰富,并且形成了一些统计思维的发展框架。

Reading 考察了 13 岁至 18 岁(7 年级至 12 年级)的 180 个澳大利亚中学生,采用的是纸笔测试的形式。在测试的基础上,Reading 刻画了以上各个维度不同水平学生的情况和典型回答,得出从 7 年级到 12 年级,学生由具体符号方式的第 1 循环进入了第 2 循环,并且 7 年级到 10 年级学生的变化不大,11、12 年级学生有比较大的变化。

Mooney & Jone 考察了 1—8 年级学生,采用的是个别访谈的形式,题目是由任务组成的,一个任务包含系列问题,分别对应 4 个维度。在访谈的基础上,Mooney & Jone 刻画了以上各个维度不同水平学生的情况和典型回答,进行了若干年级的教学实验,并且通过教学实验,得出对课程和教学的一些建议。

但是,还有许多需要进一步研究的问题:两个框架都停留在了对学生认知情况的刻画上,虽然做了一些教学实验,提出了一些宏观建议,但是缺乏对课程的具体设计和学生的学习路径。

纵观已有研究,学生的数据分析素养具有一些特点:

(1) 情景性

数据分析观念的获得总是与和数据有关的问题或任务情景联系在一起,是对与数据有关的特殊问题或任务情景的一种直觉综合或把握。因此,数据分析素养作用的发挥是与这种特殊问题或任务情景的"再现"或"类比"分不开的。

(2) 非批判性

数据分析是学生亲身经历统计活动的全过程,是通过身体的感官或理性的直觉而获得的,因此不能够通过理性过程加以批判和反思。

(3) 层次性

数据分析并非只有一种形态,根据其能够被意识和表达的程度可以划分为不同的层次。第一学段,主要是学生对数据蕴含着信息的一种体验;第二学段,要求进一步认识到数据中蕴含着信息,发展数据分析观念;第三学段,要求了解利用数据可以进行统计推断,发展建立数据分析观念。

10.2　提高学生数据分析素养的实施路径

1. 在数据实践案例中提升相关思维品质

在大数据的时代背景下,每个人都应有一定的数据分析意识。数据无处不在,并且时刻在变化更新。因此,在发展学生的数据分析能力时,首先要使学生具备一定的数据分析意识。

(1) 开发现实情境,提升学生数据分析观念

数据来源于生活,数据分析应用于生活,并且与日常生活紧密联系。丰富的生活情境可以激发学生的探究欲望,适当的数学情境能够促进学生数学知识的迁移和建构,促进数学化过程。教师应该充分利用实际生活中与学生社会生活相关的信息,经过适当改动,开发为可利用的教学情境资源。在生活中,我们随时随地都能发现与数据分析有关的事例。如:天气预报报道今天下雨的可能性是 80%,明天一定会下雨吗? 买彩票的中奖率为 1%,买 100 张一定能中奖吗? 商品房的销售价格增长分析,商家的打折促销活动,保险公司保险费的收取,国家延迟退休年龄至 65 岁的原因与理由,等等。发展学生的数据分析观念,首先应该让学生参与到课堂学习中,因此,教师在教学中应注重设计贴近学生生活的情境,使学生经历数据收集、整理、分析等数据分析的全过程,逐步提升数据分析观念。

【案例 1】　　　　　频数分布表和频数分布直方图

师(展示图片):同学们认识这两个人吗? 他们俩最近忙什么呢?

生 1:左边那个是奥巴马,右边那个我不认识。

生 2:我也认识奥巴马,他是美国总统,他俩最近参加美国总统大选。

师:2012 年,美国总统选举于 11 月 6 日举行,这两人是奥巴马和罗姆尼。祝他们好运。请问同学们,知道美国总统是如何选出来的吗? (学生积极发言)

生 3:先报名,然后获得共和党和民主党的提名,然后再竞选。

……

师:同学们对选举流程了解了吗? 学校要求我们班级推荐一名同学作为环

保小卫士,是老师指定好呢,还是我们一起选出我们班级的"环保小卫士"好呢?

生:选举好。(齐声表示。)

师:那我们如何选举呢?(生讨论交流。)

师:哪位同学说出你的方法?

生4:我认为应该各个小组先推荐候选人,然后大家也投票选举,得票数多的为当选者。(其他学生表示赞同。)

师:其他同学对他的指导学生进行投票,并完成记录工作。

通过活动让学生明确了调查选举的一般流程,进一步体会数据整理与表示的必要性,同时学生很容易明白每个候选人的频数是指他们的得票数,每个候选人的频率就是他们的得票率,并在这个过程中让学生体会统计对民主决策的作用,发展学生与数据分析观念相关的应用意识和能力。所以,教师在教学中应该以实际问题为导向,以数学知识为依托,通过对相关问题的再创造,做好数学化和生活化的结合,创设合理的教学情境来提高学生参与学习的积极性,并注重对影响学生的学习情感因素的引导,根据学生的心理和知识水平来设计问题,提供"先行组织者",使学生进行有意义的数学学习,改变数学学习的态度和信念,进而提高学生的数学学习力。该案例中,教师通过"环保小卫士"选举,让每个同学都参与到选举中,经历数据收集与整理的过程,进一步体会数据整理与表示的必要性,再结合具体情境引入频数和频率,易于学生理解并体会其意义,同时学生的学习积极性也会非常高。

(2)利用数据分析的随机性,发展学生归纳推理

史宁中教授指出,通过数据分析体验随机性,一方面对于同样的事情每次收集到的数据可能是不同的,另一方面只要有足够的数据就可能发现规律。[①] 统计是用数据进行推断,其推理方式主要是归纳。

---

① 史宁中,孔凡哲,秦德生等.中小学统计及其课程教学设计——数学教育热点问题系列访谈之二[J].课程·教材·教法,2005(6).

【案例 2】 　　　　　　　　利用树叶的特征对树木分类

　　要求：

　　① 收集三种不同树的树叶，每种树叶的数量相同，比如每种树选 10 片树叶。

　　② 分类测量每种树叶的长和宽，列表记录所得到的数据。

　　③ 分别计算出树叶的长宽比，估计每种树树叶的长宽比。

　　④ 验证估计的结果。

　　我们可以抓住树的某些特征对树进行分类，本例就是利用树叶的数据特征来对树进行分类。

　　本活动适用各个学段的各个年级，但对不同学段不同年级学生的要求可以不同。对于高中学段的学生而言，可以先通过数据收集和分析知道一些树的树叶的长宽比。然后就可以通过长与宽的比来判断新采集到的树叶是属于哪种树。这一学习活动有利于培养学生的数据分析意识，让他们体会到许多事情通过数据分析可以抓住本质。他们通过活动知道数据不仅仅是别人提供的，还可以自己收集；对于同一种树，树叶长与宽的比也可能是不一样的，进一步感受到数据的随机性；体会到只要有足够的数据，就能够分析出一些规律性的结论。

　　教学可以作如下设计：

　　第一步：建议采用小组活动的形式，学生通过合作交流可以获得较多的数据和信息。

　　第二步：为了使分析的结果更加明显，最好选择树叶区别较大的三种（或者更多）树；而每种树选择的树叶的大小要接近，即区别要小一些。

　　第三步："估计每种树树叶的长宽比"的方法可以是多样的，比如，每种树的 10 片树叶都测量了长和宽以后，可以用 10 个比值的众数，也可以用 10 个比值的中位数，还可以把长和宽各自相加，然后取和的比值。针对这个问题，用最后一种方法比较合适。

　　第四步：取一片新的树叶，通过这片树叶的长宽之比，参照 3 的估计结果，来判断这片树叶属于哪种树。学生会发现，即使是同一棵树，树叶长与宽的比值恰好等于估计值的可能性也很小，这体现了数据的随机性。可以进一步启发学生考虑一个合理的方案：只要比值大概等于估计值，就可以认为是同一种树，也就是说，需要构造一个以估计值为中心的数值区间,当新取树叶的长宽比值属于这个区间时就认为属于这个树种。如何合理地构造这个数值区间是重要的,区间太短则可能拒绝同类树种,区间太长则判断的精度就有差。可以考虑下面的方法:当估计值是平均数时,区间为平均数$\pm\sigma$,或者平均数$\pm2\sigma$,其中σ是样本标准差。让学生感悟决定数值区间的道理(可以告诉学生,只要进一步地学习,他们将可以从理论上计算区间的长度)。

这个问题可以举一反三。

对于数据的规律教学可以分为如下几个步骤:①商定方案;②分析数据;③引导发现规律。以《树叶中的比》教学为例,通过商量活动方案,不仅明确"做什么",而且明确"怎么做"。使学生知道测量、计算、比较是研究树叶形状与它的长和宽关系的基本方法,并明确各小组的活动要求,让每个小组测量同一种树叶,一方面有利于小组同学之间互相帮助,另一方面也有利于他们在活动中主动开展分析、比较,从而为后续的探究打下基础。同一种树叶"有大有小"是再简单不过的生活经验。尽管如此,学生对同一种树叶"长和宽的比值比较接近"却没有真正清晰的认识。通过数据分析,学生会得出"同一种的长和宽比值比较接近"这个结论,这是感性经验的提升,是模糊认识的数学化。在学生测量、计算每种树叶长与宽比值的平均值后,启发学生以一种树叶长与宽的比值为参照,去猜其他的树叶长与宽的比值,在猜想的过程中合理估计,分析推理,逐步明确相关的规律。

2. 在具体问题情境中选择分析方法

教师在进行概率统计的教学时,应当多关注过程以及对方法的渗透,概率统计的教学不是众多公式的堆砌,不是向学生灌输利用公式计算概率等一些具体的知识,更重要的是培养学生的数据分析素养,使他们掌握数据分析的方法。所谓方法,是人们为了达到某种目的而采取的手段、途径和行为方式中所包含的可操作的规则或模式。但对于不同性质和不同复杂程度的数据,运用的数据分析方法是不同的。

数据分析能力的提升很大程度上取决于数据分析方法的掌握。传统的教学方法注重的是演绎式的逻辑推理,推理出的结论是既定的事实。数据分析的方法虽然依靠逻辑推理,但又不全是逻辑推理,是一种归纳式的推理。

例如:甲乙两名田径运动员最近8次百米冲刺所用的时间(秒)如下。

甲:11.16、11.14、10.63、11.16、11.20、10.99、11.21、11.19

乙：10.75、10.26、11.11、11.23、10.47、11.24、11.27、11.35

现在需要选择一名运动员去参加比赛，

① 如果是和周边的其他学校进行比赛，并且周边学校的选手的实力一般，应该选择谁参加比赛？

② 如果是参加全省的比赛，并且有的学校选手的实力很强，应该选择谁参加比赛？

学生很容易求出他们的平均数、极差和方差，经计算，甲的成绩更稳定，而乙更具有爆发力。如果参加比赛的对手实力一般，那么只要我们学生发挥平均水平就可以拿到一个好名次，则可以选择甲参加比赛；若参赛的规格较高，对手的实力很强，则应该选择乙"冲"一下。由于甲的成绩稳定，所以就应该选择甲参加比赛，这显然是一种演绎推理的方法，但对数据的分析不仅仅是靠演绎推理来完成的。所以，教师在教学中应该注重数据分析方法的多样性和灵活性。

在大数据时代，常常需要汇总分析来自不同层次的数据。例如，基于来自不同部门或者不同时期数据的均值和方差，计算全部数据的均值和方差。

【案例 3】　　　　　　　　　　　**分层抽样**

某学校有高中学生 500 人，其中男生 320 人，女生 180 人，希望获得全体高中学生身高的信息。按照分层抽样原则抽取了样本，通过计算得到男生身高样本均值为 173.5 cm，方差为 17；女生身高样本均值为 163.83 cm，方差为 30.03。请回答以下问题：

① 根据以上信息，能够计算出所有数据的样本均值吗？为什么？

② 应当如何计算所有数据的样本均值和方差？

按照传统的统计方法，需要把所有的数据收集到一起进行计算。但是，在大数据时代，不仅数据量非常庞大，而且要求非常迅速地提供数据结论，因此不可能把所有的数据都收集好以后再进行计算，需要创造更为简捷的方法。以上述问题为例进行分析。假设所有样本身高的均值为 $\bar{x}$，根据男女生的分层方法和样本均值的定义可以知道，仅仅依赖问题中的信息不能得到所有数据样本的均值，因为缺少男生样本量和女生样本量。因此,在提供分层样本均值的基础上,还需要知道分层的样本量,或知道男生及女生样本量权重。

这里我们就可以采用适用于绝大多数题型的巧妙方法——特殊值法。假设男生样本量为32,女生样本量为18。记男生样本为 y_1, $y_2 \cdots y_{32}$ 均值为 $\overline{y}_男$,方差为 $S^2_男$;记女生样本为 z_1, $z_2 \cdots z_{18}$,均值为 $\overline{z}_女$,方差为 $S^2_女$。那么所有数据样本均值为 $\overline{x}_总$,方差为 $S^2_总$,样本总量为50。

先求所有数据的样本均值。虽然数据 y_1, $y_2 \cdots y_{32}$ 和 z_1, $z_2 \cdots z_{18}$ 是未知的,但在上面的计算中,只需要样本数据之和,而这可以通过样本均值和样本量的乘积得到。因为其中的数据是未知的,根据同样的道理,需要转化为各层样本方差、样本均值和样本量的函数。

这样的问题是有普遍现实意义的。例如,针对某个问题,不同网站提供了各自调查的样本均值和方差,应当如何得到所有数据的样本均值和方差? 再如,针对某个问题,连续几天收集数据,得到了每天的数据的样本均值和方差,应当如何得到这几天所有数据的样本均值和方差?

选择合理的方法往往可以起到事半功倍的效果,所以在教学中,教师应注意数据分析方法的传授,指导学生掌握方法,针对不同的问题要巧妙活用方法。

3. 充分发挥信息技术在数据处理中的价值

全球知名咨询公司麦肯锡负责人称:"数据,已经渗透到当今每一个行业和业务职能领域,成为重要的生产因素。人们对于海量数据的挖掘和运用,预示着新一波生产率增长和消费者盈余浪潮的到来。"大数据在物理学、生物学、环境生态学等领域以及军事、金融、通信等行业的存在虽已有时日,但却因近年来互联网和信息技术的发展才引起人们关注,信息技术在数据分析中发挥着巨大的作用。

【案例4】　　　　　　人体脂肪含量和年龄的关系

在对人体脂肪含量和年龄关系的探究中,研究者获得的样本数据如表1。

表 1 人体的脂肪百分比和年龄

年龄(岁)	23	27	39	41	45	49	50
脂肪(%)	9.5	17.8	21.2	25.9	27.5	26.3	28.2
年龄(岁)	53	54	56	57	58	60	61
脂肪(%)	29.8	30.2	31.4	30.8	33.5	35.2	34.8

以 Excel 软件为例,用散点图来建立人体的脂肪含量与年龄关系的线性回归方程,具体步骤如下:

第一步:在 Excel 中选定表示人体的脂肪含量与年龄关系的散点图,在菜单中选定"图表"中的"添加趋势线"选项,弹出"添加趋势线"的对话框。

第二步:单击"类型"标签,选定"趋势预测/回归分析类型"中的"线性"选项,单击"确定"按钮,得到回归直线(如图 1 所示)。

第三步:双击回归直线,弹出"趋势线格式"对话框,单击"选项"标签,选定"显示公式",最后单击"确定"按钮,得到回归直线的回归方程(如图 1 所示)。①

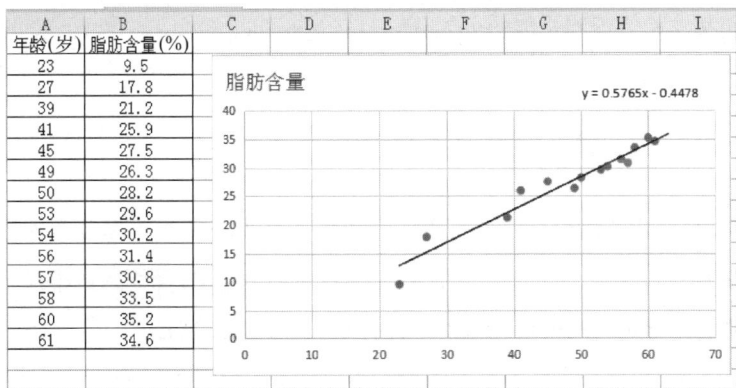

图 1

---

① 赵闪. 高中生数据分析素养的现状与改进对策[D]. 新乡:河南师范大学,2017.

《普通高中数学课程标准》(2017 版)明确要求,学生会利用统计软件进行数据分析。教师在教学过程中,应通过具体案例引导学生参与数据分析的全过程,并鼓励学生使用相应的统计软件。采用信息技术可以直观快速地呈现所要分析数据的特点,因此在教学中,教师要加强数学教学与信息技术的结合,鼓励学生运用 Excel、Flash、Matlab 等软件,探究和发现数学的规律。

利用信息技术辅助教学,可以将学生从繁杂的计算中解脱出来,可以使学生充分体会统计的意义,将学习重点放在理解统计思想和进行统计活动上来,避免将数据分析过程变为单纯的数字计算,在提高学习效果的同时减轻学生学习负担。教师可多开展一些关于数据分析的研究性活动,通过具体课题的研究,为学生搭建一个自主学习的平台,让学生自行收集数据,整理数据,分析数据,在解决相关问题的过程中,进一步加强信息技术在数据分析中的运用。

4. 在解决问题的全过程中进行数据分析能力的培养

《中国大百科全书·心理学》中对能力给出了如下解释:作为掌握和运用知识技能的条件并决定活动效率的一种个性心理特征,一个人具有某种能力,就意味着具有掌握和运用某方面知识和技能的可能。[①]

综合数据分析与能力的涵义,我们认为,数据分析能力是指个体在对形如数字、字母、图形、信号、言语等未进行加工的原始数据,通过整理、描述、推断、质疑等分析,在了解其内在的性质、规律和意义的活动过程中形成和发展起来的一种比较稳定的心理特征,它直接影响着个体进行数据分析的有效性。而中小学生数据分析能力则是指,中小学生在对形如数字、字母、图形、信号、言语(主要是数字)等原始数据进行整理、描述、推断、质疑等分析时所表现出来的一种比较稳定的心理特征。[②]

王林全认为,数据分析能力由五方面构成,分别为数据的认识能力、数据的收集能力、数据的整理能力、数据的表述能力、数据的探究能力。而范明明认为,数据分析能力主要由三部分构成:数据分析的基础能力、数据分析的过程能力和数据分析的元认知能力。其中数据分析的基础能力主要包括:观察力、理解力、记忆力、注意力以及运

① 中国大百科全书总编辑委员会. 中国大百科全书·心理学[M]. 北京:中国大百科全书出版社,2002.
② 范明明. 中小学生数据分析能力的培养研究[D]. 武汉:华中师范大学,2014.

算能力等,数据分析的过程能力主要包括：整理数据的能力、描述数据的能力、推断结论的能力、质疑结论的能力。

提高中小学生的数据分析能力在当今信息高速发展的社会日益重要,体现了现代人对数学基本素养的基本追求。提高中小学生的数据分析能力可以从以下途径着手：

（1）注重体验,让学生亲身经历数据分析的全过程

数据分析观念的培养离不开学生亲身经历数据收集、数据整理、数据描述、数据分析等过程,只有自己掌握条形统计图、扇形统计图等统计图形的制作方法才能更好地读取数据信息,更好地利用统计图表表示、描述相关数据信息。

史宁中教授认为,培养学生的数据分析观念的难点在于,如何创设恰当的数学活动来体现数据的获得、分析、处理,进而作出决策的全过程。因此,在数学概念的教学过程中,教师应注重创设恰当的数学活动,为学生经历数据的获得、分析和处理,进而为学生作出猜想及合理决策提供充分的条件和时机,使学生能够在处理数据的过程中感受、理解和领悟数学概念,并实现培育数据分析观念的目标。数学来源于生活,在实际生活中有广泛的应用。作为教师,我们应该为学生提供一个有利于提高他们数学分析能力的实践机会。

除了课堂教学外,教师还可以利用课外实践活动,即给定一个数据活动,让学生围绕其做一份完整的调查报告。这样学生就可以经历获取、加工、解释数据的全过程,也能体会以报告的形式进行数据交流,从而提高自身的数据分析能力。

【案例 5】　　　　　　　　一个著名的案例

在《普通高中课程标准实验书·数学（必修）》"2.1.1 简单随机抽样"这节课后面的阅读与思考栏目中,有"一个著名的案例"。在 1936 年美国总统选举前,一份颇有名气的杂志的工作人员做了一次民意测验,调查兰顿（A. Landon）（当时任堪萨斯州州长）和罗斯福（F. D. Roosevelt）（当时的总统）中谁将当选下一届总统。为了了解公众意向,调查者通过电话簿和车辆登记簿上的名单给一大批人发了调查表（注意：在 1936 年,电话和汽车只有少数富人拥有）。通过分析收回的调查表,可以看出兰顿非常受民众欢迎,于是此杂志预测兰顿将在选举中获胜；而实际选举结果正好相反,最后是罗斯福在选举中获胜。其数据如表 2 所示：

表 2　预测结果与选举结果对比

候选人	预测结果（%）	选举结果（%）
罗斯福	43	62
兰顿	57	38

思考：你认为预测结果出错的原因是什么？由此可以总结出什么教训？

这道题目就能够很好地考查随机抽样,把真实的案例作为题目的背景,能够让学生体会数据源于生活,明确学习的目的是为了应用;开放性问题的设置又能让学生深入思考:之所以会出现与民调相反的选举结果,是因为样本的选择不具有代表性,少数富人的观点不能代表全体选民。找出预测结果出错的原因后,学生不仅能从中进一步感受到样本的重要性,还能反思,并继续讨论类似"这里抽取样本的方法是不是简单随机抽样?"这样一些问题,类似这样的问题对学生的知识、能力、素养的提高有很好的帮助。

(2) 注重样例教学,优化数据分析的方法

所谓样例,就是"通常所说的例题,它是一种教学工具,通常以逐步呈现解题步骤的形式,为学习者提供一种专业的解决问题的方法"。[①] 例如,现行数学课本基本采用的就是"例题＋练习题"的设计形式,这种设计形式正是利用了样例的示范作用。统计样例就是揭示有关数据分析的一般原理、方法的例子,它不仅向学习者展示了解决典型统计问题中有关数据分析的思路和方法,更有效地揭示了解决此类问题中数据分析的一般原理和策略,以供学生借鉴和模仿。学习者通过模仿可以将原理和策略迁移到同类问题的解决中,这就形成了数据分析能力。但是学生在样例的学习过程中存在个体差异,特别是在小学学段,教师的引导对其非常关键。统计样例的教学对中小学生数据分析能力的形成与发展有着促进作用,所以在统计内容的教学中,教师对统计样例的教学应该要足够重视。教师通过对有关统计样例的解释和分析,可以有效地帮助学生,尤其是那些对样例的理解产生偏差的学生,可以帮助他们快速、有效地获得问题

---

① 林洪新,于洋.样例学习研究与样例教学原则[J].鲁东大学学报(哲学社会科学版),2012(11).

解决的思路和方法,熟练地掌握数据分析的相关经验。

【案例 6】　　　　　　　　**如何购买水果教学片断**

师:孩子们,元旦晚会就要到了,你们开心吗?

生(齐):开心。

师:现在我们班上需要买一些水果,目前市场上最好的就是苹果、香蕉、橘子、梨子四种水果,如果我们计划就从这四种水果中购买两种,应该如何选择?

生 1:我们现在可以做一个小调查,看看同学们都喜欢吃什么样的水果,然后做购买决策。

师:大家都同意这个办法么?

生:同意。

师:好,那我们以小组为单位,每个小组调查一下各小组的情况,再汇报给其他小组同学听听,看看哪个小组得到的数据最简洁明了。

(学生们在积极地调查并收集、整理数据。)

师:现在请每组派一位代表汇报下调查的结果吧。

生 1(A 组代表):我们小组的办法是这样的。我们先制作一个表格,依次传给小组内的每一位同学,同学们在自己喜欢的水果右侧打"√",每个同学只能勾一次。最后得到结果(如表 3 所示)。

表 3　A 组所得结果

苹果	5	橘子	2
香蕉	3	梨子	4

生 2(B 组代表):我们小组是先把这三种水果写在纸上,然后由组长报每一种水果的名字,喜欢吃这种水果的同学就举手,不喜欢的不用举手,每位同学只能举一次。请看我们得到的结果(如表 4 所示)。

表 4　B 组所得结果

苹果	香蕉	橘子	梨子
4	3	3	4

生 3（C 组代表）：我们组也是先制作一个表格，依次传递给同学，让同学们在自己喜欢的水果下写"正"字，以此得出结论（如表 5 所示）。

表 5　C 组所得结果

苹果	香蕉	橘子	梨子
3	2	4	5

生 4（D 组代表）：我们组的方法和第一组一样。请大家看结果（如表 6 所示）。

表 6　D 组所得结果

苹果	香蕉	橘子	梨子
6	3	3	2

师：四组同学都很棒，都非常简洁明了地收集到了数据。为了更好地看出全班同学的情况，我们可以把四组的数据合并到一张表格里，这张表格就叫做"统计表"，我们可以给这个表取个名字（如表 7 所示）。

表 7　三年级(2)班同学喜欢的水果的调查统计表

水果	苹果	香蕉	橘子	梨子
人数	18	11	12	15

师：咱们班同学喜欢的水果的情况已经出来了，同学们，根据这张统计表我们可以看出哪些信息？

生 1：全班有 18 人喜欢吃苹果，15 人喜欢吃梨子，11 人喜欢吃香蕉，12 人喜欢吃橘子。

生 2：喜欢吃苹果和梨子的人数较多，喜欢吃香蕉和橘子的人数较少。

师：真棒，能看出这么多的信息。那么，我们应该怎么购买水果呢？

生 3：因为我们班喜欢吃苹果和梨子的人数较多，因此可以买这两种水果。

师：同学们真聪明，刚才老师并不在你们的调查对象中，那么你们估计老师比较喜欢和比较不喜欢吃哪两种水果呢？

生 4：因为喜欢吃苹果和梨子的人数较多，而喜欢吃香蕉和橘子的人数较少，因此可以估计老师比较喜欢吃的是苹果和梨子，比较不喜欢吃香蕉和橘子。

师：真是太聪明了，知道只有通过对数据进行分析后才能作出正确的判断和决定。

师：同学们再回忆一下，我们是通过什么方法收集到数据的，又是怎么作出购买水果的决定的？

生 5：我们是先通过调查全班同学喜欢吃哪种水果，然后再作出决定的。并且收集、整理数据的方法不止一种，可以举手，可以写"正"字，还可以打"√"。

这是第一学段统计内容中的一个教学片断，这个教学片断通过元旦晚会需要购买水果为主线而展开，有效地培养了学生的数据分析能力。具体表现在四个方面。第一，创设了真实的问题情景。新年联欢会需要购买水果是学生生活中能够遇到的问题，也是学生比较感兴趣的问题，这必然极大地促进了学生参加活动的热情。第二，帮助学生掌握了收集并整理数据的有效方法。如利用"正"字、打"√"以及举手等方式收集数据，制作统计表。第三，让学生体会到了数据分析对策略的重要作用。通过让学生对数据进行分析后再作决定的方式，他们深深地体会到了在问题解决中，数据分析对决策的重要意义，也极大地培养了自身的数据意识。第四，让学生亲身经历了数据分析的基本过程。从数据的收集、整理到根据数据进行决策的推断，这些都是学生在教师的引导下亲身参与和体会的，也真正让学生在数据分析的过程中发展和完善了自身的数据分析能力。

下篇　教学课例

数学核心素养是什么？数学核心素养如何落地？这不仅是理论研究的问题，更是实践探讨的重点。一个优秀的教学课例能使我们更加直观具体地了解数学核心素养的教学，为数学核心素养的落地指明方向。为此，下篇重点选取部分全国中小学一线数学名师的优质课，精选概念课、定理课、综合实践课、练习课等不同课型进行教学，通过教学预设——精彩实录——课例评析等方面的展示，力求为大家呈现实实在在的基于核心素养的课堂教学样态，为培养学生核心素养提供基于数学核心素养的数学课堂教学课例。

第一部分　教学预设

一、教学内容分析

1. 课标要求

方程教学内容《义务教育数学课程标准(2011 年版)》安排在第二学段,《义务教育数学课程标准(2011 年版)》中关于"式与方程"的内容要求如下:

(1) 在具体情境中能用字母表示数。

(2) 结合简单的实际情境,了解等量关系,并能用字母表示。

(3) 能用方程表示简单情境中的等量关系(如 $3x+2=5$, $2x-x=3$),了解方程的作用。

(4) 了解等式的性质,能用等式的性质解简单的方程。

具体对方程意义的要求是第 3 点:能用方程表示简单情境中的等量关系(如 $3x+2=5$, $2x-x=3$),了解方程的作用。

2. 教材分析

人教版小学数学教材将方程的起始教学安排在五年级下册第五单元"简易方程"。整个单元分为"用字母表示数""方程的意义""等式的性质""解方程""实际问题"与"方程"五个小节。"方程的意义"教学,教材采用连环画的形式,首先通过天平演示,说明天平平衡的条件是左右两边所放物体质量相等,引出等式;接着更换物品,由数的等式引出含未知数的等式,并通过相等与不相等的比较,为引入方程概念奠定感性认识基础;再由实际问题情境图引出第二个方程,然后以两个方程为例,给出方程概念的描述;最后提出由学生自己写方程的要求,让学生初步感知方程的多样性。

教材的现有设计有利于学生理解方程等号左右两边等价的属性,但是对于帮助学生认识方程的本质、作用及方程引入的必要性方面略显不足。

3. 重点与难点

教学重点:了解方程的意义及作用,认识方程等号两边等价的属性。

教学难点:体会方程的价值,激发学生学习方程的兴趣。

4. 学情分析

在此之前,学生已经大量学习并掌握了用算术方法解决数学问题的数学活动经验,这既为学生理解方程等号两边等价的属性奠定了基础,也对学生列方程、认识方程引入的必要性造成了一定的负迁移。

二、教学目标分析

1. 帮助学生认识方程,了解方程的意义及作用。

2. 让学生感悟等价、代数等数学思想。

3. 帮助学生体会方程的价值,激发学生学习方程的兴趣。

三、思路、方法与资源

1. 整体思路

(1)借助学生已有顺向思维的经验,让学生在解决问题的过程中创造方程,初步体会方程的意义及其价值。

(2)让学生在算术方法和方程方法的对比辨析中,认识方程的名称和外在形式,并进一步认识方程的意义。

(3) 通过介绍与方程相关的数学文化历史背景,开阔学生视野,并激发学生学习方程的兴趣。

(4) 借助天平、手势等多元表征,强化学生认识方程"等号两边等价"的数学属性。

2. 推荐资源

(1) 张奠宙,唐彩斌.关于小学"数学本质"的对话[J].人民教育,2009(2).

(2) 史宁中,孔凡哲.方程思想及其课程设计——数学教育热点问题系列访谈录之一[J].课程·教材·教法,2004(9).

(3) 张奠宙.数学概念教学要融入中华文化,推陈出新——谈小学数学里"方程"概念的表述[J].小学教学(数学版),2014(11).

第二部分　精彩实录

授课地点: 浙江省杭州市 ("千课万人"发展课堂观摩活动)

授课时间: 2017 年 4 月

一、在解决问题中创造方程,初步体会方程的属性及价值

1. 引入方程

出示解决问题(如图 1 所示):

图 1

生(齐):一年级的题!

师:对! 一年级的题,你会做吗?

生：用一共的 8 个减去拿来的 2 个,筐里有 6 个。

师：很好,不仅说出了怎么算,还说出了算理! 一年级的小华也是这么算的(师板书：$8-2=6$)。

师：不过一年级还有个小朋友叫小明,他想啊想啊,怎么也想不出怎样列式才能等于筐里的球数。于是他顺着题目的意思,将题目中所讲的事情用一道算式表达了出来。筐里有多少球不知道,就先空着,又拿来了 2 个,加 2,现在一共有 8 个,等于 8(师板书：$+2=8$)。

师：小明看着自己写的式子想啊想啊,终于想出来了,$6+2=8$,筐里有 6 个球。

师：小明想对了吗?

生：对了!

师：不过小明也遇到了麻烦,那就是没写这个 6 时,算式怪怪的,写了 6 时,老师又搞不清哪个数才是他算出来的结果。你能帮小明想想办法吗?

生 1：用括号,写成"( )$+2=8$"。

生 2：用问号表示要求的数,写成"$?+2=8$"。

生 3：用三角形表示要求的数,写成"$\triangle+2=8$"。

生 4：用圆形表示要求的数,写成"$\bigcirc+2=8$"。

生 5：用 x 表示要求的数,写成"$x+2=8$"。

生 6：用 a 表示要求的数,写成"$a+2=8$"。

(师随机板书：( )$+2=8$ $?+2=8$ $\triangle+2=8$ $\bigcirc+2=8$ $x+2=8$ $a+2=8$)

师：总而言之,我们想到的办法就是用一个符号表示所要求的未知数,这和数学家韦达想的一样,他是第一个在著作中系统地使用符号表示未知量的值进行运算的数学家。不过有另一位数学家笛卡尔,这位数学家说,你用这个符号表示未知数,我用那个符号表示未知数,多乱啊! 不如大家统一用几个固定的字母表示吧,其中"x"就是他选的字母之一。我们也选用"x"表示好吗?

(师板书,全班齐读：$x+2=8$)

2. 减法方程

出示解决问题：原来盘子里有一些苹果,吃掉了 7 个,还剩 3 个,原来盘子里有多少个苹果?

师:这次小华又做对了,你认为他是怎么做的?

生 1:吃掉的 7 个加上还剩的 3 个,原来盘子里有 10 个苹果,7＋3＝10。

(师板书:7＋3＝10)

师:小明想啊想啊,还是想不出列怎样的算式才能等于原来盘子里的苹果数,于是他请字母来帮忙,顺着题目的意思,把这道题的意思列成了一道式子表达出来,你知道他是怎么列的吗?

生 2:$x-7=3$,x 表示原来盘子里的苹果数量,吃掉了 7 个,就减 7,还剩 3 个,等于 3。(师板书:$x-7=3$)

3. 乘法方程

师:小明和小华读到了二年级。

出示解决问题:爸爸今年 36 岁,小红年龄的 3 倍刚好和爸爸的年龄一样,小红今年多少岁?

师:小华会怎么做?

生:36÷3＝12,爸爸的年龄除以 3 就等于小红的年龄。(师板书:36÷3＝12)

师:小明会怎么做?

生:$3x=36$,x 代表小红的年龄,她的 3 倍就乘以 3,刚好和爸爸年龄一样,爸爸的年龄是 36 岁,等于 36。(师板书:$3x=36$)

4. 加减混合方程

师:小明和小华读到了三年级。

出示解决问题:一个数加上 36,减去 51,等于 320,这个数是多少?

师:小华和小明分别会怎么做呢? 你可以选择小华的方法,也可以选择小明的方法,写在练习纸上,只列式,不计算。

(学生独立试做,教师巡视,并请学生板书。)

生 1(写在小明方法的板书下面):$x+36-51=320$

生 2(写在小华方法的板书下面):320＋51＋36

师:请用小明方法的同学汇报。

生 3:把一个数看作 x,加上 36,就＋36,减去 51,就－51,等于 320 就＝320,按照题目的意思写出来就是：$x+36-51=320$。

师：再请用小华方法的同学汇报。

生4：我发现用小华方法的同学写错了，应该倒过来想，减51得320，倒过来就要用320加上51，原来是加上36，现在就要再减去36，结果等于335，列式是：$320+51-36=335$。

（师将板书更正为：$320+51-36=335$）

师：你认为这道题谁的列式方法比较容易？

（学生有的说小明的方法容易，有的说小华的方法容易。）

5. 乘加方程

师：很快，小明和小华读到了四年级。

出示解决问题：某风景区儿童票价格的2倍多5元，刚好是成人票的价格145元，再加10元。儿童票的价格是多少元？

师：你可以用小华的方法，也可以用小明的方法，把喜欢的方法写在练习本上，只列式，不计算。

（学生独立试做，教师巡视，并请学生板书。）

生1（写在小明方法的板书下面）：$2x+5=145+10$

生2（写在小华方法的板书下面）：$145+10-5÷2$

师：请用小明方法的同学说说你的想法。

生3：把儿童票价格看作x，儿童票价格的2倍多5元就用$2x+5$，刚好是成人票的价格145元，再加10元就等于$145+10$，列式是：$2x+5=145+10$。

师：再请用小华方法的同学汇报你的想法。

生4：我发现生2错了，145元加10元比儿童票价的2倍还多5元，要先用145元加10元，然后减去5元的差再除以2，也就是要加个小括号，正确列式是：$(145+10-5)÷2=75$。

［师将板书更正为：$(145+10-5)÷2=75$］

师：你认为这道题谁的列式方法比较容易？

生（齐）：小明的列式方法容易！

二、在与算术式的对比中认识方程,理解方程概念及意义

1. 找差异

师:比较小华和小明的思考方法以及列出来的算式,有什么不同之处?

生 1:小华要想怎样列式才能等于所求的未知数,小明只用顺着题目的意思,把题目的意思列成式子就行了。

生 2:小华的式子中没有字母,小明的式子中含有字母。

师:这个字母表示什么?

生 2:未知数。

生 3:小华的未知数要等着被算出来,写在等号后面,小明的未知数用字母表示写在式子里面。

(师板书:如图 2 所示)

2. 找相同

师:比较小华和小明写出来的算式,有什么相同之处?

生 1:都用到了题目中的数据。

生 2:都有等号。

师:对! 他们写出来的算式都有等号,都是等式。

(师板书:如图 3 所示)

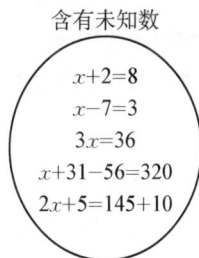

图 2

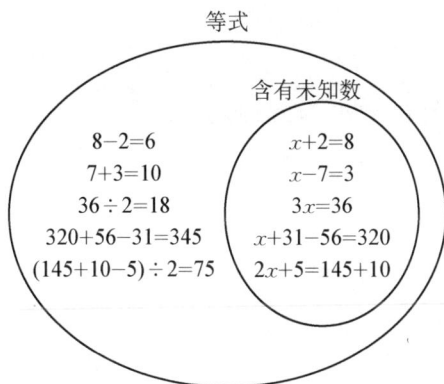

图 3

3. 小结

师：从一年级到四年级我们见过许多等式，今天我们发现等式中还有一种像小明写出来的这样，不仅是等式，而且含有未知数，像这样含有未知数的等式就叫方程，这就是我们这节课所要学习的内容——"方程的意义"（板书课题）。

三、介绍"方程"的历史

1. 出示课件并讲解

师：早在三千六百多年前，埃及人就会用方程解决数学问题了。在我国古代，大约两千年前成书的《九章算术》中，就记载了用一组方程解决实际问题的史料。

师：这是谁？

生：韦达！

师：四百多年前法国数学家韦达在他的《分析法入门》著作中，首次系统地使用了符号来表示未知量的值，进行运算。

师：这是谁？

生：笛卡尔！

师：一直到三百年前，法国的数学家笛卡尔第一个提倡用排在字母表后面的 x，y，z 代表未知数，这种用法成为当今的标准用法，形成了现在的方程。

师：在方程中，未知数除了用 x 表示，还能用哪些字母表示？

生：未知数还可以用 y 和 z 表示，如 $x+2=8$ 还可以写成 $y+2=8$ 或 $z+2=8$。

四、借助天平强化方程等号两边等价的认识

1. 借助图像理解方程

出示课件（如图 4 所示）：

师：这是什么？

生：天平。

师：它和我们玩的什么游戏设施很像？

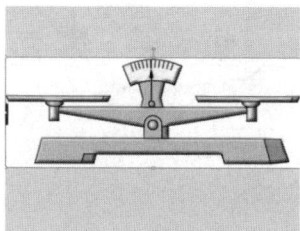

图 4

生：跷跷板。

师：如果在天平两边这样摆砝码（如图 5 所示），天平分别会呈现什么状态？

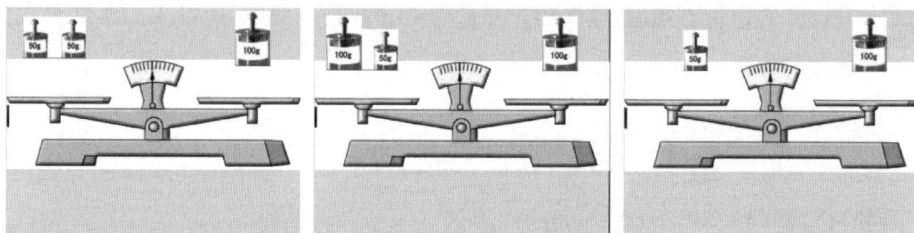

图 5

（学生分别用手势表示，教师用课件分别显示验证，验证课件如图 6 所示。）

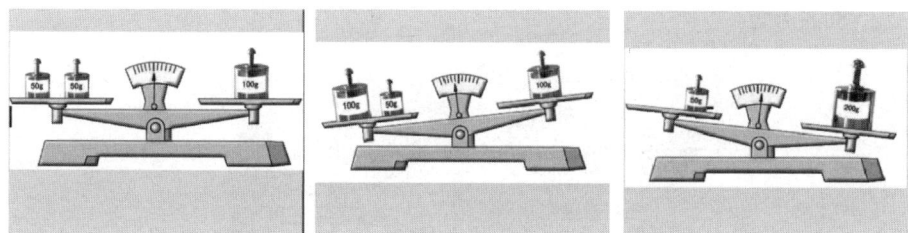

图 6

出示课件（如图 7 所示）：

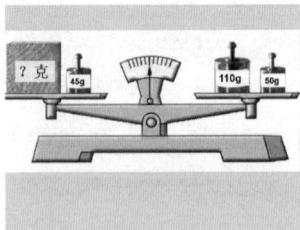

图 7

师：现在这个天平的状态说明什么？

生：两边的重量相等。

师：天平平衡时两边的重量相等，这与方程等号左右两边相等一致，如果平衡的天平上有物体的重量不知道，这又和方程含有未知数是一致的，所以人们常常喜欢借助天平来理解方程。

2. 根据天平写方程

师：你能根据这个天平（如图 7 所示）写方程吗？

生 1：$x + 45 = 110 + 50$

师：还可以怎么写？

生 2：$110 + 50 = x + 45$

师：未知数既可以写在等号左边，也可以写在等号的右边。

3. 判断方程

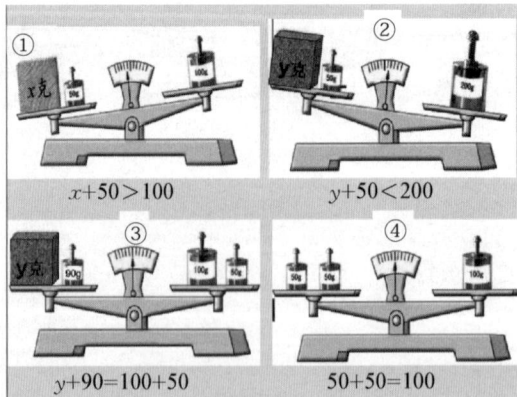

图 8

出示课件(如图 8 所示)：

师：这儿有四个天平,根据哪个天平写出的式子是方程?

(先请学生用手势判断,再请学生代表回答。)

生 1：4 号不是方程,因为它没有未知数。

生 2：3 号是方程,因为它含有未知数,而且是等式。

师：对 3 号和 4 号大家都没有异议,但是对 1 号和 2 号大家的观点不一致,谁愿意做代表说说你们的观点,互相辩论一下,看看谁的判断正确。

生 3(对生 4 说)：我认为 2 号是方程,因为它含有未知数。你为什么说它不是方程?

生 4(对生 3 说)：2 号的确含有未知数,可是我算不出这个未知数究竟是多少呀!你看,3 号就算得出未知数是 60。再说,方程是等式,可 2 号的左右两边不相等,所以我认为 2 号不是方程。

生 3：我明白了,谢谢你!

师：再请同学们用手势告诉我,你现在的判断。

(生手势均判断 2 号不是方程。)

师：那么 1 号是方程吗?

生(齐)：不是!

师：为什么不是?

生(齐)：因为它不是等式!

生 5：方程必须符合两个条件,要含有未知数,还要是等式。

生 6：为什么要规定"是等式"呢? 将不相等的含有未知数的式子也算作方程,那多好呀!

师：这是为了研究的方便,正如刚才那位同学所说,相等时能算出未知数是哪一个具体的数,而不相等时只能知道未知数的范围,两种情况是不一样的。所以为了研究方便,数学家将它们分成两类,只有含有未知数的等式才叫方程。

五、表征转化,进一步理解方程

师:刚才我们会根据天平写方程,判断方程,那么你会根据方程画天平吗?

师:试一试将 $x+2=8$,$3x=36$,$2x+5=145+10$ 这三个方程画成天平。

(生尝试画并板演,板演如图 9 所示。)

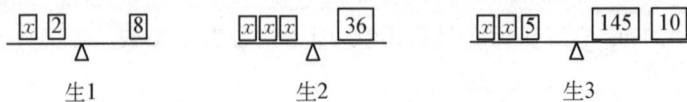

图 9

师:用手势告诉我你画的天平状态。

(生手势表示平衡。)

师:为什么你们画的天平都是平衡的?

生:因为左右两边相等。

师:将任意一道方程画成天平都是什么状态?

生:平衡的状态,因为左右两边都相等。

六、变换天平,创造方程

师:现在有个更复杂的天平(如图 10 所示),你能根据它写出方程吗?

出示课件:

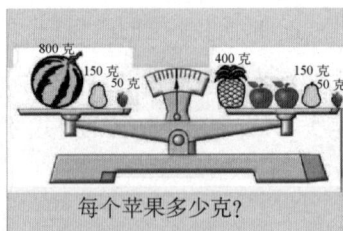

每个苹果多少克?

图 10

生 1：$800 + 150 + 50 = 400 + 2x + 150 + 50$。

师：你能从天平里去掉一些东西,创造出新的方程吗?

生 2：把两边的草莓去掉,$800 + 150 = 400 + 2x + 150$。

师：为什么要把两边的草莓都去掉,只去掉一边的行吗?

生 2：不行,方程左右两边要相等,只去掉一边的就不相等了!

出示课件(如图 11 所示)：

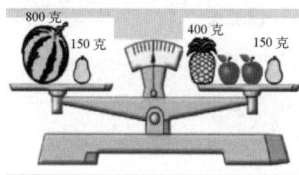

图 11

(师板书：$800 + 150 = 400 + 2x + 150$)

师：还可以怎样变?

生 3：去掉雪梨,因为要两边相等,所以两边的雪梨都去掉,$800 = 400 + 2x$。

出示课件(如图 12 所示)：

(师板书：$800 = 400 + 2x$)

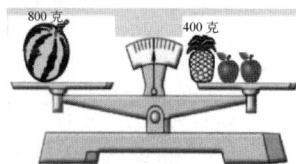

师：还能再变吗?

生 4：左边去掉半边西瓜,右边去掉两个苹果。

生 5：不行,去掉两个苹果就没有未知数了!

图 12

生 6：左边去掉半边西瓜,右边去掉一个菠萝,$400 = 2x$。

出示课件(如图 13 所示)：

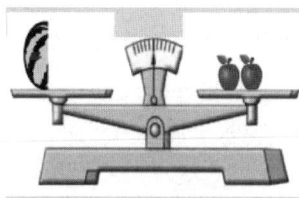

图 13

（师板书：$400 = 2x$）

生 7：还能变！把左边的半个西瓜再去掉一半，右边去掉一个苹果，$200 = x$。

出示课件（如图 14 所示）：

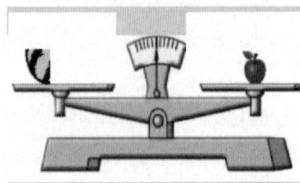

图 14

（师板书：$200 = x$）

师：现在你知道苹果有多重了吗？

生（齐）：200 克！

师：真神奇啊，变来变去，变出这么多方程，最后居然把结果变出来了！

七、总结回顾

师：同学们，今天我们学习了"方程的意义"，你有什么收获吗？

生 1：我知道方程要符合两个条件：含有未知数，是等式。

生 2：我知道如果不是等式，即使含有未知数也不能叫方程，要另外研究。

生 3：我知道很早人们就使用方程解决问题了，还知道了韦达和笛卡尔，笛卡尔提出用 x, y, z 表示未知数。

生 4：我知道以前的方法要想怎么列式才能等于未知数，但使用方程就不用那么麻烦，只需顺着题目的意思想就可以列出式子了。

生 5：我还想到如果往天平两边添同样重量的东西，也可以创造出新的方程。

生 6：我发现方程的结果不是算出来的，而是变出来的！

师：同学们的收获真多啊！对今天的学习你还有什么疑惑吗？

（生表示没有。）

师：我有一个问题，我们从一年级到四年级，用小华的方法解决问题已经用得很熟练了,为什么又要学习方程?

生:当题目难的时候,用方程列式就很简单。

师:是啊,随着年级的升高,题目会越来越复杂,需要探索新方法来解决,方程就是一件新的解决难题的法宝!

师:我还有一个问题,用小华的方法,所要求的数可以直接算出来,用小明的方程方法,怎样才能知道未知数是多少呢?

生1:倒过来算!

生2:两边一起减!

师:想想我们刚才是怎样知道苹果重量的?正如刚才那位同学所说,方程的未知数是变出来的,求未知数的秘密就藏在天平里,在后面的课程中我们将继续学习!

板书设计(如图 15 所示):

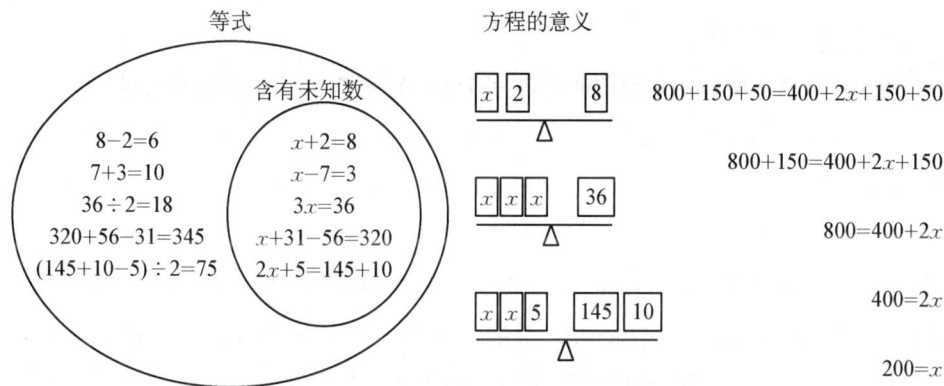

图 15

第三部分　课例评析

【学生反响】

本来以为方程很难,上了刘老师的课才发现原来方程这么简单!方程是用来帮我们解决难题的,有了方程就不怕难题了! 我们喜欢方程!

【同行声音】

叩问概念本质,从算术思维迈向代数思维

——《方程的意义》赏析

浙江省杭州市上城区教育学院　邵虹

"方程的意义"是小学数学的重要内容,它是学生从算术思维迈向代数思维的转折点,但"方程的意义"也是学生学习的难点,太多的实践表明,学生在辨认方程、等式和不等式时困难重重,小学生学习了方程却不愿意用方程解决问题。因此,我们应该沉浸下来思考:方程的本质是什么? 学习方程的价值何在? 如何让学生真正地体验到方程的优越性?

今天,我有幸走近名师课堂,聆听刘燕老师与五年级孩子的真实学习过程,现在有三点体会,愿与大家分享!

体会一:同一情境的不同表征经历方程发生的过程,体会方程的优越性

我们都知道方程是解决实际问题的有效方法之一,在用方程解决实际问题的过程中,学生需要"从错综复杂的情境中,将最本质的东西抽象出来……",这一抽象概括的过程就是学生经历方程发生的过程。课堂上,刘老师出示了一年级的图式应用题,唤醒学生已有的认知基础,用"小华"、"小明"两个虚拟的学生形象,分别用算术思维和代数思维两种思维方法来解决同一情境的数学问题。在问题情境中让学生感知"未知的数"可以用□、( )、△等符号来表示,而学生的思考与数学家韦达的想法完全一致,但是为了表达和交流的方便,数学家笛卡尔又进一步提出可以统一符号,用字母 x 表示未知的数。因此,$8-2=6$ 与 $x+2=8$ 可以表示同一个情境,而同一个问题也可以有两种不同的表征方式。这是一个从用多种符号表示未知数到用统一字母表示未知数的过程,也是一个数学化的过程。有了符号的抽象,刘老师依次呈现2—5年级的问题情境,引导学生用两种不同的方法解决:

$$8-2=6 \qquad x+2=8$$
$$3+7=10 \qquad x-7=3$$
$$36 \div 3=12 \qquad x \times 3=36$$
$$320+56-31=345 \qquad x+31-56=320$$
$$(145+10)+5 \div 2 \qquad x \times 2+5=145+10$$

随着问题情境的复杂程度加深,用算术方法解决的难度也在加大。通过对比,学生自然比较出了两种方法的异同,分析算术方法的错例时,他们感知到"小明"的方法是"顺着题目的意思,按顺序写出的算式",而"小华"的方法需要倒着思考,比较容易出错。所以,他们亲身体会到方程正向思维的优越性。

这个环节的设计精当之处,就在于刘老师让学生经历寻找实际问题中的数量之间的相等关系的全过程。学生在问题情境中对比、探索、研究、寻求已知与未知之间的内在联系,建立数量之间的相等关系,把日常语言抽象成数学语言(等量关系),进而转换成符号语言(方程)。同时,学生也深切体会到方程思想能逐步将复杂的问题简单化,这种简单优化的思想对于人的思维习惯的影响是深远的,这也正是方程思想的本质所在。

体会二:寻求未知数与已知数建立等量关系的过程,理解方程的本质属性

张奠宙教授曾在《数学概念教学,要融入中华文化推陈出新》一文中谈到:"方程是为了寻求未知数,在未知数和已知数之间建立起来的等式关系。"这样的定义,把方程的核心价值提出来了,即为了寻求未知数。方程乃是一种关系,其特征是"等式",这种等式关系把未知数和已知数联系起来了。而我们以往的教学只关注含有未知数,却没有关注未知数地位的变化,忽略了"未知数享有和已知数同样的地位"这一属性。刘老师充分利用了"爸爸今年 36 岁,小红年龄的 3 倍刚好和爸爸的年龄一样,小红今年多少岁?"等真实情境作为素材进行分析。算术方法 $36 \div 3=12$,是从已知的爸爸年龄 36 出发,除以 3,得到接近小红的年龄 12 岁;代数方法 $x \times 3=36$,是从未知的小红年龄 x 出发,建立和已知爸爸年龄的关系,根据关系解出未知数 x。这样的对比分析不仅经历了方程是从现实生活到数学的一个提炼过程,一个用数学符号提炼现实生活中的特定关系的过程,也刻画了算术方法与代数方法的本质区别。前者是"摸着石头过河",探索未知的目标,而后者是先建立一种等量关系,然后利用这种关系寻求未知的数,两者的思维方向是相反的。

体会三：借助天平经历方程建模的过程，提高用方程思想解决问题的能力

方程思想的核心在于建模、化归。学习方程，从一开始就应该让学生接触现实的问题，学习建模，学习把日常生活中的自然语言等价地转化为数学语言，得到方程，进而解决有关问题。课中，刘老师巧妙借助四组"天平"（平衡、不平衡、含有或不含未知重量物体的天平），辨析什么是方程，什么不是方程？并辅以手势动作表示天平的平衡状态，实现图像表征向数学符号表征的转化，强调方程"＝"两边等价的属性理解，经历了方程的建模过程。在课末用"变化天平"的方式创造方程的活动中，刘老师又一次激发了学生的学习欲望，使学生根据天平两边的等价关系，将现实情景用自然语言等价地表达出来，这是一次重要的抽象，也是方程建模的关键。

陈省身先生说过，数学有"好的数学"和"不大好的数学"之分。在"好的数学"一类里，他所举的例子就是方程。当然，数学课也有"好的数学课"与"不好的数学课"之分，在我看来，刘燕老师"方程的意义"一课，凸显了方程的本质，渗透了建模思想，实现了算术思维向代数思维的转变，体现了为学生的思维发展而教的理念，是一节名副其实的好课！

【自我反思】

关于方程本质属性及其教学的思考与尝试

中山市教育教学研究室　刘燕

一、方程教学中的困惑

教学方程时，教师常常面临许多困惑：孩子们不喜欢用方程解决问题；教师在教学"方程的意义"这一内容时紧紧围绕"含有未知数的等式叫方程"这句话来组织教学，孩子们在被要求用方程解决问题时又往往会列出形如"$18+52-6=x$"的式子，于是教师困惑了，这是方程方法吗？说它是方程，这明明就是算术方法的思路嘛！说它不是方程，这不就是含有未知数的等式吗？教师们每教到这个内容时都会提出,形如"$x = 6$"的式子是方程吗？不是,它符合定义；是,似乎又觉得有些不妥。

方程教学中的这些现象引发了我的思考：应该如何认识方程这一概念？仅仅知道"含有未知数的等式是方程"这句话是否足够？

概念学习包括概念的名称、定义、例子和属性四个方面。概念是在揭示了经验的内在联系,获得了事物的本质特征以后形成的。概念将事物依其共同属性而分类,依其属性的差异而区别,因此,了解概念的形成可以帮助学生了解事物之间的从属与相对关系。

"含有未知数的等式叫做方程"这句话只是描述了方程的外在形式。建立方程概念还应该在适当的例子承载下,经历适当的过程,获得一定经验,在此基础上学生才能将方程的本质属性抽象出来,建构完整、清晰的方程概念。既然如此,那么方程的本质属性有哪些,其中有哪些本质属性是我们忽略了的？只有弄清楚这一问题,教师才知道方程教学时应该提供怎样的例子,经历怎样的过程。

二、关于方程本质属性的分析思考

方程本质属性之一：方程是为解决问题而建立的等式。

张奠宙教授认为："方程的本质是为了求未知数,在已知数和未知数之间建立一种等式关系。既然方程的本意就是要求未知数,如果 $x = 1$,未知数已经求出来了,也就没有方程的问题了。"

方程是为解决问题而建立的含有未知数的等式。教学中不仅应该引导学生观察到方程左右两边用等号连接是等式,更要让学生知道方程是为解决问题建立的。不同版本教材都运用天平导入来让学生认识方程,都凸显了方程的左右两边相等,但对"方程是为解决问题而建立的"关注不够,这也导致学生看不到方程的价值,感受不到引入方程的必要。

方程本质属性之二：未知数可以和已知数一样参与运算,享有同样地位。

张奠宙教授认为,"在方程中,已知和未知借助等号建立联系以后,未知可以和已知一样参与运算,享有同样的地位",史宁中教授也认可"未知可以和已知一样参与运算"这一观点。未知数可以和已知数一样参与运算,享有同样地位,是方程特有的本质属性。很多时候,我们只关注到了含有未知数,却没有关注到未知数地位的变化,忽略了它享有了和已知数同样的地位这一属性。

方程本质属性之三:只是阐述两件事情等价的事实。

史宁中教授认为:"小学四则运算仅仅提供一种算法,而一元一次方程则比较全面地展示了建模思想——用等号将相互等价的两件事情联立……重要的是等号左右两边的两件事情在数学上是等价的。要强调用数学的符号把要说的话(即两件事情等价)表达出来。这个是根本,是学生必须真正掌握的东西……方程根本没有经过任何运算,只是阐述了一个事实本身,一个没有经过任何加工的事实本身。方程只是在说明两件事情是等价的。"郑毓信教授也提出算术"过程性观念"与代数"结构性观念"的区别,并提出要努力促进学生由"过程性观念"向"结构性观念"转变。郑毓信教授指出了"方程"所体现的特殊视角:与先前主要集中于如何能够通过具体计算去求得相应的未知数(可称为"过程性观念")不同,我们在此已将分析的着眼点转向了各个数量(包括已知和未知)之间的等量关系("结构性观念")。

将算术的四则运算与方程相比较可以发现:四则运算的最终目的是进行运算,通过按照一定顺序和法则的运算最终得到运算的结果;而方程不同,对方程而言,无论是等号左边的式子还是等号右边的式子,无论是列出式子伊始还是最终解答方程,既没有分别运算出左右两边式子结果的初始愿望,也没有运算出左右两边式子结果的实施行为(同解变形需要除外),方程的式子只是在阐述"等号左右两边的两件事情在数学上是等价的",至于如何解答"方程找到未知数的值",那是下一步的事。在教学"方程的意义"时,我们常常只关注两边的式子相等,但对"方程只是阐述两件事在数学上是等价的"这一属性,对方程的"结构性观念"的认识和教学不够。

在以上若干个属性中,"等号左右两边相等"在算术等式中也存在,只需要从算术等式扩展到方程,虽然不难,但很容易被学生忽略。"为解决问题而产生""未知数和已知数有相同地位""方程只是阐述两件事在数学上是等价的"对于学生来说都是新的、重要的增长点,也是被教师忽略了的方程的本质属性。

根据以上分析可以发现,如果只围绕方程的描述性定义组织教学,学生对方程的本质属性是不能全面了解和体会的,方程本质属性认识的缺失是造成教师方程教学中存在诸多困惑的原因之一。如何设计教学才能激发学生学习方程的兴趣,引导学生感悟方程的本质属性,从而更好地建立方程这一概念呢? 对此我进行了尝试。

三、突显方程本质属性的教学尝试

(一) 丰富素材,在解决问题中感悟本质属性,建构方程概念

学习素材承载着概念的本质属性,适当、足够数量的例子才能帮助学生抽象出本质属性,建构概念。一般方程教学,虽然用天平引出多个式子,但实际上讲述两件事情等价的例子只有一个,因为只讲了"天平"一件事,而且运用天平引入较难让学生感悟"方程是为解决问题而建立的"。我想,能否将学习素材更改为若干问题解决? 让学生尝试列出方程,在建立方程的过程中,通过丰富的例子引导学生感悟方程属性,建立方程概念。那么,如果学生还没有学习过列方程解决问题,他们能正确列出方程吗? 解决问题的关键在于唤醒学生心中的"小明"。

1. 唤醒活动经验,经历方程产生的过程,初步感悟方程的本质属性

小学生在学习用算术方法解决问题的过程中,都曾面临从顺向思维到逆向思维的难度跨越。一开始遇到逆向思维题时,许多孩子会像本设计所提到的故事人物小明一样,采取顺向思维,列出未知数在等号左边的算式,例如,在面临本课第一道问题时(如图 16),学生常常列出 $6+2=8$。 由于在算术方法中,未知数不能享有和已知数同样地位,不能出现在等号的左边,

图 16

只能在等号的右边被动等待被运算出来,教师需要花大量时间将孩子的方法转化为 $8-2=6$,这是一个艰难的过程。

"小明"的故事主要目的在于唤醒孩子心中的"小明",让孩子回想起用顺向思维找等量关系,并将未知数写在等号左边的活动经验,唤醒用列等式阐述两件事等价的记忆,同时也让学生看到,方程是为"解决问题"而建立的;继而提出"未知数位置变化了,该如何表示"的问题,引导孩子经历从用多种符号表示未知数到用统一字母表示未知数的过程,经历从原生态方程到标准方程的过程,这其实就是从"韦达"到"笛卡尔"的过程。

在这一环节中,学生初步经历了方程产生的过程,看到了方程是为解决问题的需要而建立的,方程的列式只是阐述一种等价关系;看到了用符号表示未知数之后,未知数就具有了和已知数相同的地位,可以和已知数一起写在等号的左边。

2. 增加感性认识,经历解决问题的过程,进一步感悟属性,体验价值

一定数量的例子有利于学生排除概念的非本质属性,并将本质属性抽象出来。为了让学生能对方程本质属性有更多感悟,也为了让学生进一步体会方程在解决难题时的优越性,在第一道解决问题之后,我由易到难接连出示四道一至四年级解决问题的题目,并由学生自主选择用小华(算术)或小明(方程)的方法列式。

实际教学效果证明,尽管还没有学习列方程解决问题,甚至还没有出现方程这一名称,但是当学生用顺向思维寻找数量关系的活动经验被唤醒后,他们是可以由"过程性观念"向"结构性观念"转变并顺利列出方程式的,并且随着题目越来越难,自主选择小明方法的学生也越来越多。学生既充分体验到了方程的价值,又进一步感悟了方程为解决问题而建立、未知数和已知数有相同地位以及方程仅仅是阐述两件事情等价的事实等属性。

3. 上升理性认识,经历比较归纳的过程,概括方程的属性,揭示名称

五个解决问题引出了十道等式,学生在列出十道等式的过程中,对算术和方程的内在思路、外在形式已经有了充分的对比感悟。在此基础上,教师引导学生对小华(算术)和小明(方程)的思考方法以及写出来的算式进行对比,从感性上升到理性,进行归纳概括。学生很轻松地总结出"小华要想怎样列式才能等于所求的未知数,小明只用顺着题目的意思,把题目的意思列成式子就行了""小华的式子中没有字母,小明的式子中含有字母""小华的未知数要等着被算出来,写在等号后面,小明的未知数用字母表示写在式子里面"。接着引导学生对比相同点,引出小华和小明列出的都是等式,揭示像小明列出的这样含有未知数的等式叫方程,并用集合图将等式、算术等式、方程之间的关系表示出来。

由于介绍方程名称,揭示方程定义,都是建立在比较概括方程本质特点的基础上,建立在丰富学习材料的基础上,所以学生对方程的认识已不再停留于表面形式,而是对方程内涵有了更深入的了解。

（二）简介历史，在了解渊源中领悟本质属性，认识方程概念

为使学生进一步获得对方程本质属性的整体认识，我简介方程历史，让学生在了解方程的历史渊源中领悟方程的本质属性；介绍中国和埃及人分别在两、三千年前就会使用方程解决数学问题，既体现了方程是因为解决问题的需要而产生，体现了方程对解决问题的价值，又展现了方程解决问题的思想的产生早于其现有外在形式的出现的客观事实，从一定程度上凸显方程内在本质属性的重要。

介绍四百多年前韦达在著作中首次系统使用符号表示未知量的值，进行运算，一直到三百年前，数学家笛卡尔第一个提倡用 x，y，z 代表未知数，形成了现在的方程。既让学生了解代表未知数的字母有哪些，也让学生知道这些字母本身只是代表未知数的符号，写什么字母不重要，重要的是用符号代表未知数，这样未知数就具有了和已知数同样的地位，可以参与运算，可以建立起阐述两件事情等价的方程。

（三）运用天平，在表征转换中强化"等价"属性，完善方程概念

不同版本教材在编写方程这一教学内容时都不约而同地使用了"天平"。"天平"虽然与方程的产生没有关系，但在学生理解方程的等号两边"等价"这一属性时，可以提供很好的实物图像表征。郑毓信教授认为，"在'认识方程'的教学中有意识地突出'天平'这样一个比喻十分恰当，因为这不仅有助于学生很好地理解'等量关系'，而且也为后面的教学，即如何求解方程提供必要的准备"。

1. 对比联系中体现"等价"属性

通过创造并揭示方程、介绍方程历史两个环节，学生对"方程是为解决问题而产生""方程的未知数享有和已知数同样地位""方程只是阐述等价事实"等属性有了一定认识，但对"等号两边等价"这一属性印象却不深刻。这在找小华和小明所列算式的相同点时就能看出。学生需要在教师手势的提示下才能发现方程都是用等号连接，是等式，而且在有学生回答出"都有等号"时，许多同学都做出了不屑的表情。这是由于相对于其他属性，"等号两边相等"对学生来说太没有新鲜感了，司空见惯的事物往往会被忽略。为此，我借助天平这一表征，帮助学生进一步强化"等价"属性，先是明确平衡的天平与方程在"等价""含有未知数"两个条件上的类似关系，展现方程与天平的联系。

2. 判断辨析中强化"等价"属性

出示若干组平衡、不平衡、含有或不含未知重量物体的天平,将这些天平改写成算式,并辨析是否属于方程。通过这样的判断辨析,"等价"属性得到强化。学生提出,为什么不将含有未知数的不等式也叫方程?我在学生讨论的基础上,引导学生看到,方程未知数的值可以确定为某个数,而不等式未知数的值只能确定为某个范围,两种未知数的值的情况是不一样的,并说明为了研究的方便,只将含有未知数的等式划分为方程。这样的解释化解了学生心中的疑惑,强化了方程的"等价"属性,又渗透了分类研究的思想。

不等式的出现与之前的等式、方程集合图共同完成了方程概念与相关概念的对比分析,方程概念更加清晰,并建构起相关知识体系。

3. 表征转换中理解"等价"属性

郑毓信教授认为,教师在教学中应当加强案例、图像、隐喻与手势的运用,帮助学生建立概念的多元表征,并能根据需要与情境在表征的不同成分之间作出灵活的转换。教师通过将天平改写成方程,实现方程图像表征向数学符号表征的转化,再根据方程画天平,实现数学符号表征向方程图像表征转化,并辅以手势动作表示天平的平衡状态,强调等价;通过多元表征表示方程以及不同表征间的转化,促进学生对方程"等价"属性的理解,如果学生能顺利实现不同表征之间的转换,就证明学生对概念理解了;将方程画成天平,也为后续借助天平理解方程奠定了基础。

(四) 创造方程,天平变化中巩固属性认识,强化方程概念

"变化天平"创造方程,这一设计源于教材中的练习。教材中的练习是让学生用"任意写"的方式创造方程。我将"任意写"变为"变化天平"创造方程,这样做的原因是,学生能否任意写出方程只能检测学生对方程的外在形式是否认识,并不能检测学生是否真正理解方程的"等价"属性。增加"变化天平"这一要求,考察学生为创造方程而不断变化天平时,能否始终注意保持天平平衡。如果学生能够注意保持天平平衡,我们可以放心地说,学生对方程"等价"属性真的理解了。在创造天平的过程中,学生"意外"发现了未知数的答案,这也为后续解方程进行了渗透,奠定了基础。

在"方程的意义"教学中,我力图超越方程的外在描述,让学生感悟方程本质属性,更好地建立方程概念,体会方程价值。从课后学生收获分享汇报来看,目标较好地实现。

概念教学不能只教学定义,不能仅仅关注外在描述,要注意提供足够适当的例子,让学生在对例子的对比分析中抽象出本质属性,建立概念对象,这样概念才能真正成为学生自己的思维单位,学生的抽象思维能力才能得到发展。我想,方程概念教学如此,所有的概念教学都应是如此。

【专家点评】

点评专家:郑毓信,南京大学博士生导师

刘燕老师关于"方程的意义"的教学,以内在思维的分析作为教学设计的直接出发点,因此,相应的教学活动不仅对于学生而言有更大的可接受性,而且也清楚地表明了引入"方程"与相关解题方法的合理性与优越性,从而十分有益于这样一个长期存在的问题的解决,即我们究竟为什么要引入"方程"这样一个概念和相应的解题方法。

点评专家:张奠宙,华东师范大学数学系教授

一口气看完刘燕老师的实录和反思,很高兴。她的教学和俄罗斯教材的设计相仿,小学一年级就教方程,再上乘除法,直至列方程,改革幅度很大。她设计从算术问题求解未知数的情境,从而引出一般的方程概念,这与我的文章《数学概念教学要融入中华文化,推陈出新——谈小学数学里"方程"概念的表述》中,我对方程概念的观点和看法异曲同工。

【名师简介】

刘燕,特级教师,全国优秀教师,副高级教师,广东省首批名师工作室主持人,《小学教学》封面人物;现任中山市教研室小学数学教研员,中国教育学会小学数学教学专业委员会理事,广东省教育学会小学数学教学专业委员会副理事长。

她参加优质课评比获全国一等奖 2 次、二等奖 1 次,获全省一等奖 7 次、二等奖 1 次;指导教师参加教学比赛,多次获得全国和省的一等奖,指导及点评课例"六年级数学广角'数与形'"被人教版教师教学参考用书选用,录制成光盘向全国发行;主讲教研专题,在教育部国家教育资源公共平台上向全国直播。

主持多项课题,获全国、省、市的奖励;主持省规划课题"中山市小学数学教学要义建设研究",并获广东省教育厅颁发的基础教育教学成果一等奖。

第 12 章　鸡兔同笼

第一部分　教学预设

一、教学内容分析

1. 课标要求

"综合与实践"是一类以问题为载体，以学生自主参与为主的学习活动。这部分内容的学习不是以独立的知识点为主线，而是学生在教师的引导下，综合运用"数与代数""图形与几何""统计与概率"等知识和方法解决实际问题。"综合与实践"兼具综合性和实践性，第一学段以实践活动为主，第二学段则以综合应用为主。"鸡兔同笼"的教学属于第二学段，着重体现综合应用，通过应用和反思，进一步理解所用的知识和方法，了解所学知识之间的联系，获得数学活动经验。本课教学应着力实现渗透数学思想方法，积累数学活动经验，提高问题解决能力，培养学生应用意识和创新意识等课程目标。

2. 教材分析

学习"有用的数学"是课程标准的基本理念之一，怎样理解"有用的数学"，对于改善课堂教学具有重要意义。人们认为鸡兔同笼问题没有价值,大概是觉得这种问题情境在我们的生活中很少存在。数学必须与生活相联系,但数学的生活化并不等同于生活。我们理解"有用的数学",应避免功利主义、实用主义。数学本身具有高度抽象、简化的特点,从某种意义上讲,数学不摆脱研究对象的"外壳",不从现实中抽象出来,就不会有今天的数学。我们强调数学走进生活的目的是为了帮助孩子理解数学,并体验数学的价值,形成正确的数学观。鸡兔同笼问题的现实意义在哪里? 如果你仅仅把它当作鸡和兔同笼来理解,也许真会觉得它毫无价值,但是如果你把它当作一个典型问题,当作一个类似于模型的东西来审视,你就会发现生活中还真有不少问题都类似这个"模型"。譬如:12 张乒乓球台上同时有 34 人正进行乒乓球比赛,正在进行单打和双打比赛的球台各有几张? 这不就是一个生活中的"鸡兔"同笼问题吗? 如果你把"鸡兔同笼"当作一个模型来理解,它就具有了现实意义,它就是"有用的数学"!

3. 重点与难点

大家都了解鸡兔同笼问题,甚至不少老师都教过这个内容:多数老师是用它给三、四年级的孩子们讲假设法;特级教师徐斌曾尝试在二年级教鸡兔同笼问题,用它讲画示意图解题;在中学里,老师则用它来讲二元一次方程组。同一个载体——鸡兔同笼问题,不同的老师在不同的学段可以教出不同的知识点。教材其实只是个载体,同一个题材你可以赋予它不同的使命,这也许就是大家常挂在嘴边的"用教材教"。鸡兔同笼问题这个题材只是我们教学的基本凭借,不是唯一。我们应该以它为抓手,主动寻求适合学生特点的一切有利于教学的因素,充分调动学生的学习积极性,培养学生自主学习的习惯。我们钻研教材,除了研究教材所蕴含的知识,更要深入地了解知识的来源及其背景。研究的目的除了找出重点、难点和关键,更重要的是挖掘数学知识中的数学思想方法,为寻找适合的教法提供依据。以此为依据,我在小学高年级教学这一内容,应该可以教出不同的重点,上出我的"新意"。我能留给孩子些什么呢? 我想到了解题策略、数学模型、数学文化……

4. 学情分析

数学活动应该让孩子"动起来",但是"动"不一定就是外显的动作。数学活动包括外显的动作,但更重要的是内隐的思维活动,让思维动起来比形式上的"动"更重要!前苏联著名教育家斯托利亚尔在他所著的《数学教育学》一书中指出:"数学教学是数学活动的教学(思维活动的教学)。"学生数学学习中的活动更多是指智力活动,它的一个重要目标就是发展学生的思维能力,开发智力。我觉得活动课可以是"安安静静"的活动课,因为"数学活动归根到底应该是思维的活动"！课改之后,热热闹闹的课多了,安安静静的课少了。数学课堂缺少学生静静地思考,缺少学生内心的独自省悟,缺少学生对数学问题的静思与顿悟,甚至老师都不敢让学生静静地做作业,静静地长时间思考。其实热闹的课堂并不一定是真正的活跃,安静的课堂中也可能有活跃的思维,静静地思考更是一种激烈的思维活动过程,它的丰富内涵足以让每一个孩子收获颇丰。鸡兔同笼问题应该可以让孩子"动起来",让孩子的"思维动起来"！我就想上一节"安静"的活动课,表面可能是安静的,但是那里却有着"静悄悄的革命"！所谓"静能生慧",当我们的课堂能让学生静静地思考数学问题,这样的课堂才可能真正发挥它的育人功能。

二、教学目标分析

学生的数学核心素养必须涵盖三种成分:一是学生经历数学化活动而习得的数学思维方式,二是学生数学发展所必须的关键能力,三是学生经历数学化活动而形成的良好的数学品格及健全的人格。基于以上思考,我们对该内容初步拟定了如下的四条教学目标:

1. 在掌握基本解法的基础上,比较和梳理各种解法的特点。

2. 数形结合,渗透数学建模的思想。

3. 应用鸡兔同笼问题的解题策略解决简单的实际问题,促进模型的进一步内化。

4. 渗透数学文化,关注学生的探究精神等情意目标的达成。

三、思路、方法与资源

1. 整体思路

(1) 梳理解法

① 自主探索:让学生自己去尝试,从"会做"到"会用不同的方法做"。

② 比较梳理：交流解法，教师作适当补充，梳理各种解法的特点。

③ 资料介绍：补充一些关于鸡兔同笼问题的资料。

（2）建构模型

① 初步提炼：从"鸡兔同笼"到日本人说的"龟鹤问题"，再到"人和狗"的民谣，逐步提炼出鸡兔同笼问题的基本特征。

② 首次追问：生活中有类似鸡兔同笼的问题吗？

③ 游戏建模：猜硬币游戏，利用 2 分、5 分的硬币，数形结合，拓展鸡兔同笼问题的内涵，从"四只脚的兔子"到"五只脚的兔子"，实现认识上的飞跃，进一步逼近问题本质。

（3）拓展应用

① 再次追问：生活中有类似鸡兔同笼的问题吗？

② 应用模型：利用模型解决实际问题，同时也促进模型的进一步内化。

③ 自主设计：创设生活情境，引导学生自主设计类似的问题。

（4）反思小结

① 深度追问：生活中有类似鸡兔同笼的问题吗？

② 总结延伸：完善板书，小结全课，注重学法指导，引领孩子学会反思和追问。

2. 模式方法

（1）关注算法多样化与优化的辩证关系

数学是一种客观存在，但孩子的认知方式却不是千篇一律的，每个孩子都可能有自己个性化的"发现问题，提出问题，解决问题"的策略。在教学中，应该以"发散——聚合"的辩证观点，正确处理好"个性与共性""多样与统一"的关系，力求既放得开，又收得拢。面对孩子探索中出现的多样化的算法，具体情况具体分析：基于不同认知角度的多样化，要认可；基于群体的多样化，要深化；基于个体的多样化，要优化。我设计的第一个教学环节就是让孩子们在独立尝试的基础上，交流自己的解法。面对孩子多样化的解法，我该怎么办呢？设计中，我引导孩子通过交流促进算法的多样化，但算法的多样化只是个过程目标，而不是最终目的。算法多样化的最终目的是为了优化，为了帮助孩子梳理各种解法的特点，学会灵活地选用恰当的解法，从而在优化中深化认识。叶澜教授说："没有聚焦的发散是没有价值的，聚焦的目的是为了促进学生的发展。"让孩子从小学会"多中择优,择优而用",这种思想方法也正是为孩子综合素质的全面发展服务的。

(2) 提炼现实问题背后的数学模型

数学的生命力就在于它能够有效地解决现实世界向我们提出的各种问题,而数学模型正是联系数学与现实世界的桥梁。如何将现实问题转化为数学模型,是对学生解决问题能力的检验,也是数学教育的重要任务之一。数学建模教学,通俗地讲就是指在课堂内外增加一些有生活背景的实际问题,并通过这些实际问题让学生领悟数学工作者是怎样"发现、提出、抽象、简化、解决、处理"问题的。新课标明确提出:"让学生亲身经历将实际问题抽象成数学模型并进行解释和应用的过程,进而使学生获得对数学理解的同时,在思维能力、情感态度与价值观等多方面得到进步和发展。"在这节课的设计中,我先设计了从"鸡兔""龟鹤"到"人狗"的过程,作出初步的事物对象的提炼;然后通过猜硬币的游戏突出数量差异的变化,从而提炼出简单的问题模型;最后,将模型演绎到各种生活现象和问题情境中,促进模型的进一步内化,完成模型的建构与应用。整个过程将"数形结合"作为帮助孩子建构模型的重要策略。

(3) 培养理智情感、文化意识等人格素养

在不少人的感觉中,数学似乎总是枯燥的、单调的,其实这是对数学的一种偏见。将数学等同于数学知识、工具和技巧的认识是片面的,它们只是数学的内涵剥落后的产物。数学不仅是一种思想方法、一种技术手段,它更是一门艺术,是一种文化。大自然中的数学情趣,艺术家的数学美感,科技中的数学威力……你都感受过吗?数学以特有的形式美、结构美、方法美的独特魅力泽被天下,它是人类智慧的不竭源泉。数学是真、善、美的统一体,它就像一棵富有生命力的智慧树,随着人类社会的兴衰而荣枯。数学教育除了提供给学生知识、工具和技巧以外,更应重视发展学生的理智情感和文化意识,提升人格素养。怎样在我们的数学教学中更多地展示数学的多彩、丰富与鲜活?在这节课的设计中我也作了不少的努力:通过介绍古今中外不同时空背景映衬下的有趣资料,让课堂洋溢着文化的气息;通过对现实生活的适度夸张变形,变出了五条腿的"怪兔",增强了数学学习的趣味性;广采各种场合的生活素材,让数学更直观、更生动……

3. 推荐资源

(1) 王永春. 小学数学与数学思想方法[M]. 上海:华东师范大学出版社,2014.

（2）张奠宙等.小学数学研究［M］.北京：高等教育出版社,2009.

（3）余继光.从数学应用意识到数学建模素养［J］.数学通讯,2017(1)：18—21.

第二部分　精彩实录

一、梳理解法

师：通过刚才短暂的交流,我发现咱们班的同学特别聪明。下面就让我们向在座的各位老师展示一下你们的智慧!

师：请看大屏幕。

（课件出示：今有鸡兔同笼,上有 8 头,下有 22 足。问：鸡有几只? 兔有几只?）

师：这是一道什么问题?

生：(齐答)鸡兔同笼。

师：对,不少同学在兴趣小组活动的时候,在自己的课外阅读中都已经接触过这类问题,今天我们继续来研究它。

（板书课题：鸡兔同笼）

师：题目你能读懂吗?

生：能。

师：告诉了我们哪些已知条件?

生 1：共有八个头,二十二只脚。

（师点点头。）

生 2：还有两个条件,鸡有两只脚,兔有四只脚。

师：很好! 还隐藏着两个条件,同样是读懂了,可是懂的水平不一样了!

师：会做吗?

生：(齐答)会。

师：下面就请大家自己先试一试。

（学生试做，老师相继指点，并选择学生的一些典型解法，全班交流。）

（说明：开课简洁明快，引导学生"读懂"题意，挖掘隐含条件，以"领悟"代替"分析"；放手让学生独立解决问题，暗含对解题策略个性化、多元化的期待。）

师：现在我们看看这位同学做的。

［实物投影仪显示学生作业①：

$(22-8×2)÷(4-2)=3$（只）

$8-3=5$（只）

答：鸡有 5 只，兔有 3 只。］

师：说说你是怎么想的？

生：我先假设全是鸡就有 16 只脚，但现在有 22 只脚，还少 6 只脚，就说明还有一些兔子被算成了鸡；如果将每只兔子算成鸡就少两只脚，一共少 6 只脚，就说明有 3 只兔子，还有 5 只鸡。

师：不但会做，而且讲得很清楚！再看看这位同学做的，这和刚才的解法有联系吗？

［实物投影仪显示学生作业②：

$(8×4-22)÷(4-2)=5$（只）

$8-5=3$（只）

答：鸡有 5 只，兔有 3 只。］

生：都是假设的，刚才假设的全是鸡，而现在假设的全是兔。

师：谁能说说他又是怎么想的？

［实物投影仪显示学生作业③：

解：设兔有 x 只，则鸡有 $(8-x)$ 只。

$$4x+2×(8-x)=22$$
$$x=3$$
$$8-x=5$$

答：鸡有 5 只，兔有 3 只。］

生：他用的是方程解法，$4x$ 代表兔的脚数，$2×(8-x)$ 代表鸡的脚数，加起来就应该是一共的脚数 22。

　　师：对！方程和算术方法都是很重要的解题方法。

　　师：这里还有一种解法，谁做的？给大家讲讲你的思路。

　　[实物投影仪显示学生作业④：

　　解：设鸡有 x 只，则兔有 y 只。

$$2x + 4y = 22$$
$$x = 0, y = 8 \quad 32 \quad \times$$
$$x = 1, y = 7 \quad 30 \quad \times$$
$$x = 2, y = 6 \quad 28 \quad \times$$
$$x = 3, y = 5 \quad 26 \quad \times$$
$$x = 4, y = 4 \quad 24 \quad \times$$
$$x = 5, y = 3 \quad 22 \quad \checkmark$$

答：鸡有 5 只，兔有 3 只。]

　　生：我用的是不定方程的解法，后来解的过程我就是这样依次凑的……

　　师：大部分同学可能没接触过不定方程，不过老师课前曾问过一个一年级的小朋友，他给出的方法和这种不定方程很类似，看看他是怎么做的？

　　出示课件（如图 1 所示）：

鸡的只数	兔的只数	腿的总数
0	8	32
1	7	30
2	6	28
3	5	26
4	4	24
5	3	22

图 1

　　生：他是用列举的方法凑的，他的这种方法和不定方程的解法其实是同一个意思。

师：凑也是一种方法，像他们这样有序地凑就是一种列举，我们可以称它为列举法。课前老师还问过一个二年级的同学，他也会做这道题，想知道他是怎么做的吗？

课件动态出示（如图 2 所示）：

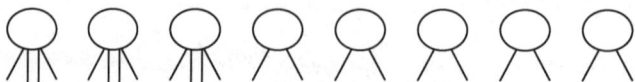

图 2

师：（配合课件解说）先画出 8 个小圆圈就代表 8 只小动物，假设全是鸡，每只鸡有两只脚，这样就先画 16 只脚，而题目中说共有 22 只脚，还少 6 只脚，于是我们就把其中的三只鸡"改装"成兔（如图 2），这样就有 22 只脚了。

师：看懂了吗？刚才我们讲到了算术方法、方程解法、列举法，现在你能给这种方法也取个名字吗？

生 1：既然是把鸡变成兔，那就叫鸡变兔法吧。

（听课老师和其他同学都笑起来了。）

生 2：一开始假设全是鸡，而兔子的脚是后来添上去的，咱们就叫它添脚法吧。

生 3：我觉得应该叫做作图法。

师：大家的说法都有道理，有的是从形式上看的，有的是从内涵上分析的，咱们就称它作图法吧。作图也可以成为一种解题的方法，现在我们长大了，懂的知识多了，这些很直观的解题方法反而容易被我们忽视，其实解题并不仅仅是计算！

（说明：有选择地让学生交流几种典型的解法，是对独立尝试解题过程的适度敛收，是对教学进程中动态生成的教学资源的甄别与有效利用。学生在自主探索后进行交流汇报，一方面拓宽了思路，加深了理解，另一方面也促使个性化的解题策略得到完善与修正。教者有选择地呈现学生的不同解题策略，并进行适当的点拨和精当的补充，凸显了教师在教学活动中组织者、指导者、参与者的角色定位。）

师：一上课大家就说会解答这类问题，现在我们又学会用不同的方法来解答，会的水平不一样了！数学学习讲究的就是深入，如果就此打住，那我们今天的探索还是不够深入。比较一下这些不同的解法，你比较喜欢哪种方法？能说说你的理由吗？

(课件出示：几种不同的方法)

生 1：我喜欢方程解法，因为方程顺着题目的意思，想起来比较方便。

生 2：我喜欢画图的方法，因为画图既有趣又方便，还特别好懂。

生 3：我喜欢算术方法，它能训练我们的思维。算术方法和画图的方法其实是同一个意思。

师：(故作疑惑状)它们怎么会是同一个意思？

生：这个图里面的添脚法，其实就是算术方法的思路，都是假设的，只是表示的方法不同。

师：大家同意他的说法吗？在他的发言中隐含了一个很重要的数学思想——数形结合。

(板书：数形结合)

生 4：数字小，我就选作图法、列举法；数字大，我就选算术方法或者方程。

师：(开个玩笑)你怎么这么"不专一"呀？

生 4：数值小，用列举法、画图法方便；数值较大时，这两个方法就不方便了，只能用算术方法或者方程。

师：看来不同的解法各有各的特点，它们既有联系又有区别，我们应该根据需要灵活地选用。

(说明：教师通过对几种典型解法的梳理、分析、比较，使学生在掌握不同解法的同时，能懂得这些解法之间的区别和联系，逐步在方法多元的基础上找到自我优化的生发点。)

师：不但我们研究鸡兔同笼问题，早在 1 500 年前，我国古代的数学著作《孙子算经》中就记载了鸡兔同笼问题，并给出了一种很有意思的计算方法。

(出示课件：脚数÷2-头数＝兔数　　头数-兔数＝鸡数)

师：咱们用这种方法口算一下上面那道题，结果和我们刚才算的一样吗？

(上面的题目可以列式为：22÷2-8＝3，8-3＝5)

师：谁能说说这种算法的道理？

(生举手回答，但说不清楚。)

师：你们想明白了，就是说不清楚，对吗？其实对这个问题，不但咱们中国人有研究,外国人对它也有关注。美籍匈牙利数学家波利亚讲了一个很有趣的故事,解释了这种解法的道理。

(课件动态演示,老师随机解说。)

师:有一天,鸡和兔在草地上玩,鸡突发奇想对兔子说:"我会金鸡独立!"说着就将一只脚提起来。兔子也不甘示弱:"我也会!"于是,兔子也将两条前腿提起来。这时草地上的总脚数是不是只剩下原来的一半 $22 \div 2 = 11$(只)了? 而草地上的脚数是不是还比鸡兔的总只数多 $11 - 8 = 3$(只)呢? 为什么会多? 不就是因为每只兔子有两只脚吗? 这样总共多了几只脚就有几只兔子,即 $3 \div (2 - 1) = 3$(只);而剩下的就是鸡了,即 $8 - 3 = 5$(只)。

师:看来我们解决数学问题有时还真需要点数学家的本领——"奇思妙想"!

(板书:奇思妙想)

(说明:《孙子算经》中给出的独特解法,以及波利亚对这一解法"奇思妙想"的解释,进一步拓宽了学生的视野,同时又让学生沉浸在中外数学文化交融的氛围里,使数学课堂也沐浴着人文的气息。数学思维不仅有理性的深邃,也有感性的快乐。)

二、建构模型

师:日本人对鸡兔同笼问题也有研究,日本人又称它叫"龟鹤问题"。

(课件演示:龟鹤的图片)

师:日本人说的"龟鹤"和我们说的"鸡兔"有联系吗?

生:是一样的意思。龟就相当于兔,都是四只脚;鹤就相当于鸡,都是两只脚。

师:假如我们不叫它鸡兔同笼,也不叫龟鹤问题,是不是还可以给它取个其他的名字呢?

生1:鸭猫问题。

(大家都笑起来。)

生2:猪鹅问题。

生3:马鹰问题。

……

师：抓住了本质的东西！看来这里的鸡不仅仅代表鸡,这里的兔也不仅仅是指兔！

(板书：给鸡兔加上红色""号)

师：这儿有一首民谣,我们一起来读一读。

(课件出示：一队猎人一队狗,两队并成一队走；

数头一共是十二,数脚一共四十二。)

师：读了这则民谣,你有没有什么话想说？

生：我觉得这还是鸡兔同笼问题。

师：(追问)不对吧？ 这里是人和狗？

生：这里的猎人有两只脚其实就是鸡,而狗就是兔。

(笑声一片。)

师：你说的是这个意思吗？

(课件出示：猎人——鸡,两条腿；狗——兔,四条腿)

师：你能算出猎人和狗各有多少吗？ 用你喜欢的方法自己去试一试。

(学生练习,老师巡视指导。)

师：算出来了？

生：3 个猎人,9 条狗。

师：到底对不对呢？ 我们可以带进原题当中去验算一下。

(学生检验,确认结果正确。)

师：看来鸡兔同笼不仅仅可以解决"鸡兔"同笼的问题,换成乌龟和仙鹤,换成人和狗,仍然是鸡兔同笼问题,"鸡兔"同笼其实只是这类问题的一个模型！

(板书：模型)

师：听说过"模型"这个词吗？

生：听说过。

师：你们在哪儿听说过？

生：我们都玩过飞机模型、坦克模型……

师：那你给大家介绍一下,什么叫做飞机模型？

生：飞机模型就是假飞机,不是真的。

师：（随手拿起黑板擦）这是飞机模型吗？

生：（有些着急）虽然不是真飞机，可是样子要像飞机呀！

师：说得好！虽然不是真飞机，但是具备飞机的基本构造的"假飞机"，我们才称它叫飞机模型。

（说明：通过"鸡兔""龟鹤""人狗"等不同变式的呈现，使学生初步感知鸡兔同笼问题只是一个"模型"，虽然问题的情境在变化，但问题的本质——数量之间的关系，是不变的。学生在解决这些问题的过程中，逐渐形成鸡兔同笼问题的"数学形式"及其解题策略体系，开始初步建构关于鸡兔同笼问题的数学模型。龟鹤问题的介绍和民谣的朗读使课堂的文化气息更浓，课堂又增添了几分鲜活。）

师：以前我们就接触过鸡兔同笼问题，今天又进一步研究了这类问题。现在老师突然想到一个问题：生活中谁会将鸡和兔放在一个笼子里？即使放在一个笼子里，又有谁会去数他们的脚呢，直接数头不就行了？生活中有类似鸡兔同笼的问题吗？

（学生陷入沉思之中……）

师：有些同学好像已经有了自己的想法，更多的同学还在思考，接下来咱们先做一个"猜一猜"的游戏，大家可以边猜边想。

师：（出示一个信封）储老师这儿有一个信封，谁能猜出信封里放的是什么？

生1：邮票。

生2：钱。

师：猜得真准，这信封里装的就是钱，放了5分和2分的硬币，共7枚，你能猜出信封里的硬币一共有多少钱吗？

（板书：2分、5分，共7枚）

（学生觉得有困难，面露难色。）

师：咱们降低些难度，你能猜出大致的范围吗？

生：我觉得应该在1角4分到3角5分之间。

师：（故作惊讶）就在这个范围内！你是怎么猜的？

生：假设这些硬币全是2分，7枚就是1角4分；假设全是5分的，7枚就是3角5分。

（大家都会意地点点头。）

师：信封里一共放了 2 角 9 分钱,你们能猜出信封里放了几枚 2 分硬币,几枚 5 分硬币吗?

(板书：共 2 角 9 分,求 2 分硬币几枚,5 分硬币几枚。)

(学生思索着,有同学举手了,还有的同学想用笔算……)

师：有同学已经猜出来了,还有同学想用笔算,那你就用笔算一算。这位同学"猜"得最快,说说你是怎么"猜"的?

生：假设全是 2 分的,就是 1 角 4 分,而现在有 2 角 9 分,还多 1 角 5 分,我们就把 2 分的换成 5 分的,每换 1 个就多 3 分,这样就要换 5 个 5 分的,还剩 2 个 2 分的。

师：你是这个意思吗?

(课件动态演示：换硬币的过程)

师：这个游戏和我们研究的鸡兔同笼问题有联系吗?

生：其实这也是鸡兔同笼问题,这里的 2 分硬币就相当于鸡有 2 只脚,而 5 分的硬币就相当于兔,也就是 5 只脚的"怪兔"!

师：(故作神秘状)是这个意思?

(课件动态演示：将 2 分硬币换成鸡,将 5 分硬币换成 5 只脚的"怪兔")

(大家一看"怪兔"的模样,都乐了。)

师：我们也学会"奇思妙想"了,终于把兔子给"整成"了 5 条腿。看来我们的鸡兔同笼问题里的兔子不仅包括 4 只脚的兔子,还可以是 5 只脚的怪兔。即使再出现 3 只脚的鸡,我们也不会觉得奇怪了,反而又进一步逼近了问题的本质!

(说明："猜硬币"的游戏以及课件中"怪兔"夸张变形的演示,用"数形结合"的策略将鸡兔同笼问题作进一步的概括、抽象,将学生在前一个教学环节中初步建构起的数学模型作进一步的提炼。帮助学生建构数学模型的过程是循序渐进的,由"鸡兔"到"龟鹤"再到"人狗",这一演变的过程只是换了个"包装",是对问题原型表象的概括;由"四脚兔"变为"五脚兔",则是对问题本质的类推与抽象。引导学生进行联系、对比、分析,学生的思维在不断地内省、自悟中得到提升,自主建构鸡兔同笼问题的模型也便水到渠成了。)

三、拓展应用

师：刚才我就问大家，生活中有类似鸡兔同笼的问题吗？现在大家觉得有吗？

（有的学生还在思考，还有的同学则若有所悟地点点头。）

师：下面就让我们带上一双"数学的眼睛"，到我们身边去看一看……

（板书：生活）

（课件出示图片：①乒乓球赛；②儿童公园；③童话世界；④文峰商场；⑤校园一角。）

师：想先到哪里去看一看呢？

生：（好多同学齐呼）乒乓球赛。

师：这是谁呀？

生：（齐答）孔令辉。

师：对，乒乓名将孔令辉。在乒乓球比赛中有没有类似咱们今天研究的问题呢？先请大家自己读一读。

（课件出示：12 张乒乓球台上，同时有 34 人正进行乒乓球比赛，正在进行单打和双打比赛的球台各有几张？）

师：题目告诉我们哪些条件？

生：它告诉我们共有 12 张球台，有 34 人在进行比赛，单打就是 2 人打，双打就是 4 个人打。

师：真厉害！一下子将两个隐含着的条件也挖出来了，共四个条件。这和我们今天探索的问题有联系吗？

生：差不多，单打就可以看成鸡有 2 只脚，双打就可以看成兔有 4 只脚，12 张球台就是共有 12 只动物，34 人就是共有 34 只脚，问有几桌单打就是有几只鸡，有几桌双打就是有几只兔子。

（下面的同学都听得直乐。）

师：同意他的意见吗？这时问题就转化成这样。

（课件出示：鸡 2 脚，兔 4 脚，共 12 头、34 脚，问鸡几只，兔几只？）

师：会做吗？用你喜欢的方法自己去试一试。

（学生练习，教师巡视指导。）

师：算出来了？

生：有 7 只鸡，就是有 7 桌单打；有 5 只兔子，就是有 5 桌在双打。

师：谁来介绍一下你用的是什么方法？为什么选用这种解法？

生 1：我用的是画图的方法，因为它的数字比较小，用画图的方法既直观又方便。

生 2：我用的是算术方法，这种方法好，什么时候都能用。

师 3：（补充）应该说算术方法具有一般性。

……

师：接下来我们再到哪里去看一看？

生：经典童话。

师：请大家先自己读一读。

（课件出示：小松鼠采蘑菇，晴天每天可以采 20 个，雨天每天可以采 12 个，6 天后共采集蘑菇 88 个。求晴天有多少天？雨天有多少天？）

（学生读题。）

师：读懂了吗？同桌先交流一下。

（同桌相互讨论。）

师：这还是鸡兔同笼问题吗？

生：这其实还是一个鸡兔同笼问题，也就是说，一种怪鸡有 12 只脚，一种怪兔有 20 只脚，一共有 6 个头、88 只脚，问：怪鸡有几只？怪兔有几只？

师：经过我们的奇思妙想，这个问题也转化成了一道鸡兔同笼问题。

（课件出示：怪鸡 12 脚，怪兔 20 脚，共 6 头、88 脚，问怪鸡几只，怪兔几只。）

师：会做吗？这道题就不要求大家解答了。接下来我们再到哪里去看一看？

生：公园。

师：行，就到公园去玩玩。

（课件出示：刘老师带着 41 名队员去海陵公园划船，共租了 10 条船，恰好坐满，每条大船坐 6 人，每条小船坐 4 人，问大船和小船各租了几条？）

师：自己先试一试，行吗？

（学生练习，不久就有学生举手了……）

生：老师，不好做！

师：（疑惑）为什么？

生：大船坐的人数是双数，小船坐的人数也是双数，怎么可能恰好坐满是41人呢？

师：对呀，怎么回事儿？

生：（其他学生，马上接上来）还有老师呢！

（提问的学生恍然大悟，坐下。）

师：看来咱们还是要注意审题，要善于挖掘隐含着的条件。

（汇报交流略。）

师：最后我们再来看看，这是哪里？

（课件出示图片：校园一角）

生：我们学校。

师：对，这是我们美丽的校园，在我们的校园里会不会也有类似咱们今天研究的这类问题呢？

生：（不假思索）有。

师：口说无凭，下面就请大家仿照刚才的结构，自己设计一道发生在我们校园里的"鸡兔"同笼问题。

（学生设计，老师巡视并随机指导，交流部分学生设计的问题，如中秋会带月饼，小卖部买东西……）

师：下面大家可以把自己设计的问题让你的同桌去做一做。

（学生练习，互相评议。）

（说明：利用多媒体平台互动选择的功能，设计了开放的应用情境。"乒乓球赛""公园游玩""童话世界"等都很贴近学生的生活，学生在不同的生活场景中应用模型解决实际问题，既可在实践中领悟数学建模的价值，又能增强数学应用的意识与能力。最后教师让学生自己动手设计问题，既是对本课教学的综合"反刍"，又旨在引导学生用"数学的眼睛"去看世界，看生活。）

四、反思小结

师：有一个问题我们一直都在思考，现在我们再来看一看，生活中有类似鸡兔同笼的问题吗？

生：（异口同声）有。

师：真的有吗？

生：（高呼）有！

师：同学们，一上课大家就说会解决鸡兔同笼问题，后来我们又学会灵活地选用适当的方法来解决这类问题，现在我们又能用解决这类问题的方法来解决我们生活中的问题，水平是越来越高了！其实，我们的数学学习就应该是这样的——在不断的反思与追问中逐渐深入……

（课件出示：在反思与追问中生成新的智慧……）

师：让我们在自己的心中把这句话默默地说一遍，下课。

（说明："数学学习就应该是这样的——在不断的反思与追问中逐渐深入……"既是对本课学习活动的概括，同时又启迪学生感悟深入思考的意识、不断追问的习惯、奇思妙想的胆识等在数学学习中的意义与价值。）

附：板书设计（如图 3 所示）

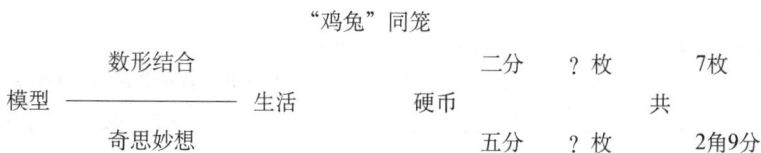

"鸡兔"同笼

		二分	？枚	7枚
数形结合				
模型 ———— 生活	硬币			共
奇思妙想		五分	？枚	2角9分

图 3

（说明：左边提炼出了本课主要的数学思想方法，右边则是对鸡兔同笼问题基本结构的梳理，虽然简单，却勾勒出了本课的重点和难点。课题"'鸡兔'同笼"上的引号更是寓意深刻，揭示了模型的内涵。）

第三部分　课例评析

【自我反思】

有人讲"实践＋反思"是教师专业成长的一条捷径,在每一次的实践之后,教师都应该有意识地反思自己的教育实践。反思这次实践,使我对数学教育本身也有了一些新的思考,很多认识都逐渐清晰起来。

1. 怎样的课才算一节好课?

从学的角度看,课堂的主角应该是学生!怎样的课才是好课,看看孩子的表现就知道了。孩子的学习快乐吗?孩子的学习高效吗?孩子的学习可持续吗?⋯⋯孩子们的学习状态应该是考评课堂好坏最重要的指标。当然,这些也离不开老师的引导与启发,但是老师的作用也仅此而已。没有深度和力度的课堂是苍白的,学生的心中有一杆秤,称得出老师教学的分量。

从教的角度看,好课应该是真实而又扎实、大气而又富有灵气的。真实,就是要求我们通过课堂教学能够使学生从不懂到懂,从不会到会,从初步感知到深刻认识,从学会到会学,从会学到善学、乐学。扎实,教学必须是扎实的,在追求开放自主的基础上,教师的主导作用不可忽视。与课前的基础比较,学生哪些方面的能力和素质得到了提升,提升了多少,这应该是我们关注的重点。大气,就教师而言,所谓大气是指教师在教学中表现出的充满自信、不急不躁的教学素养;对课堂而言,所谓大气就是指那种开放的、流畅的、框架式的生成性课堂。灵气,它显现的是教师的一种高超的教学技艺。注重课堂生成,教师对课堂的驾驭能力显得尤为重要,这也对教师的专业素养提出了更高的要求。

"不看广告,看疗效"是一句很流行的广告语,它告诉我们一个简单的道理——选药别看外在的包装等因素,疗效才是关键。教学同样如此,怎样的课才算一节好课?效果才是硬道理!

2. 数学学习该给孩子留下些什么?

数学学习究竟该给孩子留下些什么?是给孩子一堆金子,还是给孩子一个点金的手指？理论上我们似乎挺明白，可做起来却不容易。数学不是天上掉下来的，而是从现实世界中抽象出来的。孩子学习数学就是为了获得"一双数学的眼睛"，学会"用眼睛去思考"。拥有一双数学的眼睛，这是孩子生存和发展的必备素质，只有这样，孩子才能够透过表面的现实世界看到一个高度抽象的数学化的世界，才能不再对现实世界熟视无睹，像被蒙上眼睛一样到处摸索。数学教育的任务就是帮助孩子摘掉眼罩，使他们能够看到数学就在身边，只要他们留心就能发现："数学，我抓到了你。"

爱因斯坦曾经说过："当你把受过的教育都忘记了，剩下的就是教育。"数学教育的本质就是形成数学的思维习惯，孩子学了那么多的数学知识（如三角形的面积公式），走向社会后还有多少人会简单直接地用到它？我们的教学还能给孩子留下些知识以外的东西吗？在这次的实践中，我努力想留给孩子们一些东西，一些当他们把这些知识都遗忘后，还能存留在记忆深处的东西，如：深入思考的意识、不断反思的习惯、数形结合的策略、奇思妙想的胆识……这些东西和数学知识一样具有价值，甚至可以说，它们比知识本身更具有可持续发展的价值。如果将学生的数学素质看作一个坐标系，数学知识、技能就好比横轴上的因素，而数学思想方法就是纵轴上的内容。淡化或忽视数学思想方法的教学，不仅不利于孩子从两个维度上把握数学学科的基本结构，也必将影响孩子能力的发展和数学素质的提高。因此，向学生渗透一些基本的数学思想方法，既是数学教育改革的新视角，也是教师进行有效教学的突破口。

3. 教学是预设还是生成？

"生成"是课改中使用频率较高的一个词，何谓"生成"？是不是课堂上孩子提出一个老师意想不到的问题或算法就算生成？这是对生成的一种片面理解。生成既有预料之内，也有意料之外，前者可能更重要，一堂课能否得到丰富的"预料之内的生成"决定着一堂课的成败。教学是一种教师价值引导和学生自主建构相统一的活动：一方面，教学蕴含着教师的主观意趣，这种主观意趣内含着教师的价值选择和价值预设；另一方面，学生的精神世界是自主地生成和建构的。过分强调前者，教学就会成为强制灌输的活动；而过分强调后者，教学就会沦落为一种放羊式的活动。郑毓信教授就曾指出，尽管教师可以让学生自由地发表关于学习内容的意见，但教师应通过重复、确认、淡化等方法，很好地去把握课程的前进方向，而不能放任自流。只有这样，我们才不会因为学生的意外"生成"而"迷失方向"。

在预设与生成这一对关系中,不能把任何一项绝对化,在注重教学生成性的同时必须关注预设。新课程对于预设的要求不是降低了,而是提高了,它要求预设能够关注学生的个体差异(不仅仅是认知上的差异),能促使课堂多向、多种类型信息交流的产生。预设要考虑不同的学生会产生哪些不同的思考,可能会出现哪些解决方法,各种方法展现后会怎样促进学生与课程各种因素的交互作用,并帮助学生形成新经验,即我们必须把单线型的预设变成多线型的预设。面对生成性课堂我们必须充分预设,但又要讲究预设的策略,即预设应设置一定的空间,给予一定的弹性,而不是把每一步都预设好,把每个预设都框死。只有这样,才会使预设脱去僵硬的外衣而显露出生机,才会使教师的教学既有胸有成竹的从容,又不乏灵活机智的创造,才会使教学的生成成为可能。

【专家点评】

点评专家:陈今晨,江苏省特级教师

储冬生老师在上千人参与的大型教研会上,成功地执教了一节"鸡兔同笼"观摩课,获得了与会者的一致好评。该课思维含量足,课堂境界新,值得称道的教法特色在于:

其一,大胆开发我国古代传统的典型问题——"鸡兔同笼",这是一个重要的教学资源;进行教材的自选自编,坚持了教者教学中对课程教材的部分编写权利。

其二,课上引导学生自学、自探、自解、自我总结、归纳,形成对鸡兔同笼问题的构题特征与解法思路的规律性的认识。

其三,广泛搜集生活素材,力求实现古今沟通,多层次、多角度地渗透数学建模思想。

其四,重视数学思想方法与思考策略的教学,强调运用画图、列表、算术思路和方程解法来探究,进行数形结合的信息表达,促进学生思维的高效。

其五,注意培养学生积极探究的学习态度和丰富新异的想象力,以及不断反思和追问的学习进取精神。

"好课不厌百回问。"课堂教学的特色是教者自身积极进取的人生态度、认真负责的工作作风、精益求精的治学精神的折射与倒映。教者围绕该节课的教学酝酿备

课,完课之后不断地自我拷问、自我反思,从而使自身教学意识清醒自觉、辩证全面,使教学思路明晰,教学设计新颖,当然也使自身的业务境界获得了前所未有的嬗变与涅槃。

在教学前,酝酿与确定教学内容时,教者开始询问教学内容价值取向,以数学建模的功能来定位典型问题的教学价值;询问数学活动确定范围,强调内隐的思维操作是数学学习活动的根本要求;询问教材之于教学的意义,以自己的阶段性区分的教学理解来诠释"用教材教"的含义,实现一课多教,常教常新。这是教者将日常的教学准备业务实践与宏观的教学观念转变自觉挂钩所反映的业务研修觉悟。

在备课中,着手设计教法进程时,教者又反复地问自己,安排多样化算法的目的是什么,最终认为多样化算法是作为过程展示比较的,目的在于促进学生解法的最优化;问自己如何帮助学生建构数学模型,从而明确本例教学将从事物对象的迁移到突出数量差异的变化,再到语言概括的问题模型的抽象与演绎,最终实现数学模型在儿童脑中的内化,形成一条促进建构的教学之路;问自己如何体现数学课堂的文化意蕴,从而以谈古论今的背景和广阔现实生活斑驳的色彩来涂抹、包装课堂,给课堂教学吹进一股多彩、丰富、鲜活的文化风味;问自己"数学教学为了什么"这一根本目标,教者认可透过数学知识的授受,在学生学会解题后跃升到追求"给孩子们留下一些数学以外的东西",即为了追求孩子们的可持续发展,为其一生的奋进与幸福筑基。

这是教者在备课业务活动中自我意识的搏击与争斗,是教学思想的再明确,教学目标的再提升,教学途径的再更新;是虚实结合务实中的务虚,务虚指导下的务实。

在上完本课后,对如何评价课堂表现与教学效果的考量上,教者又毫不放松对自我的要求,对自己进行了新的诘问。

教者在诘问中坚持认为,课堂表现的主角是学生而非教师,课堂状态的考察应着眼于课堂学生学习的状态——"是否快乐""是否高效""是否可持续"……思考如何处置才能更好地处理预设与生成的关系,如何尝试才能迁移与下放本课教学内容,走出小学数学新的教改之路……

这是教者极负责的对事后之事的追问与反思,是教研自觉与教改执着的品质流露,是教者高远的志向与"学不可已"的研究者的教学创新风貌的亮相。

正是在这连续的"问"之中,教者的课堂教学不断出新,日臻完善,上出了新的质量,新的风格,新的境界!

其实,这种教学追问是一个青年教师业务成长途程中留下的一溜溜足迹,是攀登者上升中甩出的一串串汗珠,是研究者思考中迸发的一道道火花。由此,我们可以窥见教者内心深处的追求与快乐。

教学的发展是孩子发展的前提,而教学的发展又有赖于教师的发展。在这一生动的教学案例中,教学的发展、教师的发展和最终实现的儿童的发展都集中地体现在这一系列难能可贵的"追问"之中!我们可以认为,这种追问就是教研过程,这种追问就是坚持改革,这种追问就是师生灵性的生涯与智慧的成长。一言以蔽之,这种追问就是与时俱进,就是不断发展。

愿小学数学教师都能不断地追问,以不简单的心态来对待知识如此简单的小学数学教学,以自觉的追问来把握教学内容的地位、范围与联系,明确教学设计安排的目标、方向与重点,促进课堂高效、快乐与可持续的发展,从而切实地推进小学数学的课堂教学改革与课程改革。

"好课不厌百回问",发展俱在百问中!

【名师简介】

储冬生,男,1978 年 12 月出生,现任南京市游府西街小学副校长,江苏省特级教师、高级教师,全国优课评比一等奖获得者,江苏省"333 高层次人才培养工程"中青年科学技术带头人,南通市第一梯队名师培养对象,秦淮区"储冬生名师工作室"领衔人,《小学数学教师》《小学教学》《小学教师培训》等刊物封面人物;先后在《人民教育》《中国教育报》等报刊发表文章 200 多篇,曾 7 次获得江苏省教育厅组织的"教海探航""师陶杯"征文评比一等奖,2017 年获江苏省基础教育教学成果奖;积极倡导"问题驱动式数学教学",潜心打造"生动且深刻"的活力课堂,并应邀在全国 20 多个省(市)、自治区执教观摩课或交流成长体会。

第 13 章　用字母表示数

第一部分　教学预设

一、教学内容分析

1. 课标要求

《义务教育数学课程标准》(2011 年版)

(1) 在具体情境中能用字母表示数。

(2) 结合简单的实际情境,了解等量关系,并能用字母表示。

2. 教材分析

用字母表示数是《数学课程标准》"数与代数"领域的内容,是从算术形态走向代数形态的学习内容,是从算术运算走向代数运算的起点,是学习代数式、方程、不等式、函数等知识的重要基础。

《义务教育数学课程标准》(2011 年版)指出:符号意识主要是指能够理解并运用符号表示数、数量关系和变化规律;知道使用符号可以进行运算和推理,得到的结果具有一般性。因此学生的符号意识主要体现在以下三个层次:第一层,主动运用符号表示数的符号意识，它是展开数学思考的基础；第二层次，运用符号表示数量关系和变化规律的符号意识，它关注思考的过程；第三层次，使用符号可以进行运算和推理的符号意识，它关注数学的过程与结论。

小学生在四年级下册已经借助熟悉的具体情境和简单的现实问题，经历从具体情境中抽象出简单数量关系并用字母表示的过程，进而理解用字母表示数的意义，初步发展了符号意识。但是追溯历史不难发现，用字母表示数发展的路径是缓慢、曲折的，学生对它的认识和理解也不是一蹴而就的，是需要学生在一个较长的时间内有层次地、螺旋上升式地逐渐获得的。因此，笔者根据文献研究和教学实践经验，以及对学习五年级下册数学的学生进行的前测调研，组织了本节练习课的教学内容。

3. 重点与难点

教学重难点：能在较复杂的情境中通过概括用字母表示数，并能通过解决实际趣味问题进一步认识用字母表示数的意义；进一步感悟抽象，发展符号意识。

4. 学情分析

小学生思维的基本特点是从具体形象思维逐步过渡到抽象的逻辑思维（高年级儿童在使用抽象思维时仍具有一定的具体形象性）。笔者在观察分析我班小学生问题解决过程时，发现五年级学生已经具备一定的抽象概括能力，对于用字母表示数的深化理解具备了心理能力的基础。小学生在四年级下册数学的学习中，初步学习了用字母表示数，但是大多数学生的符号意识还是停留在第一层次——主动运用符号表示数的符号意识，对用字母表示数承载的符号意识丰富的内涵还需要深化理解。

二、教学目标分析

1. 能在较复杂的情境中通过概括用字母表示数，并能通过解决实际趣味问题，进一步认识用字母表示数的意义，提高解决问题的能力。

2. 通过观察、分析、比较、抽象、概括等活动进一步感悟抽象、推理等数学思想，发展符号意识。

3. 激发学习数学的兴趣，体验获得思考的快乐，锻炼克服困难的意志。

三、思路、方法与资源

1. 整体思路

主要教学环节分为两大板块。

（1）根据课前前测调研的情况师生交流，深化认识。

（2）提供适当的综合应用"用字母表示数"的练习，优化认知结构，帮助学生感受知识背后的思想方法等。

在教学活动中，需要设计一段时间有间隔的、系统的练习课，以保证知识得到良好的保持。为了促进迁移，需要在一定时机提供"问题解决"的机会，使学生能够把学到的知识应用到与学习情境不同的新情境中去，提高解决问题的能力。

2. 模式方法

尝试法、启发法。

3. 推荐资源

（1）王永春. 小学数学与数学思想方法［M］. 上海：华东师范大学出版社，2014.

（2）李光树. 小学数学学习论［M］. 北京：人民教育出版社，2014.

第二部分　精彩实录

授课地点：　河北省沧州市路华小学

授课时间：　2018 年 12 月

一、师生交流前测调研题目

师：今天咱们一起来进行"用字母表示数的练习"，在四年级下册数学学习中，同学们已经学过了"用字母表示数"，我们一起先来看看上周咱们进行的前测调研情况。

175

1.扑克牌中的字母

师：扑克牌中有 J、Q、K 等牌,请问这里的字母 J、Q、K 分别表示哪几个数字?

生：扑克牌中 J、Q、K 分别表示 11、12、13。

师：由此我们可以看出,字母可以表示确定的数。

（板书：确定的数）

2. 表示出图中硬币的数量

前测题目如图 1 所示。

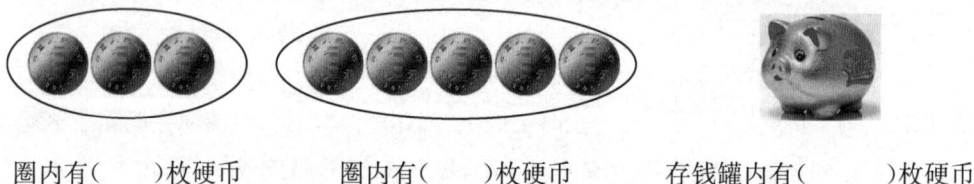

圈内有（　　）枚硬币　　　圈内有（　　）枚硬币　　　存钱罐内有（　　　）枚硬币

图 1

出示学生前测情况（如图 2 所示）

图 2

师：看到这几位同学的想法,你有什么想说的吗?

师：8 是怎么来的呢?

生：3＋5＝8。

师：能确定就是 8 枚吗?

生：不能确定是 8 枚。

师："无数"的含义是无法计数,形容非常多,这里填"无数"合适吗?

生：存钱罐中的硬币是有限的,填无数不合适。

师："未知"枚硬币表示什么意思?

生：不知道到底有多少枚。

出示学生前测情况（如图 3 所示）：

存钱罐内有（ a ）枚硬币　　存钱罐内有（ n ）枚硬币　　存钱罐内有（ x ）枚硬币

图 3

师：这几位同学的想法有什么相似的地方？这里用字母表示的是什么样的数？

生：这几位同学都是用字母表示的，这里的字母表示的都是未知数。

（板书：未知数）

3. 小明和妈妈的年龄

前测题目如下：

妈妈比小明大 26 岁

小明	妈妈	小明	妈妈
1	1＋26	4	4＋26
2	2＋26	……	……
3	3＋26	（　　）	（　　）

你能用一个式子简明地表示出任意一年妈妈的年龄吗？

我的想法（或困难）是：_____。

出示学生前测情况（如图 4 所示）：

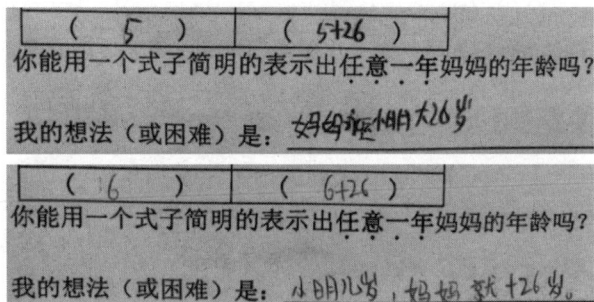

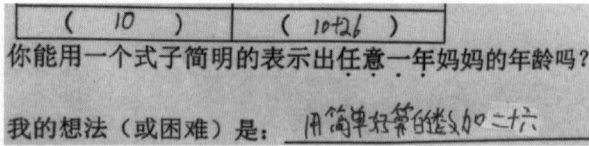

图 4

师：这几位同学写的有什么相似之处？怎样理解"任意一年"？它们能表示任意一年小明和妈妈的年龄吗？

生：这几种方式都是表示具体的某一年小明和妈妈的年龄，"任意一年"表示随意的一年，这几种方式无法表示任意一年小明和妈妈的年龄。

出示学生前测情况（如图 5 所示）：

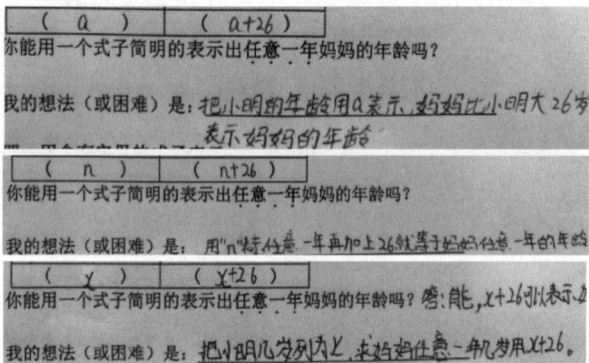

图 5

师：以上几位同学的想法有什么相似之处？

生：都是用字母表示的。

师：例如，x 和 $x+26$ 能表示小明 1 岁，妈妈 $1+26$ 岁吗？能表示小明 2 岁，妈妈 $2+26$ 岁吗？能表示小明 3 岁，妈妈 $3+26$ 岁吗？能表示小明 4 岁，妈妈 $4+26$ 岁吗？……

生：这些都能表示。

师：由此可见用字母表示数，具有概括、简洁的特点，x 和 $x+26$ 能够表示这一类问题。（板书：概括、简洁、一类数）

师：用字母表示数可以看作是一个把生活语言"翻译"成数学语言的过程。像这位同学所说的，把小明的年龄记作 x，"妈妈比小明大 26 岁"翻译成数学语言表达就是 $(x+26)$。

师：在刚开始学习用"$x+26$"表示的时候，有些同学可能感觉它怪怪的，它看起来像是个还没算完的式子。实际上"$x+26$"既可以反映出妈妈和小明年龄之间的关系，又可以表示妈妈任意一年的年龄（看作是最后的结果）。

（板书：结果、关系）

4. 观察下面的式子

前测题目如下：

$23=2\times10+3$

$75=7\times10+5$

$865=8\times100+6\times10+5$

如果某个三位数的百位数字为 a，十位数字为 b，个位数字为 c，则这个三位数可以表示为：＿＿＿＿＿＿＿＿。

出示学生前测情况（如图 6 所示）：

师："abc"这样写行吗，同意的同学请举手？ 怎么读呢？

生：读作"abc"。

师：刚才我猜到有的同学可能会这样读，如果读作 abc，那么在数学上表示的是 $a\times b\times c$ 省略乘号简写后的结果，那样就错了。

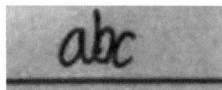

图 6

师：a 在哪一位上，表示什么？ b 呢？ c 呢？

生：a 在百位上，表示 a 个百；b 在十位上，表示 b 个十；c 在个位上，表示 c 个一。

师：应该用"$a\times100+b\times10+c$"或简写用"$100a+10b+c$"表示。

出示学生前测情况（如图 7 所示）：

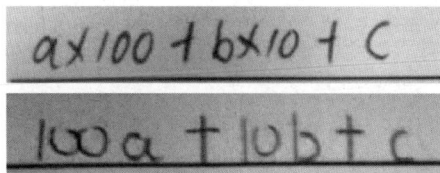

图 7

二、数学思考与问题解决

过渡语：同学们，学到这里大家对用字母表示数有了更深的理解，下面咱们一起玩个小游戏轻松一下好吗？

1. 神奇的读心术

师：表演神奇的读心术魔术，我需要一个小助手。（现场招募一位小助手。）

师：神秘的读心术，你觉得我可能读懂你的内心吗？

生：不能吧。

师：好吧，就让我们试一试！

游戏规则：

① 首先，你需要在你的心里任意想一个两位数，比如 23，再比如 56……

② 然后，用这个两位数减去它十位上的数字，再减去它个位上的数字，比如 23 就要减去 2，再减去 3，会得到一个结果 18。

③ 最后，看图（如图 8 所示），把结果右侧对应的图案牢牢记在心中。

图 8

师：那好,小×同学,现在你就要在心里任意想一个两位数,但是为了让在场的同学们能知道,请你把它大大地写在黑板上,然后减去十位数字,再减去个位数字,写出结果;最后呢,把它擦掉,擦得干干净净。这样你们就都知道了,而我背对黑板不知道,好吗?

师：好,下面就是见证奇迹的时刻! 让我看着你的眼睛,你要用心想着那个图案啊,一直想着它,我才能读出来。(老师和小×同学面对面站好,看着学生的眼睛,故作神秘。)

师：哦,我知道了,你心里想的图形是这样的,我把它画在黑板上。

师：哪里有掌声? 谢谢大家! 现在,你们想说点什么?

生：太神奇了!

师：哇,神奇吧! 还想再玩一次吗?

生：(学生们异口同声)想!

师：那好,再玩一次。我不只能读懂小×同学,而且能读懂你们所有的人,相信吗?

生：不相信!

(师生重新玩一次游戏,教师猜出了所有学生心中想的数所对应的图案。)

师：想知道其中的奥秘吗?

师：刚才同学们在心里任意想一个两位数,最小的二位数是 10,最大的二位数是 99,10 到 99 一共 90 个不同的两位数。在坐的这么多同学想法也各不相同,老师是如何猜透任意一个同学的心思的呢? 你觉得老师可能一个数一个数地想下去的吗?

生：这么短的时间,不可能一个数一个数地想下去。

师：我们先来看几个具体的两位数,按照规则计算可以得到相应的结果(如图 9 所示)。请大家猜想这些结果有什么共同的特征。

生：可能是 9 的倍数。

师：是不是真的都是 9 的倍数呢? 首先,我们思考怎样表示任意一个两位数?

生：$10a+b$。

师：然后,按照游戏中的规则进行推理计算。

生：$10a+b-a-b=9a$。

两位数	计 算	结 果
47	47−4−7	36
23	23−2−3	18
38	38−3−8	27
72	72−7−2	63
……	……	……
10a+b	10a+b−a−b	9a

猜想：
这些结果有什么共同的特点？

图 9

师：推理出来的结果是 $9a$，说明什么？

生：得数全都是 9 的倍数，是十位数字的 9 倍。

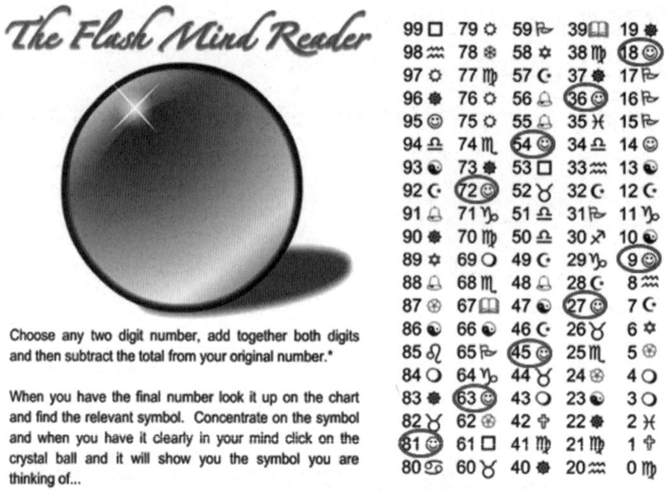

图 10

师：你发现这些 9 的倍数右侧对应的图案有什么共同的特点了吗？

生：除了 90 和 99 之外，图中 9 的倍数对应的图案都一样（如图 10 所示）。

师：特殊的 90 和 99 对应的图案不同，如果有人的计算结果是 90 或者是 99，那我的预测是不是就错误了，表演也就失败了？

生：一个两位数，十位上的数字只能是 1 到 9，$9a$ 只能在 9 到 81 的范围内，所以不可能得到 90 或者 99。

师：想想看最开始老师给大家变魔术的时候，你们看到它的时候是什么感觉？那现在再看它，是什么感觉呢？

生：刚开始感觉好神奇，后来有些恍然大悟的感觉。

师：说明你拥有了一双学数学的眼光，只有学过数学的人才能看透这里的规律！我们要感谢谁在这里帮的忙呢？（用字母表示数的推理也是挺好玩的。）

2. 阶梯样式

师：亮亮用圆形作出一个阶梯的样式，他的步骤如图（如图 11 所示）。如同你所看到的，他在步骤 1 使用了一个圆形，在步骤 2 使用了 3 个圆形，在步骤 3 使用了 6 个圆形，在步骤 4 使用了 10 个圆形。

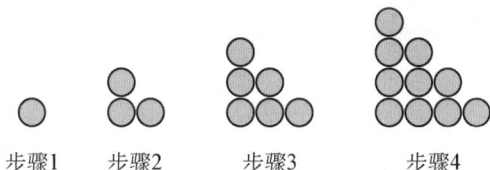

步骤1　　步骤2　　　步骤3　　　　步骤4

图 11

师：请问，在步骤 6 时，他应该会使用多少个〇？

（画数还是算？学生尝试解决问题，教师组间巡视。）

师：除了画出图来数一数，同学们还有没有更简便的方法？

生：$1+2+3+4+5+6=21$。

师：步骤 10 呢？步骤 200 呢？（可以只列式不计算。）

生：$1+2+3+4+5+6+7+8+9+10$；$1+2+3+\cdots\cdots+198+199+200$。

师：你能用一个式子简明地表示出任意一个步骤使用圆形的个数吗？

生：$1+2+3+\cdots\cdots+n$。

师：这个想法已经能表示任意一个步骤使用圆形的数量了，很厉害！16 世纪之前的古人还无法表示任意一个步骤使用圆形的数量。

师：怎样算呢，如何才能求出任意一个步骤的总和？

（面对含有字母 n 的运算，学生感觉还是有些困难，他们面露难色。）

师：面对复杂的问题，我们可以尝试先退回到简单的地方，看看能否给我们些启发。(天下难事,必作于易)我们退回到步骤 6,看看除了一行一行地加,是否还有更好的算法?

师:古希腊人是将两个完全相同的三角形拼成了一个长方形,先算出长方形中圆形的数量,再除以 2 得到三角形中圆形的数量。大家看明白了吗?(如图 12 所示,多媒体课件动态演示。)

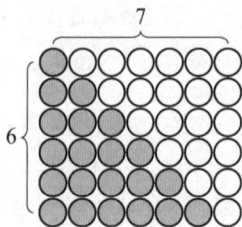

图 12

师:现在长方形的宽是几? 长是几? 摆这个长方形一共用了多少个圆形? 摆这个阶梯样式呢?

生:长方形的宽是 6,长是 7,长方形中圆形的数量是 42,三角形中圆形的数量是 21。

师:如果是任意一个步骤 n 呢?

生:$n \times (n+1) \div 2$。

师:n 表示什么?

生:长方形的宽。

师:长方形的长应该怎样表示呢?

生:$n+1$。

师:长方形中圆形的数量呢?

生:$n \times (n+1)$。

师:三角形中圆形的数量呢?

生:$n \times (n+1) \div 2$。

师:或许有同学觉得它看起来像是个还没算完的式子,实际上它就可以看做是最后的结果了。

师:如果步骤是 200,你能马上算出需要圆形的数量吗?(在操作纸上试着算一算。)

生:$200 \times (200+1) \div 2 = 20100$。

过渡语:用字母表示数有时候可以让复杂的问题变简单,真棒!

三、课堂小结与回顾反思

1. 课堂小结

研究到了这里,同学们是否觉得用字母表示数很美呢? 或许有的同学会说,用字母表示数美什么美,我怎么没看出来呢?

同学们不妨想一下,如果没有用字母表示数,我们如何表示任意一年小明和妈妈的年龄;如果没有用字母表示数,如何推理揭示神奇的读心术中的奥秘;如果没有用字母表示数,如何探索任意一个步骤中亮亮使用圆形的数量的规律? 因此,用字母表示数体现出简洁美。

用字母表示数既可以表示确定的数,又可以表示未知的数;既可以表示关系,又可以表示结果……看似对立的事情在这里和谐统一,用字母表示数体现出和谐美。

用字母表示数还蕴含着数学的内在美! 在数学的历史上,自从用字母表示数以后,数学告别了旧时代插上新翅膀,在人类文明的天空自由地飞翔起来。

2. 回顾反思

(1) 这节课哪个地方给你留下深刻印象?

(2) 在学习的过程中,我们在哪里遇到了困难? 是用什么方法解决的?

(3) 这节课你体会到数学学习中的美了吗? 有什么心里话想跟大家说一说?

四、课外延伸(布置作业)

有一位著名的数学家的墓碑上写着这样一段话:

墓中长眠着一位伟大的人物——丢番图!

他一生的六分之一的时光,是幸福的童年;

又度过了十二分之一的岁月后,他满脸长出了胡须;

再过了七分之一的岁月时,他建立了幸福的家庭;

婚后五年,他儿子出生了;

可是不幸的孩子仅仅活了他父亲岁数的一半,就离开了人世;

从此,作为父亲的丢番图在悲伤中度过四年之后,结束了自己的一生。

亲爱的同学们,你能求出伟大的数学家丢番图的寿命吗?

板书设计:

用字母表示数的练习

确定的数	简洁 概括	
未知数	结果	$10a+b-a-b=9a$
一类数	关系	$n\times(n+1)\div2$
……		

美

第三部分　课例评析

【学生反响】

这节数学练习课很有趣,不知不觉中我们加深了对用字母表示数的理解,解决了一个又一个疑难问题,感觉用字母表示数很有用,数学学习有意思。

【同行声音】

点评教师:张霞,中小学高级教师,现任教于沧州市路华小学。

一节好课总能带给人思考。听了杨老师的这节课,我在思考:数学练习课的质量取决于什么? 高水平的数学课到底应该教什么? 好课于学生是怎样的? 在杨老师的这节课里我找到了答案。

1. 数学练习课的质量取决于适量练习题中的思维含量,取决于学生自主参与练习的积极性在课上，我们看到杨老师从学生前测分析的基础题目出发，让学生进行自我剖析，并在他的不断启发引导下让学生明确知识的本质。杨老师在上课过程中让学生学以致用又不乏趣味性，从"神奇读心术"到"阶梯样式"，充分提高了学生的课堂参与性，让学生在经历形象观察到抽象概括、用字母表示数的过程中，体会到了数学的变与不变。从个到类的认识也是学生认知发展水平的又一次提升，学生从迷茫无措到豁然开朗就是最好的证明。

2. 高水平的数学课应该教知识的本质，悟知识的形成，渗透数学思想方法

杨老师的课堂不是"熟能生巧，急中生智"，而是以不同层次的题目为载体，让学生经历知识形成及运用的过程，认识用字母表示数的本质。特别值得学习的是，杨老师没有让学生一味地认识如何去用字母表示数，而是帮助学生理解"概括"这一重要的代数思想。表格呈现——举例说明——含有字母的式子呈现，从个别到一般，知识的应用水到渠成，也充分培养了学生的符号意识。

3. 好课于学生就是"生长"的

教育即生长。教育必须顺应儿童天性发展的自然历程，让儿童自发、主动地找到或发现他自己的答案。课堂是实施教育的主阵地，一堂好课就是要促进学生健康地生长，为学生核心素养的提升打好基础。杨老师在整堂课中始终要求学生带着数学的眼光发现问题，充分表达自己的观点，运用学习的知识解决生活中的问题。我们可以看到，杨老师准确把握学生知识的生长点、关键点，顺应知识结构的形成，关注学生的情感体验，为学生知识与身心的健康成长铺路搭桥。

读懂学生的成长规律，读懂知识的逻辑结构，读懂教师的教学智慧，我想这就是杨老师这节课给我带来的最大收获。

【自我反思】

核心素养是学生在接受相应学段的教育过程中逐步形成的适应个人终生发展和社会发展需要的必备品格与关键能力。《义务教育数学课程标准》(2011 年版)中提出的核心词"符号意识"主要是指能够理解并且运用符号表示数、数量关系和变化规律，知道符号可以进行运算和推理，得到具有一般性的结果。建立符号意识有助于学生理解符号的使用，是学生数学表达和进行数学思考的重要形式。

如何发展学生的数学核心素养？如何引导学生进一步发展符号意识，感悟抽象、推理的数学思想？用什么方式能促使学生灵活自主地想到用字母表示数？是我在这节课教学设计的时候思考的关键问题。

课后反思主要有以下几方面：

1. 前面的 4 个练习基于对学生的前测调研，建立在学生充分的认知基础之上。通过正例和反例的运用，进行生生互评，师生交流，理清了认识中的误区，深化理解了用字母表示数。

2. "神奇的读心术"数学游戏的运用充分调动了学生的学习兴趣，让练习课不再枯燥无味，使学生在充满趣味性的探究活动中感悟到其中蕴含的数学原理，发展解决问题的能力和应用意识，感受数学的魅力。

3. "阶梯样式"改编自一道 PISA 测试，本身具有一定的挑战性，学生在层层挑战中不断探索前进，体会数学思考的乐趣。

4. 本课重视学生对数学思想方法的感悟和解决问题经验的积累，让学生在不断的反思中加深理解，积累经验，提高解决问题的能力。

5. 课堂是遗憾的艺术，回顾整节课，我如果能够在关键的环节给学生留出更多的时间和空间进行思考、交流、探究、质疑，会有更好的教学效果。

【专家点评】

点评专家：马占英，中小学高级教师，沧州市新华区教育文化体育局教研室

本课亮点很多，根据个人观点，以下几点更值得赞赏：

1. 本课属于学生学习了用字母表示数后的继续提高学习，教者并没简单地堆积互不相干的较难的问题，而是以学生原认知为基础，以问题为线索，"阶梯样式"逐层展示相互联系的实际问题，在层层设疑中，在不断反思中积累经验，诱导学生逐步探索，并在逐步探索中感悟其中的数学原理和魅力。

2. "趣"是本课特色。在第二层面的练习中，题目一般要相对难一些，对小学学生而言，他们往往由于寻觅不到答案，而失去探索兴趣。但教者在整个问题编排中，呈现了适合小学生心理特点的奇异问题，增加了趣味，避免了枯燥，有效调动了学生非智力因素，激励学生在趣味中寻觅答案，知难而进。在趣味中，学生逐步深化了对字母表示数的意义的理解,并有效提高了自身运用数学思想方法分析解决问题的能力。

3. 本课教学是在前期各种调研基础上进行的,这种有的放矢的教学无疑会提高教学的最优化程度。比如,前面的 4 个练习基于对学生的前测调研,在对学生基础情况了如指掌的情况下,恰当通过正例和反例的运用,以及生生互评、师生交流等教学活动手段,理清了学生认识中的误区。

我对本课提点小小建议:

本课是在学生学会用字母表示数的基础上进行的提高层面教学,是"字母表示数"学习的后阶段。此时,建构主义教学观更能派上用场,在提出挑战性问题的同时,激发学生合作交流、大胆质疑等,会使这节课更丰富多彩,产生更好的教学效果。

【名师简介】

杨磊,1998 年 8 月参加工作,现任沧州市路华小学数学教师,教导处副主任;是河北省骨干教师、沧州市市级骨干教师、沧州市小学数学学科教学名师、市级学科带头人、市级兼职教研员、市级"十佳"教师、支教下乡模范工作者、新华区"最美新华人"……多次应邀赴河北、浙江、北京等地上公开课,送课下乡。

2010 年,执教《合理安排时间》获中国教科院优质课评比一等奖;2015 年,执教《正难则反》在中国教科院小学优质课观摩评议会上展示示范。

2011 年,指导青年教师获河北省优质课评比一等奖;2012 年,指导青年教师获国家级优质课评比一等奖;2016 年 8 月,参与编写的《小学数学课程与教学论》由北京师范大学出版社出版;2017 年 8 月,参与编写的《小学数学思想方法解读及教学案例》由华东师范大学出版社出版。

面对闪光的荣誉,杨老师总是淡淡地一笑;面对着深爱的学生和追求的事业,他总是充满无穷的力量和希望……

第14章 几何画板探究一次函数图像及其性质

第一部分：教学预设

一、教学内容分析

1. 课标要求

函数的图像与性质是函数论的主体,对函数的图像与性质的研究表明,函数的本质是联系与变化,这也是函数教学的主线。其中,函数的图像是基础,初中阶段要求学生主要借助图像直观认识函数性质。函数内容中,一次函数具有奠基的作用,因此《课程标准》对一次函数图像的学习提出了较高要求。具体要求如下:

(1) 知道一次函数的图像是一条直线;

(2) 会选取两个适当的点画一次函数的图像;

(3) 能根据一次函数的图像和函数表达式,探索并理解一次函数的性质;

(4) 进一步理解正比例函数与一次函数的关系。

此外,通过画函数图像,培养学生画图技能;通过由图像揭示函数性质的探索活动,培养学生观察、比较、抽象和概括的能力以及应用意识和创新能力。

2. 教材、学情分析

函数是"数与代数"中的重要内容，是学生比较难以建立的一个抽象的数学概念。一次函数是学生进入初中后首次接触到的函数。江苏科技出版社出版的义务教育教科书，在八年级上册第 6 章"一次函数"的第 3 节安排了一次函数图像的教学，函数图像对于学生来说绝对是一个新生事物。学生虽然已经有了 2 课时的一次函数基本概念的学习，大部分学生也已经预习过一次函数图像，但他们仍然感觉不是很好懂。

苏科版教材提供了教学引入情境：点燃一支香，感受它的长度随着燃烧时间的变化而变化，帮助学生理解图片提供的信息，然后让学生观察课本上图片，探究一次函数的图像。笔者认为这样的情境有它的好处，但是也存在不足之处，比如香的高度不是那么好准确测量出的。

学生个性不同，思维活跃，积极性高，对函数问题有着迫切的求知欲，如果有了一定的几何画板知识基础和基本活动经验，可以利用几何画板软件开展针对一次函数的探索，这是学生的最近发展区。

3. 重难点的突破

传统的函数图像学习一般是先列表、描点、连线，再观察、发现、归纳，最后得出结论。其优点是程序化特征明显，容易操作模仿；但缺点在于描点量较少，直接归纳出"一次函数的图像是一条直线"的结论往往难以令人信服，学生会心存疑惑。

我设计用几何画板软件探索一次函数的图像，借助几何画板软件中绘制点的坐标、图形计算器的动态计算功能，不断地加密点、跟踪点（留下点的移动痕迹"轨迹"），帮助学生直观地得出"一次函数的图像是一条直线"的结论；最后，通过改变一次函数表达式中的 k, b 的取值，使结论从特殊到一般，进一步确认"一次函数的图像是一条直线"的结论。学生不会对此结论有怀疑，从而成功地实现有限的且坐标均为整数点的突破。这样处理可以直观、全面地助学生理解"一次函数的图像是一条直线"，有效地化解了教学中的重难点。

利用几何画板软件，通过点的动态展示以及动点坐标的标注，可以让学生感受到点与线、局部与整体的内在联系。学生对一次函数图像的探索过程有利于他们明白图像研究的关键是对点的研究。

二、教学目标分析

数学核心素养与数学课程的目标和内容密切相关,对于理解数学内容的本质,设计数学教学以及开展数学学习评价等,有着重要的意义和价值。《课程标准》指出:由常量到变量的教学,是数学思维上的一次飞跃,在一次函数的图像、性质的教学中,应引导学生主动地进行观察、操作、交流等活动,通过探索 $k>0$, $k<0$ 时一次函数图像的变化与数量关系的变化,引导学生体会数量和图形两者之间的联系,感受数形结合的思想。通过探究、发现、画一次函数的图像等,培养学生的画图技能;通过由图像揭示函数的性质的探索活动,培养学生观察、比较、抽象和概括的能力,培养学生用"数形结合"的思想方法解决问题的能力,培养学生应用意识和创新意识。

数学核心素养是以数学课程教学为载体,基于数学学科的知识技能而形成的重要的思维品质和关键能力。数学核心素养是在数学知识技能的学习过程中形成的,有助于学生深刻理解与掌握数学知识技能。数学核心素养不等同于数学知识技能,是高于数学的知识技能,指向于学生的一般发展,反映数学学科的本质及其赖以形成与发展的重要思想,有助于学生终身和未来发展。利用几何画板软件来探索、发现、验证一次函数的图像,可以让学生亲历知识的形成过程;整个探索的过程化、系统化、螺旋化、数学化,可以让学生感受到数学是那么有趣,那么有研究的味道。这些有助于培养学生的基础知识、基本技能、基本数学活动经验、基本思想,为学生后续学习其他函数知识打下坚实的基础;更为重要的是,帮助培养学生掌握科学研究的范式,促进学生数学核心素养的形成与发展,使学生学会用数学的眼光去观察世界,用数学的思维分析世界,用数学的语言表达世界。

而且,通过这样的数学实验探究,学生会真正感受到,数学并不是那么冷冰冰的,并不是那么难,又可以让很多学生树立能学好数学的信心!

三、设计思路

一次函数的图像是直线,笔者在以往的教学中都是根据某个一次函数的解析式在黑板上列表,把表格中的有序实数对转换成点的坐标,再把这有限个点在黑板上或坐标小黑板上描出来,连线,然后引导学生,问他们这些点是不是在一条直线上,学生一般都会回答"在",然后我向学生宣布,一次函数的图像是一条直线。

事实上,教师用这种方式教学生是否妥当(当然,很多老师给学生学案,让学生自己列表、描点、连线,或者在 PPT 上直接播放幻灯片),还有待商榷。教师不能仅根据有限个点所形成的图形就宣布某个函数图像的形状,而是应尽可能多地给出点,最好能提供无限个点,甚至是全部,这样才可以给出某个函数图像的全貌。几何画板能提供这个功能,所以它成为了函数图像教学的有力助手。

在本教学设计中,我让学生从特殊问题开始研究,然后再寻找其中的一般规律。首先,我让学生研究正比例函数图像的形状。我先给出传统的静点绘图连线方法,让学生有一个大致的印象,然后思考"符合 $y=2x$ 的有限个点是否在一条直线上";然后动态取点,绘制点 $P(x, 2x)$,生成动画,使这些点(无数个,几乎是全部)以自变量的值为横坐标,相应的函数值为纵坐标,所有这样的点组成的图形就是这个函数的图像;最后,再利用几何画板绘制函数的功能绘制 $y=2x$ 的图像,映入眼帘的确实是一条直线,这样学生应该能从内心深处承认并接受 $y=2x$ 的图像是直线的事实而不是我们老师将知识直接灌输给他们。我们再利用几何画板绘制其他正比例函数,学生心悦诚服地认定所有正比例函数都是经过原点的直线。

这样设计的目的是:通过双变量取值、描点,有利于学生体会函数的两个变量与图像上点的坐标之间的关系,加深学生对函数图像概念的理解,并让他们能够初步判断一次函数的图像是一条直线;最后通过加密点,将点与点之间"填满",有利于化解学生的疑虑,确认"一次函数的图像是一条直线"的结论。知识的形成过程很重要,所以知识的形成过程应数学化! 同样的思路引领学生探索一次函数图像的性质,利用几何画板的动静功能,揭示一次函数图像的各种性质。系统化、数学化、螺旋化的探索方式使一切来得那么自然、流畅。有条件的话,学生在计算机房,人手一台电脑,跟着老师的演示进行操作,这样学习效果尤佳!

我认为,教师应该少教,让学生自己多学。教师应着眼于培养学生的数学学习力,针对学生学习情况不断进行调整,设计教学方案。在设计几何画板探究一次函数及其图像性质的系列实验中,我由浅入深,层层递进,让学生在动手操作中观察,发现问题,提出猜想,验证猜想。

第二部分　精彩实录

发展学生理性思维、创新意识和实践动手的能力,从而让学生能够很好地去理解一次函数图像及其性质,并要求他们对该知识进行"再创造",以此提升学生的数学学习力,让学生体验到成功的喜悦,并在"做数学"的过程中发现数学,理解数学,应用数学。2018 年 12 月 21 日,在江苏省宿迁市和江苏省教育厅共同举办的"送培到县"活动中,笔者再次讲授一次函数的图像及其性质,下面是教学实录。

师:同学们好,这一节课我们来共同探索一次函数的图像及其性质。一次函数的图像是什么? 怎样画一次函数的图像,我们首先回顾一下函数的定义。

一、复习函数的定义

(提问同学们是否还记得函数的定义,有的同学能够回答出来,有的同学能够明白意思但是说不出来,还有的同学需要翻开书本看一下函数的定义,所以老师需要再强调一下函数的定义。)

老师再次强调函数的定义:一般的,在一个变化过程中的两个变量 x 和 y,如果对于 x 的每一个值,y 都有唯一的值与它对应,那么我们称 y 是 x 的函数,x 是自变量。

二、给出函数图像的定义

(虽然苏科版教材上没有给出函数图像的文字概念,但是作为函数图像的第一课,教师应该给出函数图像的描述性概念,以便于学生理解。)

老师:把一个函数自变量的每一个值与它对应的函数值分别作为点的横坐标和纵坐标,在直角坐标系内描出相应的点,所有这些点组成的图形叫做函数的图像。

问:我们正在学习一次函数,一次函数 $y = kx + b$(其中 k、b 为常数,且 $k \neq 0$)的图像是怎样的图形呢？

老师：研究问题，我们很多时候是从特殊问题开始的，然后再寻找其中的一般规律。

实验一：探究正比例函数的图像

提问：正比例函数中，$y=x$ 很特殊，在平面直角坐标系中，$y=x$ 意味着什么？请同学们思考，讨论 $y=x$ 是否意味着满足这个函数图像上的每一个点的横坐标与纵坐标相同？

教师接着问：正比例函数图像上的点到 x 轴与 y 轴的距离相等，且横坐标与纵坐标的符号相同，请同学们用你们学过的几何知识想一想，正比例函数 $y=x$ 的图像究竟应该是一个怎样的图形？

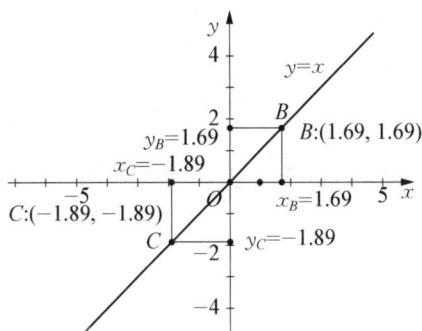

图 1

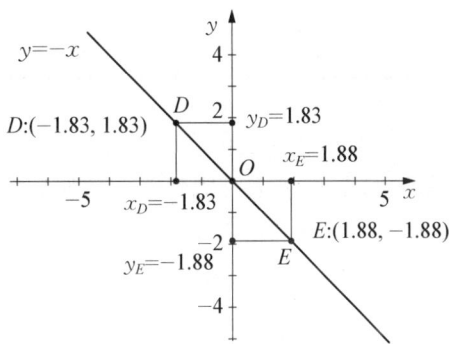

图 2

学生经过思考、画图、讨论（老师也参与了讨论），得出结论：$y=x$ 的图像应该是第一象限和第三象限的角平分线，这两条角平分线构成一条直线（如图 1 所示）。老师予以肯定，并指出像这种用几何知识解决代数问题的方法叫做数形结合法，然后请同学们用同样的办法推理正比例函数 $y=-x$ 的图像。通过类比推理，学生可以得出结论：函数 $y=-x$ 的图像是第二、四象限的角平分线所在的直线（如图 2 所示）。

（在角的内部，角平分线上的每一个点到角的两边所在的直线的距离都相等；反过来，如果一个点到一个角的两边的距离相等，那么这个点一定在这个角的平分线上。

在此处教学"点",引入角平分线,非常有助于学生理解正比例函数 $y=x$ 的图像是一条直线。)

老师接着问:其他的正比例函数是否也是直线呢?

老师:不是一般性,我们不妨研究在平面直角坐标系中 $y=2x$ 的函数图像。在数学里,探究函数的图像有列表、描点、连线三个步骤。

1. 静态取点实验操作

新建画板,定义平面直角坐标系。

列表:(要求学生填表1,分别以各对 x、y 的值为坐标,然后在平面直角坐标系描出相应的点。)

表 1

x	···	-3	-2	-1	0	1	2	3	···
y	···								···

绘制点 $(-3,-6)$、$(-2,-4)$、$(-1,-2)$、$(0,0)$、$(1,2)$、$(2,4)$、$(3,6)$,任意选取其中两点,构造直线 l,观察其余各点与直线 l 的位置关系。(直线 l 经过其余各点。)

2. 动态取点实验操作

① 在 x 轴上取一个点 X;

② 选中该点,度量其横坐标,把标签修改为 x;

③ 下拉数据菜单,计算 $2x$;

④ 下拉绘图菜单,绘制点 $P(x,2x)$(见图3,因为 $y=2x$,所以图像上的点应该满足纵坐标是对应横坐标的2倍);

⑤ 选中点 P,下拉显示菜单,追踪绘制的点 P;

⑥ 拖动点 X,观察点 P 经过的路线(见图4);

⑦ 选中点 X,下拉显示菜单,生成点 X 的动画,再观察 P 经过的路线(见图5)。

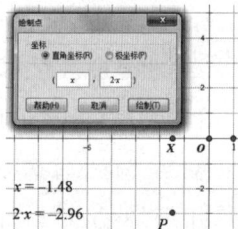

图 3

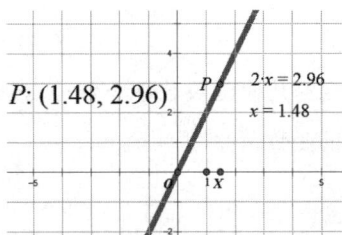

图 4

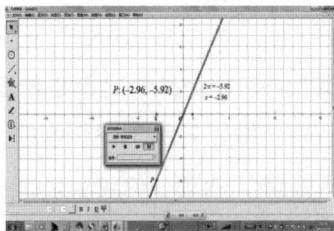

图 5

（由于静态取点有其局限性，所以虽然这些点都在同一条直线上，但不能说明更多的符合条件的点是否在这条直线上。而几何画板软件可以动态取点，动感强，而且具有很强很准确的计算功能，不仅可以取小数点，还可以精确绘制点，解决手工绘图局限于整数点、几分之一的问题。所以，教师让学生在课堂上用几何画板软件做动态取点实验，请一个学生到前台来，教师口述实验操作步骤，由学生动手实验，其他学生虽然没有亲自动手，但是同样有身临其境的感觉，亲眼看到了函数 $y=2x$ 的图像的形成过程，学生们真正实现了在做中学。）

3. 绘制函数 $y=2x$ 的图像的实验操作

（教师接着告诉同学们，几何画板软件不仅可以动态取点，还可以直接画出函数的图像。）

下拉绘图菜单，绘制新函数（见图 6），在对话框中点入 $2 \cdot x$，选中 $g(x)=2 \cdot x$，右击鼠标，把标签 g 修改为 y（见图 7），即得到 $y(x)=2 \cdot x$ 的函数图像。

观察直线 $y(x)=2 \cdot x$ 与动点 P 经过的路线。（见图 8）

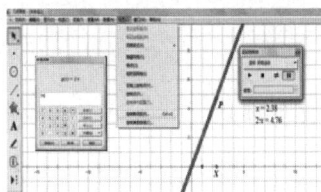

图 6

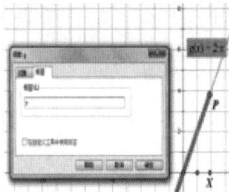

图 7

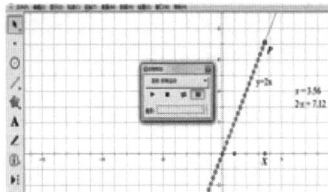

图 8

实验结论：函数 $y=2x$ 的图像是_____。（一条直线）

（老师：根据刚才的探索实验，正比例函数 $y=x$，$y=-x$，$y=2x$ 的图像都是直线，那么其他的正比例函数图像是否也是直线呢？几何画板软件不仅可以画函数图像，还可以直接修改函数的表达式，进而得到新的函数图像，很快捷。）

4. 实验操作（再请一位同学完成下列操作）

① 双击"2x"，打开计算器把 2 逐次修改为 0.5、1、3、5.5，然后逐个绘制 $y=0.5x$，$y=x$，$y=3x$，$y=5.5x$ 的函数图像（如图 9 所示），并观察图像。

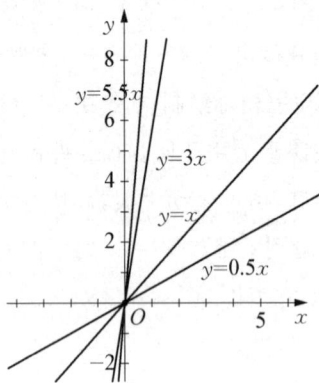
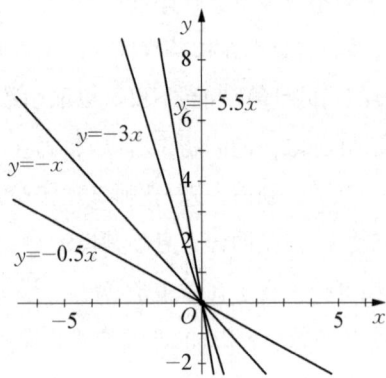

图 9   图 10

实验结论：

函数 $y=0.5x$，$y=x$，$y=3x$，$y=5.5x$ 的图像都是_____。（直线）

② 用同样的方法逐个绘制 $y=-0.5x$，$y=-x$，$y=-3x$，$y=-5.5x$ 的函数图像（如图 10 所示），并观察图像。（再请几位同学完成上述操作。）

实验结论：

函数 $y=-0.5x$，$y=-x$，$y=-3x$，$y=-5.5x$ 的图像都是_____。（直线）

实验操作：下拉文件菜单，点击文档选择新增页，构造在 y 轴上的点 K，度量点 K 的纵坐标 y_K，把 y_K 的标签修改为 k，然后绘制函数 $y=kx$，观察其图像；拖动点 K，观察 $y=kx$ 的函数图像；选中点 K，生成点 K 的动画，观察 $y=kx$ 的函数图像。

（通过上述的实验操作，可以得出，正比例函数图像是经过原点的直线这样一个结论。)

结论：正比例函数的图像都是经过_____点的_____。（原点、直线）

（正比例函数 $y＝kx$（$k≠0$），k 只有两种选择，要么 $k＞0$，要么 $k＜0$，利用几何画板可以很快发现正比例函数图像的增减性。）

在正比例函数 $y＝kx$ 中，

如果 $k＞0$，那么 y 随 x 的增大而_____；

如果 $k＜0$，那么 y 随 x 的增大而_____。

（有了探索正比例函数图像的经验，或者说有了研究的"套路"，学生可以模仿以上的操作，探究一次函数的图像及其性质。）

实验二：一次函数图像的探索实验

同学们已经有了探索正比例函数的基础了，可以用同样的方法探索一次函数的图像。我们不妨来研究 $y＝2x＋1$ 的函数图像。

实验操作：（重新请一位同学完成下列操作，其他同学见证其操作是否符合规范。）

下拉文件菜单，点击文档选项"新增页"，定义平面直角坐标系。

① 在 x 轴上取一个点 X；

② 选中该点，度量其横坐标，把标签修改为 x；

③ 下拉数据菜单，"计算"$2x＋1$；

④ 下拉绘图菜单，绘制点 $P(x，2x＋1)$；

⑤ 选中点 P，下拉显示菜单，追踪绘制的点 P；

⑥ 拖动点 X，观察点 P 经过的路线；

⑦ 选中点 X，下拉显示菜单，生成点 X 的动画，再观察点 P 经过的路线。

下拉绘图菜单，绘制新函数，在对话框中输入 $2x＋1$（如图 11 所示），点击"确定"，然后选中 $g(x)＝2·x＋1$，右击鼠标，把标签 g 修改为 y，即 $y(x)＝2·x＋1$。

实验结论：

① 点 P 经过的路线是_____；（直线）

② 函数 $y＝2x＋1$ 的图像是_____。（一条直线）

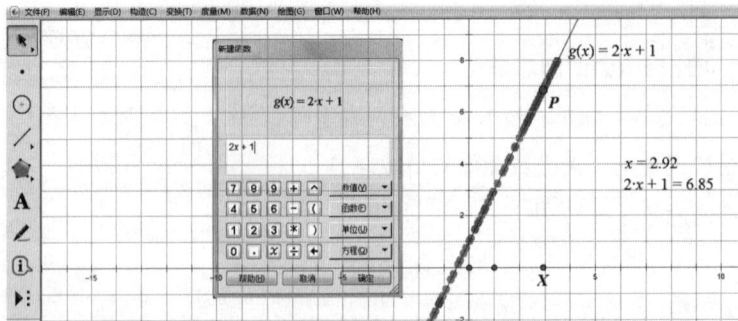

图 11

绘制其他一次函数的图像实验操作：

双击 $y(x)=2 \cdot x+1$，修改为 $y(x)=3 \cdot x+1$，然后点击"确定"，观察 $y(x)=3 \cdot x+1$ 的函数图像；

双击 $y(x)=3 \cdot x+1$，修改为 $y(x)=3 \cdot x-1$，然后点击"确定"，观察 $y(x)=3 \cdot x-1$ 的函数图像；

双击 $y(x)=3 \cdot x-1$，修改为 $y(x)=x+3$，然后点击"确定"，观察 $y(x)=x+3$ 的函数图像；

双击 $y(x)=x+3$，修改为 $y(x)=-2x+0.5$，然后点击"确定"，观察 $y(x)=-2x+0.5$ 的函数图像。

（所绘图像如图 12 所示。）

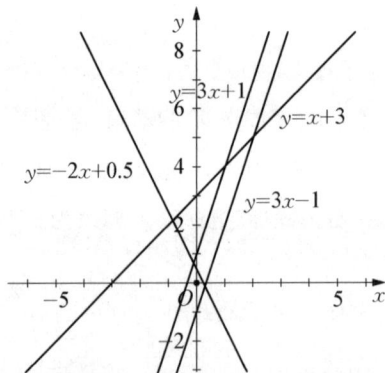

图 12

结论： 一次函数 $y=kx+b$ 的图像是_____。（直线）

（在正比例函数图像的基础上，可以拓展到一次函数。）

实验三：k，b 对一次函数 $y=kx+b$ 图像影响的研究

由实验一、二知，当 $b=0$ 时，一次函数 $y=kx+b$ 是正比例函数，其图像一定是经过_____的直线；当 $k>0$ 时，一次函数一定经过第_____象限；当 $k<0$ 时，一次函数一定经过第_____象限。

1. 确定 b 的值，研究 k 对一次函数图像的影响的实验操作

下拉文件菜单，点击文档选项"新增页"，定义平面直角坐标系。（在不影响研究的情况下，不妨取 $b=3$。）

（1）绘制函数 $y=0.25x+3$，$y=0.5x+3$，$y=0.8x+3$，$y=x+3$，$y=1.5x+3$，$y=4x+3$ 的图像。（$k>0$）

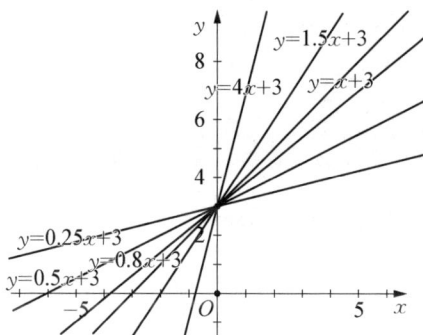

图 13

观察图像（如图 13 所示），回答下列问题：

① 这些一次函数都经过点_____；

② $k>0$ 时，一次函数 y 随 x 的增大而_____；

③ $k>0$ 时，随着 k 的值逐渐增大，直线越来越_____。（填"平缓"或"陡峭"）

（2）绘制函数 $y=-0.25x+3$，$y=-0.5x+3$，$y=-0.8x+3$，$y=-x+3$，$y=-1.5x+3$，$y=-4x+3$ 的图像（$k<0$）

观察图像（如图 14 所示），回答下列问题：

① 这些一次函数都经过点_____；

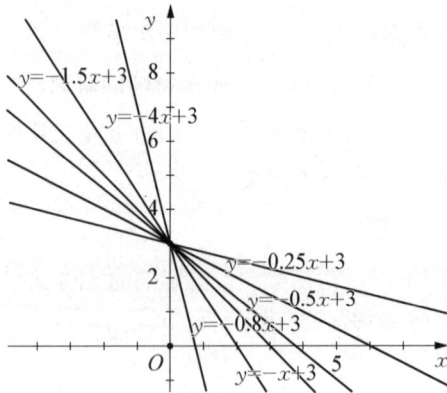

图 14

② $k<0$ 时，一次函数 y 随 x 的增大而_____；

③ $k<0$ 时，随着 k 的绝对值逐渐增大，直线越来越_____。（填"平缓"或"陡峭"）

结论：

① 一次函数 $y=kx+3$ 的图形都经过点_____；

② 当 $k>0$ 时，一次函数 y 随 x 的增大而_____；当 $k<0$ 时，一次函数 y 随 x 的增大而_____；

③ $|k|$ 逐渐_____（填"增大"或"减小"），一次函数的图像（直线）就越陡峭，越逼近 y 轴；

$|k|$ 逐渐_____（填"增大"或"减小"），一次函数的图像（直线）就越平缓，越逼近 x 轴。

2. 确定 k 的值，研究 b 对一次函数图像的影响的实验操作

下拉文件菜单，点击文档选项"新增页"，定义平面直角坐标系。（在不影响研究的情况下，不妨取 $k=2$。）

绘制函数 $y=2x+6$，$y=2x+4$，$y=2x+1$，$y=2x$，$y=2x-0.5$，$y=2x-1$，$y=2x-3$ 的图像。

观察这些函数与 $y=2x$ 的图像（如图 15 所示），这些直线有何位置关系？

结论：当 $k=2$ 时，一次函数 $y=2x+b$ 随着 b 取值的变化相应的图像是一组

_____。（平行线）

实验操作：构造在 y 轴上的点 B，度量点 B 的纵坐标 y_B，把 y_B 的标签分别修改为 b，绘制函数 $y=2x+b$；拖动点 B，观察 $y=2x+b$ 的函数图像。

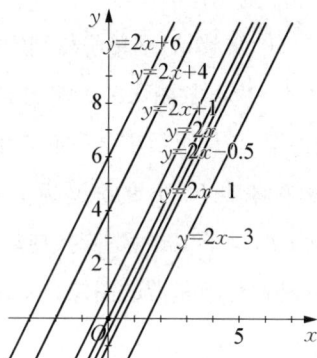

图 15

实验操作：绘制函数 $y=-2x+6$，$y=-2x+4$，$y=-2x+1$，$y=-2x$，$y=-2x-0.5$，$y=-2x-1$，$y=-2x-3$ 的图像。

可以发现，这一组直线（如图 16 所示）的位置关系是_____。（平行）

观察这些函数与 $y=-2x$ 的图像，并找出它们之间的关系。

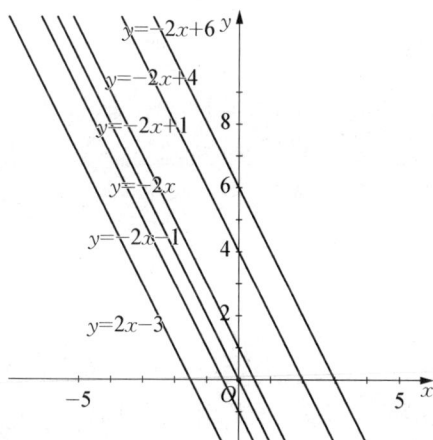

图 16

结论：

① 一次函数当 k 的值确定时，b 的值变化，一次函数 $y=kx+b$ 的图像是一组_____。

② 正比例函数 $y=kx$ 的图像是经过原点的一条直线，一次函数 $y=kx+b$ 的图像可以看做是由正比例函数 $y=kx$ 的图像沿 y 轴向_____（填"上"或"下"）（$b>0$）或向_____（填"上"或"下"）（$b<0$）平移 $|b|$ 个单位得到的一条直线。

3. 研究 k，b 同时变化时对一次函数图像的影响的实验操作

下拉文件菜单，点击文档选项"新增页"，定义平面直角坐标系。

构造在 y 轴上的点 K，B，度量点 K，B 的纵坐标 y_K，y_B，把 y_K，y_B 的标签分别修改为 k，b，绘制函数 $y=kx+b$，观察其图像；变换拖动点 K，B，观察 $y=kx+b$ 的函数图像。依次总结出以下六种情形下函数的图像与 k，b 的相互关系：

① $\begin{cases} k>0, \\ b>0; \end{cases}$ ② $\begin{cases} k>0, \\ b=0; \end{cases}$ ③ $\begin{cases} k>0, \\ b<0; \end{cases}$ ④ $\begin{cases} k<0, \\ b>0; \end{cases}$ ⑤ $\begin{cases} k<0, \\ b=0; \end{cases}$ ⑥ $\begin{cases} k<0, \\ b<0。 \end{cases}$ 它们的示意

如图 17 所示。

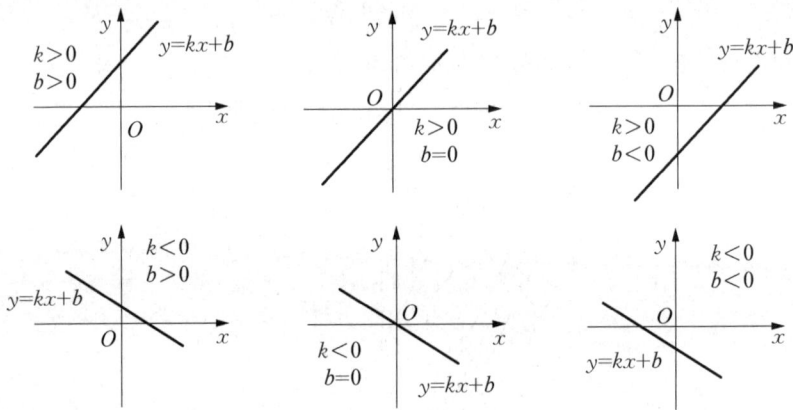

图 17

实验结论：当 $k>0$，$b>0$ 时，一次函数 $y=kx+b$ 的图像经过第_____象限；当 $k>0$，$b=0$ 时，一次函数 $y=kx+b$ 的图像经过第_____象限；当 $k>0$，$b<0$ 时，一次函数 $y=kx+b$ 的图像经过第_____象限；当 $k<0$，$b>0$ 时，一次函数 $y=$

$kx+b$ 的图像经过第_____象限；当 $k<0$，$b=0$ 时，一次函数 $y=kx+b$ 的图像经过第_____象限；当 $k<0$，$b<0$ 时，一次函数 $y=kx+b$ 的图像经过第_____象限。反之亦然。

第三部分　课例评析

【学生反响】

（课后与小华、小明两位同学的一段对话。）

小华：王老师，我有一个问题，这几天我一直在想，但一直没好意思向老师请教。

老师：不要担心，没什么，说说看。

小华：一次函数的图像都是直线，包括正比例函数的图像也都是直线，那么为什么不说直线就是一次函数呢？

小明：老师，我们也一起讨论过这个问题，我也有这样的想法。

老师：很好，同学们，我们所学的一次函数图像包括正比例函数的图像，确实都是直线。不知你们注意到没有，一次函数的图像虽然都是直线，但是它们都是"斜"的直线，你们想想是不是这样？

小华：是的，一次函数 $y=kx+b$ 的图像，当 $k>0$ 时，图像一定是"斜"着经过一、三象限；当 $k<0$ 时，图像一定是"斜"着经过二、四象限。

老师：很好，我们曾详细研究过一次函数 $y=kx+b$ 的图像，共有 6 种情况。（1）当 $k>0$，$b>0$ 时，一次函数 $y=kx+b$ 的图像经过一、二、三象限；（2）当 $k>0$，$b=0$ 时，一次函数 $y=kx+b$ 的图像经过一、三象限；（3）当 $k>0$，$b<0$ 时，一次函数 $y=kx+b$ 的图像经过一、三、四象限；（4）当 $k<0$，$b>0$ 时，一次函数 $y=kx+b$ 的图像经过一、二、四象限；（5）当 $k<0$，$b=0$ 时，一次函数 $y=kx+b$ 的图像经过二、四象限；（6）当 $k<0$，$b<0$ 时，一次函数 $y=kx+b$ 的图像经过二、三、四象限。我们在课堂上已经把这 6 种情况的图形画出来了。

老师接着问：请问同学们，一次函数的图像是否有垂直于 x 轴或 y 轴的呢？

（学生均表示没有。）

老师：所以，虽然一次函数的图像都是直线，但是一次函数的图像并不能代表坐标平面内的所有直线，最简单的例子就是 x 轴、y 轴都是直线，但是 x 轴和 y 轴这两条直线不是一次函数的图像。

小华：老师，那么像 x 轴和 y 轴这样的直线是否是函数的图像呢？

老师：x 轴这条直线如果用数学式子来表示的话，应该是 $y=0$，意思是这条直线上所有点的纵坐标都是 0，而按照函数的定义，"在一个变化的过程中，有两个变量 y 和 x，对于变量 x 的每一个值，y 都有唯一的值与它对应，我们称 y 是 x 的函数"，很显然 $y=0$ 是函数，是常函数，但不是一次函数。同样，垂直于 y 轴的任一条直线都不是一次函数的图像，如果直线垂直于 y 轴，垂足的纵坐标为 b，那么可以用 $y=b$ 来表示这条直线，意思是这条直线上所有点的横纵坐标都是 b，$y=b$ 是常函数。

同样，在坐标平面内还有无数条与 y 轴平行的直线，这些直线都垂直于 x 轴，如果直线垂直于 x 轴，垂足的横坐标是 a，可用 $x=a$ 来表示这条直线，意思是这条直线上所有点的横坐标都是 a。不过，请同学们思考一个问题：直线 $x=a$ 能否是某个函数的图像。

学生展开热烈的讨论，讨论后得出的结论是：$x=a$ 不是函数。理由是当 $x=a$ 时，y 有无数个值与之对应，这显然不符合函数的定义。

老师：所以我们说一次函数的图像都是直线，但直线未必一定是一次函数的图像，凡是与坐标轴平行的直线都不是一次函数图像；但是，在坐标平面内，不与坐标轴平行或垂直的直线都是一次函数图像。

小华：谢谢老师，我明白了，相信大家也都明白了。

老师：其实，小华你提的问题还是很有深度的，说明你是一位爱思考的学生。

小明：老师，几何画板真好，我回家也用几何画板软件去画一次函数的图像。谢谢老师，我以后会打电话向您请教问题。

老师：好，非常欢迎。

【同行声音】

张诚(中教高级老师)：今天听了王教授的这一节课，受益匪浅，亲身经历了一次利用几何画板软件探究一次函数的图像及其性质的过程。王老师在课上用动态的技术手段解决动态的函数图像的问题,彻底颠覆了我二十多年的教学认知。

我们以前总是讲:"一般地,在一个变化过程中的两个变量 x 和 y,如果对于 x 的每一个值,y 都有一个唯一的值与它相对应,那么我们称 y 是 x 的函数,x 是自变量。"但是,我们在函数图像,特别是在一次函数图像的教学中,根本就没有像王教授这样去利用函数的表达式来确定点的坐标,进行动态描点、动态画图。

只有像王教授这样开展教学,才能让学生知道如何研究动态问题。在动态的问题中,要寻找和确定一些不变的关系,也就是在变化的过程中要抓住不变的关系,运动是绝对的,但是要善于发现它静止的一面。王教授在课上始终锁定函数的表达式进行研究,不仅研究出一次函数的图像是直线、一次函数图像的增减性,还带领学生研究出 b 对函数图像的影响,并顺带带出了直线的平移问题。他的课起点低,切入低,但是内容循序渐进,逐步深入,使课堂状态渐入佳境,将学生引领到数学王国的知识花园。

经过这一节课的学习,学生学习数学的兴趣会被极大地激发。学生学会了如何去研究、探索,并获得了进一步学习,以及未来发展所必需的"四基",培养了从数学的角度去发现和提出问题的能力,提高了分析问题和解决问题的能力,同时对创新意识和应用能力的提升也非常有帮助。

我很想拜王教授为师,希望王教授不要拒绝我,也欢迎王教授常回宿迁老家来授课传经。最后,再次感谢王教授今天的精彩课堂呈现!

【自我反思】

一次函数的图像是什么?是直线。为什么是直线?如何验证?

我将这些问题组成问题串,师生共同探索,从而组成学习共同体,一起寻找、发现、培育知识的生长点。几何画板不仅仅是动态演示,更重要的是要揭示数学本质性的东西,一味地动态不见得就是好事情。数学教学有时候需要停留,需要留下痕迹,这就需要老师灵活掌握好动静结合点,把握分寸,这样才能有利于学生理解数学,学会数学,应用数学。

少教多学,目的是培养学生的可持续发展能力。注重学生学习力的发展,意味着我们要更少地依赖机械学习、反复考试和僵化教学,更多地关注发展性评价、自主性学习、差异化教学和终身技能的培养。基于日常生活经验,教师还必须通过一些特有的感性或理性的数学活动,才能让学生把握数学的本质,理解数学的意义。在数学目标的指引下,学生通过对具体事物进行实际操作、考察和思考,使自己的认识完成从感性向理性的飞跃。

数学活动经验的积累过程是学生主动探索的过程。教师积累"数学活动教学"的教学经验,摆脱过度形式化的数学思维模式,把各种数学活动组织进课堂教学,使学生的"数学现实"有深厚的生活经验支撑,学生的社会人文意识完成从感性到理性的转变。正如日本著名数学教育家米山国藏指出:"作为一个教师,应该采取这样一种态度,即抓住他所要教的内容的本质,把其精髓教给学生。"布鲁纳认为,从学生入学一开始就应给他们提供机会解决问题,进行推测,去争论,这些活动本身构成一门学科的核心成分。在学科课堂中,教师可以通过任务问题化、问题意义化和知识个性化来安排这些活动,培养学生的思维,使他们形成学科的思维方式,提升数学核心素养。

【专家点评】

点评专家:赵齐猛,特级教师、正高级教师

王教授的这一节课让我们深受启迪!

王教授通过函数的表达式来绘制点、跟踪点,描出符合函数表达式的动点并绘制点运动留下的轨迹,这样可以直观地让学生感受到一次函数的图像是一条直线,再通过改变一次函数表达式中 k,b 的取值,从而从特殊到一般,进一步确认"一次函数的图像是一条直线"的结论,让学生不对此结论有怀疑,成功地实现从有限的且坐标均为整数点的突破。

在传统的教学中,我们很难在黑板上精确地加密点,也很难画出坐标值比较大的点,王教授使用几何画板软件来探索并实现这些目标,使数学学习过程真正实现"数学化",应该说这样的探究才是科学的探究。我们知道数学核心素养是以数学课程教学为载体,基于数学学科的知识技能而形成的重要的思维品质和关键能力。这一节课,同学们在王教授的帮助下,已经学会了怎样进行一次函数图像的探索,并会使用这种研究范式独自完成后续其他未知函数图像的学习与探究。

这一节课,王教授找准并尊重学生的最近发展区,利用几何画板软件,通过点的动态展示以及动点坐标的标注,让学生感受到点与线、局部与整体的内在联系。探索的一次函数图像过程有利于学生明白图像研究的关键是对点的研究。

回顾数学的发展历史,不难发现,数学不仅仅是单纯的逻辑推理,也是一门实验科学。随着科学的发展,尤其是计算机的出现,给数学研究带来了先进的工具,改变了传统的只用纸和笔进行的数学研究,学生可以利用一些软件,比如今天王教授使用的几何画板软件进行数学实验、数学探究,从而"发现"数学规律。这样的数学实验探究对学生的数学理解、数学发现、数学推理、情感态度等方面都产生了积极的影响。这一节课中进行的数学实验探究,对学生的思维能力的提升、数学思想方法的获得、数学活动经验的积累以及数学核心素养的发展也产生了积极的影响。王教授的这一节课让我们再次感受到:数学核心素养是在数学知识技能的学习过程中形成的,它有助于学生深刻理解与掌握数学知识技能;数学核心素养不等同于数学知识技能,它是高于数学的知识技能,反映了数学学科的本质及其赖以形成与发展的重要思想,并指向学生的一般发展,有助于学生终身和未来发展。

【名师简介】

王宗信,江苏省第十三批特级教师、教授级高级教师,援疆教师,江苏省优秀教育工作者,义务教育教科书初中数学教材编写组成员,江苏省优质课一等奖获得者,江苏省优秀教研成果一等奖获得者,江苏省第 9 期重点教研课题"初中生数学学习力"主持人,作为核心成员参与十余项国家、教育部、江苏省教育规划课题研究。省市师资培训专家,中考命题专家,徐州市优秀教育工作者、徐州市优秀学会工作者、徐州市学科带头人、徐州市青年名教师、徐州市先进教研个人,获得徐州市科技情报研究成果奖、徐州市哲社成果奖,曾先后获得徐州市人民政府和江苏省人民政府嘉奖。1995—2017 年在中国矿业大学附中任教,2017 年至今在徐州爱登堡国际学校任教。

第 15 章　证明

第一部分：教学预设

一、教学内容分析

1. 课标要求

《标准》在第三学段对学生学习本章内容的要求是：体会通过合情推理探索数学结论，运用演绎推理加以证明的过程，在多种形式的数学活动中，发展合情推理与演绎推理的能力。知道证明的意义和证明的必要性，知道证明要合乎逻辑，知道证明的过程可以有不同的表达形式，会综合法证明的格式。

2. 教材分析

苏科版教材七年级上册第十二章第二节的第一课时是"证明"。理性精神、推理意识是人类思维的典型特色，而数学证明则是提升这种逻辑思维的最佳手段。"证明"这一章以及后续的"图形与几何"的内容是训练学生逻辑思维能力的有效载体。本课内容虽然只是"证明"的前奏，但它可以帮助学生更深刻地理解推理证明，培养学生的推理意识，使他们掌握说理的基本方法，形成缜密的逻辑思维，这是非常重要的。教科书设置了线段长度比较、小道面积比较、代数式的值计算、正方形纸片分割与组合实验、直角三角板的旋转实验等活动,让学生充分感受到通过观察、操作、实验探索发现的一些结论不一定正确,并体会证明的必要性;介绍公理、定理及综合法证明的步骤和方法,引导学生关注推理的思考方法和表达方法;通过三角形内角和定理的证明,使学生理解合情推理与演绎推理的关系。

3. 重点与难点

认识到说理的必要性,学会说理要步步有据。

4. 学情分析

学生在小学阶段经历了探索一些图形的形状、大小和位置关系的过程,了解了一些几何体和平面图形的基本特征;在观察、实验、猜想、验证等活动中,发展了合情推理能力,能进行有条理的思考,能比较清楚地表达自己的思考过程与结果。这些认识是初步的、不全面的,需要他们在观察的基础上有根据地说明理由,即演绎推理。本节内容是让学生理解并判断一个数学结论是否正确,让他们知道仅仅依靠观察、实验来判断是不够的,必须进行推理说明,从而让他们感受到证明的必要性,掌握证明的分析方法和表述方法。

二、教学目标分析

1. 知道实验、观察、操作等是认识事物的有效手段,体验一些观察、操作活动,并能对获得的数学猜想进行验证。

2. 体验直观判断不一定正确,从而能尝试从数学的角度运用已有的知识和方法寻求证据,给出证明,感受推理证明的必要性。

3. 感受数学思考的合理性和严密性,在猜想和证实数学结论的过程中,增强理性精神和推理意识。

三、设计思路与方法

1. 整体思路

根据教学内容,结合七年级学生偏向直观认知的特点,采用"观察——探究——体验——实践"的导学方式,以感受证明的必要性为"主线",以"比较线段长短""拼长方形""判断代数式值的特征""计算间隙大小"和"设计小路"等动手"做"数学活动为"路径",让学生明确"生活中存在说理""数学中需要说理""说理是解决问题的一种方法""利用反例可以说明一个结论是错误的""而要说明一个结论是正确的,需要借助已有知识和方法从正面进行推理"等,并且让学生在参与观察、实验、猜想、证明等活动中,体悟到探究问题的一般步骤,感悟到证实一个结论的逻辑推理的必要性,使他们养成认真勤奋、独立思考、合作交流、反思质疑的学习习惯,形成严谨求实的科学态度。

2. 模式方法

针对七年级学生的知识结构和心理特征,本节课选用"引导探究式"教学方法,引导学生通过实验操作、归纳验证,在自主探究与合作交流中解决问题,这样既遵循了学生的认知规律,又充分体现了"学生是数学学习的主人,教师是数学学习的组织者、引导者与合作者"的教学理念。

"操作+思考"的方式符合七年级学生的认知水平,符合其思维发展规律及心理特征。本节课在学法上充分发挥教师和学生的"双主"作用,教师通过引导,让学生动手、动脑,主动探索获取新知,同时让学生感悟到:学习任何知识的最好方法就是自己去探究。

3. 推荐资源

董林伟等.初中数学实验的理论与实践研究[M].南京:江苏凤凰科学技术出版社,2016.

第二部分　精彩实录

一、情景导入——新知识的"导火索"

1. 对话引入

师:老师想问同学们一个问题。在刚才起立的一瞬间,你朝老师看了吗? 在你们看老师的一瞬间,能不能谈谈对老师的一些感受或印象呢?

212

生：我觉得老师您很和蔼。

师：你怎么看出来的？

生：因为您对我们说话语气好，而且老师脸上一直都挂着笑容，给人感觉很亲切。

生：我感觉您很年轻，看起来也就 30 出头吧……

师：刚才同学们在对老师评价的过程中，用的"我看"，其实在数学当中就是一种研究方法——观察。通过观察一些现象，同学们猜想得到了一些结论，由此可见，观察确实是我们认识事物的一种重要的手段。（板书）

2. 实验引入

师：取一只透明的空玻璃杯，斜放一支铅笔，慢慢向杯中注水，观察铅笔发生了怎样的变化？铅笔真的发生变化吗？通过这个实验，使我们明白了一个什么道理？

生 1：铅笔变粗了。

生 2：铅笔变弯了。

师：铅笔真的像同学所说的变弯了或是变粗了吗？铅笔还是那根铅笔，是什么影响我们的判断了呢？

生 3：水。

师：也就是说，是水这个外部环境影响了我们的判断。我们经常会说"眼见为实"，通过这个实验你有什么感受？

生 4：眼见不一定为实。

【设计意图】第一个"对话"情境，让学生感受到观察确实是我们认识事物、研究事物的一种有效手段；第二个"实验"情境仍然重在观察，但学生通过生活经验感受到，这次观察得出的结论是不正确的。这两次观察使学生从正反两面认识了"观察"这一研究问题的手段，也激发了学生进一步学习的欲望。我想学生一定会产生这样的想法：除了观察外，如何选用合适的方法来更好地认识事物呢？或者说，在观察的基础上如何选用合适的方法进行验证猜想呢？

二、活动探究——问题解决的"脚手架"

活动一：在图 1 中，线段 AB 与线段 CD 哪一条长一些？

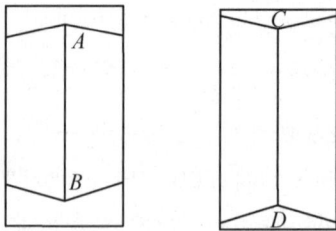

图1

生1：看起来 CD 线比较长。

生2：我认为这两条线应该是一样长的。

师：同一个问题，通过观察以后，同学们得到了两个不同的结论，到底谁的结论是正确的呢？

（学生动手验证。）

生1：我一开始认为 CD 线看起来比较长一点，但是我通过折叠使它们重合，发现它们是一样长。

生2：我是用刻度尺来度量这两条线的长度，发现长度是相同的。

师：两位同学通过动手操作验证了自己的猜想。看来"眼见不一定为实"，动手操作还是挺有用的。接下来，请同学们打开数学实验手册，按要求进行操作。

【设计意图】在观察判断两条线及其关系的活动中，首先让学生观察有背景时的两条线，猜想其位置关系，这是"看数学"的层面；同时学生也感受到存在干扰因素，认为有必要对自己的猜想进行验证，所以学生会自觉地用度量的方式来验证自己的猜想，这就是"做数学"的层面；在此活动之后，学生势必更强烈地认识到，要判断一个结论是否正确，就必须进行验证，这就上升到"想数学"的层面了。从看到做再到想，学生可以有效积累基本活动经验。

活动二：图2左图是一张 8 cm×8 cm 的正方形纸片，把它按图上粗线剪成4块，这4块纸片恰好能拼成右图那样的一个长为 13 cm、宽为 5 cm 的长方形吗？

生1：我感觉是可以的，但我还想再验证一下。

生2：我进行了操作，看起来确实能拼成。

生3：我通过操作，看起来确实能拼成的，但我通过计算这两个图形的面积，发现

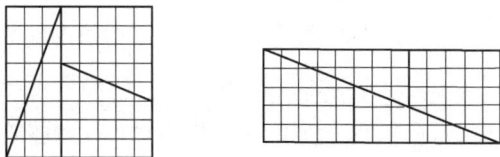

图 2

其实应该是拼不成的,因为中间可能会有点缝。所以我觉得有时候操作可能会有一些误差。

师:左边正方形的面积是 64 平方厘米,右边一个长方形的面积是 65 平方厘米,所以通过计算我们发现肯定是拼不成的,看来操作有时会有一些误差。

【设计意图】在计算验证这一环节,利用数学实验的直观性和思维型,让学生体会到:有时候操作也不能正确验证,还需要通过计算进一步验证。直观性表现在动手拼图上,让所研究的内容"可视化",让学生得到初步的"能"拼成的结论;思维性表现在对获得的初步结论的再思考上,可以从数的角度进行计算,以后还可以利用相似的知识进行推理,从而获得正确的结论"不能恰好拼成"。

活动三:计算并思考

(1) 当 $x = -2, 0, 4, 6$ 时,代数式 $x^2 - 2x + 2$ 的值是否为偶数?

你能否得到结论:对于任意整数 x,$x^2 - 2x + 2$ 的值都是偶数?

(2) 小林同学也通过计算对代数式 $x^2 - 2x + 2$ 的值进行研究(如表1)。

表 1

x	-6	$-\dfrac{1}{2}$	0	1	2 $\cdots$
$x^2 - 2x + 2$	50	$\dfrac{13}{4}$	2	1	2 $\cdots$

他发现,当 $x = -6, 0, -\dfrac{1}{2}, 1, 2$ 时,$x^2 - 2x + 2$ 的值一定不小于1,于是他得出结论:对于任意 x,$x^2 - 2x + 2$ 的值一定不小于1。 他的说法对吗?

生1:问题1中,我通过计算发现,当 $x = -2, 0, 4, 6$ 时,代数式 $x^2 - 2x + 2$ 的值都是偶数,但是对于任意 x,$x^2 - 2x + 2$ 的值不一定都是偶数。

师：你是怎么判断的呢？

生1：当 $x=-2,0,4,6$ 时，代数式 x^2-2x+2 的值为偶数，我是通过计算得到的；对于任意 x，x^2-2x+2 的值都是偶数，我想不可能都算完，一开始我根据前面的结论猜想它可能都是偶数，后来我分析了一下，因为对于任意整数 x，$-2x+2$ 的结果都是偶数，所以我们只要看 x^2 的结果即可。因此，我假设 x 是偶数，那么偶数的平方是偶数，此时代数式 x^2-2x+2 的值为偶数；若 x 是奇数，那么奇数的平方还是奇数，奇数＋偶数＋偶数，结果为奇数。因此对于任意 x，x^2-2x+2 的值不一定都是偶数。（学生自发鼓掌，教室里响起掌声。）

生2：我的结论也是对于任意整数 x，x^2-2x+2 的值不一定都是偶数，但我验证的方法不一样，我是采用取特殊值的方法，比如 $x=1$，此时算出的结果就是 1，就不是偶数。

师：第一位同学用说理的方法验证了结论，第二位同学用举反例的方法也得出了结论。问题 2 呢，同学们是如何解决的呢？

生3：我觉得举反例的方法很简单，所以对于问题 2 原本我想用举反例的方法说明它是错误的，也就是 x^2-2x+2 的值一定小于 1，但是我找了好多数代入计算，发现结果都大于 1，我想没找出反例的话，这句话就应该是正确的。

师：如果要说明这句话是错误的，举个反例就行了，但要说明这句话是正确的，用列举法可以吗？

生3：我觉得举很多很多例子就可以了。

师："很多很多"能代表"任意"这两个字吗？

生4：我觉得不行，还是得用说理的方式。$x^2-2x+2=(x-1)^2+1$，无论 x 取何值，$(x-1)^2$ 都是非负数，所以 $(x-1)^2+1$ 的值是不小于 1 的。

师：我们现在清楚了，验证一个结论是错误的话，只需举一个反例即可，但要验证一个结论是正确的话，"窥一斑未必见全豹"，必须用说理的方法。通过这些活动，我们发现了观察、实验操作等方法，它们确实可以帮助我们直观地获取一些结论，但很多时候这些结论是不是一定都是正确的？（学生齐答：不是的。）那么在数学上，我们要获得一个正确结论的时候，必须要进行验证。所以，这堂课我就跟同学们一起来学习 12.2 的第一课时"证明"（板书课题）。

【设计意图】在前一个活动中,学生已经感受到计算是一种有效的验证方式。在此基础上,我呈现了一个通过分析计算结果得出结论的问题,这一问题分两个层次:一是通过计算,猜想得到一个错误结论;二是通过计算,猜想得到一个正确结论。通过实验活动,我旨在让学生感受到:没有严格的推理,仅由若干特例归纳、猜测的结论未必正确;利用反例可以说明一个结论是错误的,而要说明一个结论是正确的,则必须借助已有的知识和方法从正面来证明。这样的活动过程不仅有利于培养学生的批判性思维,而且也进一步使学生养成严谨求实的科学态度。

三、思维提升——经验积累的助推器

问题 1:假如用一根比地球赤道长 15 米的铁丝将地球赤道均匀地围起来,那么铁丝与地球赤道之间的间隙能有多大? 能放进一颗红枣吗? (把地球看成球体,赤道的周长 C 约为 4 万千米。)

生 1:我猜想应该是放不进去,因为 15 米比起 4 万千米是非常渺小的。

生 2:我觉得可能放不进去,但通过刚才的活动我知道要想得到一个正确的结论,仅仅靠想猜想是不行的,而是要进行验证。所以我计算,设铁丝围成的圆的半径为 R,赤道这个圆的半径为 r,计算得到 $R-r$ 的结果约等于 2.39 米。

师:你身高多少啊? (问生 1)你能走过去吗? (生 1 笑了。)

问题 2:请你在长方形草坪中铺设一条处处均为 1 米宽的小路。

师:同学们的设计都已经告一段落,刚才我们很多组都把他们的作品贴到黑板上了。我发现同学们都很有创意,条条大道通罗马,有的是直路,有的是曲径通幽的弯路(如图 3 所示)。请问:这些路的形状都不太一样,这些路的面积是不是也不一样呢?

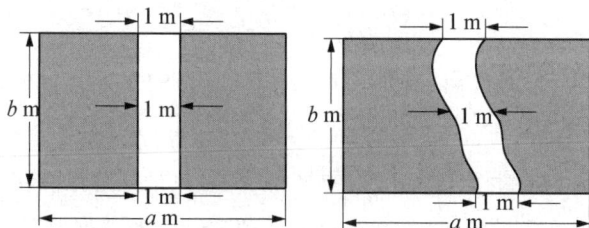

图 3

生1：一样。

生2：不一样。

师：有的同学认为是一样的，有的认为是不一样的。按照我们今天的说法是，言之需有理，你想如何验证呢？

生3：如果是直路的话，我们通过计算就可以得到面积；如果是曲路的话，我们可以通过平移发现，边上就正好多出一个长方形的直路。所以不管是直路还是曲路，它们的面积都是一样的。

师：通过操作＋计算验证，我们现在得到了结论，就是不管他们剪的形状如何，只要小路的宽处处相等，它们的面积就是相等的。

【设计意图】通过前面的三个探索活动，学生已经明确了验证的基本方法，就是大胆猜想＋合理验证，由此积累了一定的活动经验。所以，地球赤道问题和设计小路的问题这两个活动，就是让学生利用已有的活动经验在新情境中独立解决问题，并引导学生经历一个由合情推理到演绎推理的过程，感受到数学结论不能完全凭借直觉判断，还需要通过演绎推理来验证。在此过程中，学生不仅培养了观察问题、提出问题、分析问题、解决问题的科学探究能力，而且也渗透了数学课的德育价值——"始于欢乐，终于智慧"。

四、数学史料——素养提升的"助推器"

历史上，很多数学家都很想找到求质数的公式。1640 年，数学家费马验证了当 $n＝0$、1、2、3、4 时，式子 $2^{2^{n}}+1$ 的值 3、5、17、257、65 537 都是质数，于是他高兴地断言："对于所有的自然数 n，$2^{2^{n}}+1$ 的值都是质数。"由于费马在数学界的威望很高，因此在很长的一段时间里，根本没有人怀疑这个结论的正确性。人们把这类数称为费马数。

1732 年，数学家欧拉指出，当 $n＝5$ 时，$2^{2^{n}}+1＝4\,294\,967\,297＝641×6\,700\,417$，从而否定了费马的结论。

【设计意图】通过介绍费马大定理，再次说明了，只是凭感觉或靠对部分的研究来判断一个数学结论是正确的，这是不够的，还需要合乎逻辑的推理证明；这也是用数学史提升了学生的数学理解,增强了学生的核心素养。

五、小结反思——优化思维的"催化剂"

通过以上的探索活动,你有什么收获和感受? 说一说,与大家一起分享!

生:观察是我们获取结论的一种途径,但观察所获得的结论是否正确还需要我们加以验证;测量、操作有时会产生误差,我们可以用计算的方法加以验证;仅仅依靠经验、观察或实验来获取结论是不够的,必须一步一步、有根据地进行推理验证。

第三部分　课例评析

【学生反响】

我们在一个个的动手操作中感悟到,观察、操作、实验等是我们获取结论的一种有效途径,但观察、操作、实验所获得的结论是否正确还需要我们进行验证。这样的课堂,使我们真正成为了课堂的主人,我们觉得数学好玩,数学好学。

【同行声音】

整节课是在平等的师生关系下,通过一系列的问题设计来进行的。学生在轻松、快乐的课堂氛围中自主探索新知,这样每位学生在本节课中都能得到不同的收获,最终实现"人人都能获得良好的数学教育,不同的人在数学上都能得到不同的发展",也让学生真正感受到:课伊始,趣已生;课继续,情更浓;课已尽,意犹存。数学课堂真正焕发出了无穷的活力!

【自我反思】

推理是数学的基本思维方式。推理一般包括合情推理和演绎推理,合情推理是从已有的事实出发,凭借经验和直觉,通过归纳和类比等推断某些结果;演绎推理是从已有的事实(包括定义、公理、定理等)和确定的规则(包括运算的定义、法则、顺序等)出发,按照逻辑推理的法则来证明和计算出结果。在解决问题的过程中,两种推理功能不同,相辅相成。合情推理用于探索思路,发现结论;演绎推理用于证明结论。"证明"的第1课时可以说是初中数学中有关证明的起始内容,起始内容教学的成败将会对学生后续学习的好坏产生举足轻重的影响,然而在实际教学中,教师往往对感受型起始内容的教学不够重视,他们在教学中对这些内容进行简单处理,草草地结束教授,不能让这些内容发挥应有的教育功能。尤其是本节课,似乎没有知识与技能的显性目标,只是让学生通过大量的实例来感受证明的必要性,而感受又是不可考查的,所以很多老师应付了事,或者干脆不上。事实上,我们仔细研读教材后发现,本课教学内容内涵丰富。本课的重点既然是"感受",那就需要呈现大量的实例,而通常教师呈现实例时仅仅满足于演示,然后让学生"看"或"听",给学生带来的只是视觉上的冲击,并无"亲历"的过程,这就谈不上真正意义上的"感受",也就无法达成本节课的教学目标。其实,本节课蕴含着诸多动手"做"的契机,只要教师把握得好,并且不"包办代替",学生便可以亲历度量、画图、拼图等过程,这样他们的感受深刻程度是不言而喻的。这样的教学就可以变"听"数学为"做"数学,变"被动接受"为"主动探究",也才可能在真正意义上实现教与学的方式的转变,才能真正地让学生有一双用数学眼光观察世界的眼睛,有一个用数学思维思考世界的大脑。

【专家点评】

点评专家:孙朝仁,苏州教育科学研究院

这节课,马敏老师根据教学内容,结合七年级学生偏向直观的认知特点,主要采用"观察——探究——体验——实践"的导学方式,以让学生感受证明的必要性为"主线",以"比较线段长短""拼长方形""判断代数式值的特征""计算间隙大小"和"设计小路"等动手"做"数学活动为"路径",让学生明确5个问题,即"生活中存在说理""数学中需要说理""说理是解决问题的一种方法""利用反例可以说明一个结论是错误的""而要说明一个结论是正确的,需要借助已有知识和方法从正面进行推理"等。

而这一系列层层深入的活动,让学生在参与观察、实验、猜想、证明等活动中,体悟到探究问题的一般步骤,感悟到使用逻辑推理在证实一个结论时的必要性,也对他们渗透了演绎推理的前意识。

这个过程不仅培养了学生观察问题、提出问题、分析问题、解决问题的科学探究能力，而且帮助学生养成认真勤奋、独立思考、合作交流、反思质疑的学习习惯，形成严谨求实的科学态度。

马老师在第一个环节中使用对话与倒水这两个情境，都是学生所熟悉的，也都是他们已有的生活经验。第一个"对话"情境，让学生感受到观察确实是我们认识事物的一种有效手段；第二个"实验"情境，虽然仍重在观察，但学生通过生活经验感受到这个观察得出的结论是不正确的，也就是"眼见不一定为实"。在此基础上，教师概括提升生活中的"看出来"，也就是我们数学中研究问题的一种常用方法——"观察"，这样就从生活自然过渡到数学了，而且这两个情境恰好从正、反两面让学生认识了"观察"这一研究问题的手段，让他们真切地感受到观察的结论有时是正确的，有时是不正确的，所以还需要进行证实。这也从另一个层面让学生明白，做何事都需要"严谨求实"。

那么接下来，我想学生一定会产生这样的想法：除了观察外，如何选用合适的方法来更好地认识事物呢？或者说，在观察的基础上如何选用合适的方法进行验证猜想呢？

第二环节中，马老师从数学内部着手，设计了三个活动，一是度量验证，二是计算验证，三是举反例验证和推理验证。"度量验证"这个活动看似简单，但却让我们感受到，学生基本活动经验的积累是呈螺旋式上升的。教师首先让学生观察有背景时的两条线，让他们猜想其位置关系，这是"看数学"的层面；当学生感觉到存在干扰因素，认为有必要对自己的猜想进行验证，进而自觉地用度量的方式来验证自己的猜想时，就到了"做数学"的层面；在此活动之后，学生势必更强烈地认识到，要判断一个结论是否正确，必须进行验证，做到"言必有据"，这就上升到"想数学"的层面了。从看到做再到想，这对学生的基本活动经验的积累是非常有效的，而且在这个教学过程中，教师也培养了学生反思质疑的学习习惯。

"计算验证"这一环节是利用数学实验手册上的问题展开的：将一张 $8\,cm \times 8\,cm$ 的正方形纸片剪成 4 块，按图示方式重新拼合成一个长方形，问这 4 块纸片恰好能拼成一个长为 13 cm、宽为 5 cm 的长方形吗？通过这个活动的开展，旨在让学生体会到：

有时候操作也不能验证得出正确结论,还需要通过计算进一步验证。这个验证的过程很好地体现了数学实验直观性和思维性的特点。直观性表现在动手拼图上,让所研究的内容"可视化",让学生得到初步的"能"拼成的结论;思维性表现在对获得的初步结论的再思考上,让学生可以从数的角度进行计算,以后还可以利用相似的知识进行推理,从而获得正确的结论——"不能恰好拼成"。

马老师的第三个活动是"举反例验证,推理验证"。

在前一个活动中,学生已经感受到计算是一种有效的验证方式,在此基础上,教师又呈现了一个通过分析计算结果得出结论的问题。这一问题分两个层次:一是通过计算,猜想得到一个错误结论;二是通过计算,猜想得到一个正确结论。我们看到,通过实验活动,学生自然地感受到:没有严格的推理,仅由若干特例归纳、猜测的结论未必正确;利用反例可以说明一个结论是错误的,而要说明一个结论是正确的,则必须借助已有的知识和方法从正面来论证。

所以说,在这样的活动中,学生既可以得到经历,又能获得感受,可以说是在经历中感受,在感受中经历。不知大家注意到没有,在说明代数式的值不小于1这一结论是否正确时,有一位男生一开始说,只要举很多很多例子就可以了,意思是取若干 x 值代入代数式进行验证就可以了。但当他经历探究过程之后,明白"很多并不等于任意",他终于认识到仅靠特殊值来验证是不行的,必须进行推理论证,也就是接下来他们要学习的演绎推理,这就是"自悟原理"的外在表现。在这样的活动过程中,学生不仅了解了举反例的方法,更重要的是他们明白了不完全归纳有时是不可靠的。这样的反思不仅有利于加强学生的批判性思维,而且也让学生形成严谨求实的科学态度。

通过上述三个活动,学生已经明确了验证的基本方法,形成了一定的活动经验,就是大胆猜想+合理验证。接下来马老师又设计了两个问题,让学生利用已有的活动经验在新情境中独立解决问题,一个是地球赤道问题,另一个是设计小路问题。

地球赤道问题是一个经典问题,问题是这样的:用一根比地球赤道长15米的铁丝把赤道均匀的围起来,求它们之间的缝隙?学生采用的方式是先猜想再验证。"设计小路"的问题,教材上是直接比较曲路和直路的面积,但由于七年级学生形象思维优于理性思维,他们很难想象出平移过去后的图形形状,所以此处马老师先让学生自己设计路的形状,再进行操作比较。各人想法不同,所以各组设计的路肯定是形状各异的,但由于有限制条件,小路的宽处处相等,因此不管学生设计的形状如何,面积肯定是相等的。这样设计的好处表现在两个方面:一是学生在操作过程中就会思考如何出现这条路;二是各自通过直观比较设计出来的路形状不同,但面积相等,就能引起学生认知冲突,进而使他们产生强烈的探究欲望。

在这里,我还想说的是,马老师对地球赤道问题的处理可谓独具匠心。他让学生闭上眼睛思考,这就是让学生自己经历进行数学抽象的过程,把地球抽象成球体,赤道抽象成圆,虽然有个别学生一开始想得太多,但老师能及时引导学生再次感受这种数学化的过程。另外,经过前面的系列活动,其实学生已经感受到了证明的必要性,所以当老师让同学们说出猜想结果时,有同学明明觉得 15 米与 4 万千米相比相差甚远,凭经验感觉枣肯定穿不过去,但是由于没找到合适的验证方式,也不敢轻易说出自己的结论;还有一些同学,想象之后就自觉地进行动手计算,验证自己的猜想,这充分体现了数学实验的价值——“始于欢乐,终于智慧”。

如果说地球赤道问题的处理是独具匠心的话,我认为“设计小路”这一问题的处理就是匠心独具,因为它充分调动了学生参与活动的积极性,激活了学生的思维。我们看到同学们专注思考的表情,争先恐后展示结论的激情,特别是第一排那个小男生形象的比划,可以说是手舞足蹈,这些都凸显了设计的实效性。更有意义的是,在教师的启发引导下,有的学生把纸片反过来,直观解释小路的面积是相等的,这非常有创意。所有这些都是学生良好数学核心素养形成的过程。

纵观整节课,可以看出马老师具有较强的课堂教学驾驭能力,教学思路清晰,流程安排合理,动手“做”数学的理念十分凸出,片段式的数学实验融入合理。整节课通过“两个引入情境”“三个探究活动”“两个问题解决”,让学生在轻松愉快的氛围中逐步感受到以下三个事实:一是眼见未必为实,观察、操作、实验得到的结论不一定正确;二是窥一斑未必见全豹,验证的方法要科学选取;三是言之要有理,证明是很有必要的。这样马老师就很好地达成了本节课的教学目标。同时,学生通过本节课的学习,能用数学的眼光观察世界,也能用数学的语言描述世界,还能用数学的思维思考世界,我想这就是本节课背后所隐含的更为重要的目标,即学科核心素养的培养。

【名师简介】

马敏,连云港市教育局教研室初中数学教研员,江苏省特级教师。兼任江苏省中数会理事、连云港市中数会秘书长,连云港师专数学与计算机系兼职教师,陕西省青少年素质研究会学术顾问等。曾荣获全国优秀教育工作者、全国师德先进个人、江苏省333高层次人才中青年科学技术带头人、江苏省教科研先进个人、连云港市名师、连云港市学科带头人等称号;曾参加全国初中数学青年教师优秀课评比、省优质课评比,均荣获一等奖。主持省市重点课题8项,参与国家、省级课题11项,研究成果荣获国家基础教育成果二等奖1项,省基础教育成果特等奖2项,省教研成果一等奖2项,市十一五优秀科研成果特等奖1项,市基础教育成果奖一等奖1项。是义务教育课程标准苏科版实验教科书《初中数学实验手册》的核心编写人员,在《中学数学教学参考》《数学通报》《数学教育学报》等刊物发表论文20余篇。录制了义务教育课程标准"综合与实践"板块的案例解读部分,录制了苏科版教材示范课、省送教下乡示范课、省名师课堂等近二十节。

第16章 用相似三角形解决问题(2)

第一部分 教学预设

何谓数学核心素养,它是具有数学基本特征的,适应个人终身发展需要和社会发展需要的必备品格和关键能力。也有专家认为,数学核心素养是把所学的数学知识都排除掉后剩下的东西,即学生能带走的东西,是根植于学生内心深处的思维品质和应用数学的意识。数学核心素养不能依靠机械的解题训练形成,应是在丰富的数学活动中不断积累形成,在探索数学知识、解决数学问题中形成的。《义务教育数学课程标准(2011年版)》提出:通过义务教育阶段的数学学习,学生能体会数学知识之间、数学与其他学科之间、数学与生活之间的联系,运用数学的思维方式进行思考,增强发现和提出问题、分析和解决问题的能力。爱因斯坦曾说:"发现问题和系统阐述问题可能要比得到解答更为重要。解答可能仅仅是数学或实验技能问题,而提出新问题、新的可能性,从新的角度去考虑老问题,则要求创造性的想象,而且标志着科学的真正进步。"因此,在发展学生数学核心素养的总体要求下,培养学生的问题意识,尤其是培养学生发现和提出问题的能力显得非常重要。

"用相似三角形解决问题(2)"是苏科版数学九年级下册的教学内容,现以这一课为例,就教学中如何精心设计问题的载体,着力培养学生的问题意识,有效建构知识体系,促进数学核心素养的发展,进行一些初浅的阐述。

一、教材分析

在苏科版初中数学教材的知识体系中,"图形的相似"被安排在九年级下册第六章,这节课的内容是用相似三角形解决第二课时的问题。在此之前,学生已经学习了相似图形的有关知识,探索了相似三角形的条件,掌握了相似三角形的性质。在"用相似三角形解决问题(1)"中,学生已经学会了利用平行投影测量物体高度,所以本节课是研究如何利用中心投影测量物体高度。这节课安排在这里,是因为点光源和太阳光源所形成的投影是不同的,它与上节课的内容既有联系又有区别;而将人的眼睛视线与点光源发出的光线类比,是因为视线与点光源发出的光线相似,所以它又是下一节课"视点、视线与盲区"的知识铺垫,起着承上启下的作用。另外,本节课的内容还渗透着转化、类比、从特殊到一般、方程等数学思想方法,重在培养学生发现和提出问题的能力、分析和解决问题的能力、逻辑思维能力以及总结和归纳的能力。因此,这节课无论在知识的学习上,还是在对学生能力的培养上都有着极其重要的意义。

二、学情分析

所授课的学校是一所农村中学,教学设施相对落后,学生的知识面较窄,动手操作能力较差,不善于独立发表见解,发现和提出问题、分析和解决问题的能力都比较弱。但学生具有很强的好奇心,对新鲜事物或新内容特别地感兴趣,对影子这一生活中常见的现象很熟悉,只要老师充分利用学生的知识最近发展区,设计好探究的思路,然后鼓励学生通过观察、思考去发现和提出问题,通过个人独立思考、小组合作交流,经历操作与观察、演示与想象、直观与推理等过程,并且调控好教学进程,就能使他们有感有获而发,从而达到教师预期的教学目的。

三、设计思路

　　以测量路灯杆的高度为抓手,重视前后知识的联系,在复习平行投影等知识的同时,组织学生思考这种方法是否一定可行,从而让学生提出本节课所要研究的问题,切身体会学习这部分内容的重要性与必要性。同时让学生类比平行投影的学习,提出学习中心投影的基本过程。通过让学生进行观察、操作、猜想、说理等一系列过程,教师从性质探索和应用实践两条线展开教学活动,引导学生不断地发现和提出问题,并帮助他们学会有条理地分析和解决问题;引导学生深刻体会学习的过程,让他们积累初步的数学活动经验;引导学生总结反思,明确新旧知识的联系,并提炼出解决问题时运用的数学思想方法,然后进一步提出问题,激发学生的兴趣,为下节课的学习作铺垫。

第二部分　精彩实录

片段 1:创设情境,引起冲突,提出研究问题

　　问题:如图 1,在一个阳光明媚的中午,八年级(1)班的同学测得路灯杆的影长 6 米,在相同时刻测得 1.6 米高的同学影长 1.2 米,你会求出路灯杆的高度吗?

　　生 1:设路灯杆的高度为 x 米,可列方程 $\dfrac{x}{6} = \dfrac{1.2}{1.6}$,解得 $x = 8$。

　　师:回答得很好,这样列方程的依据是什么?

　　生 2:在平行光线的照射下,不同物体的物高与其影长成比例。(教师板书。)

　　师:结合图 2,你能说出物高与其影长成比例的道理吗?

　　生 3:由 $AC /\!/ DF$,可得 $\angle 1 = \angle 2$,可得 $\triangle ABC \backsim$

图 1

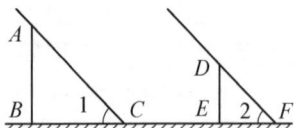

图 2

$\triangle DEF$，所以 $\dfrac{AB}{BC} = \dfrac{DE}{EF}$。

师：由此看来，用平行光线测量物体高度就是应用相似三角形去解决问题，但这种测量方法在任何时候都可行吗？

生（众）：没有太阳光，阴天、下雨天、晚上……就不行了。

师：结合以上情况，你能提出关于测量物高的一些新问题吗？

生 4：阴天如何测量物体的高度？

生 5：晚上如何测量物体的高度？

……

师：这么多的问题我们不可能全部解决，要有所选择。我们现在要测量的是路灯杆的高度，虽然没有太阳光，但我们有灯光，因此本节课我们把在晚上如何测量路灯杆的高度确定为研究的问题。（板书研究的问题。）

【设计意图】平行投影的知识是学生刚刚学习过的，以平行投影中的一个数学问题为情境，让学生进行计算、说理，有效进行了旧知的复习，为下面研究应用相似三角形的知识，解决新问题打好了基础，也帮助学生建立了知识的最近发展区。在此基础上提出问题：这种测量方法是不是在任何时候都可行？以此引导学生观察思考，并提出各种新问题，从而在众多的问题中归纳出本节课要研究的问题，最后教师水到渠成地确定新课学习的任务。

片段 2：类比旧知，猜想验证，研究点光源性质

师：研究的问题确定了，你们认为我们应该怎样去研究呢？谈谈你的想法。

生 6：（小组讨论后）我认为应该是先画图形，探索其具有的性质。

教师：好，下面我们一起来探索。

1. 尝试画图

问题：如图 3，在路灯下笔直站着两位身高相同的学生，请你画出两位同学的影子。

（众生画图，教师巡视指导，再小组交流，最后进行作品展示，如图 4。）

师：通过画图，你发现路灯与太阳发出的光有什么不同？

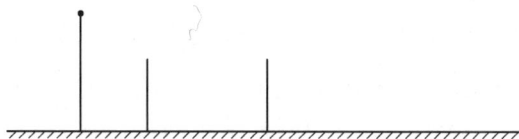

图 3

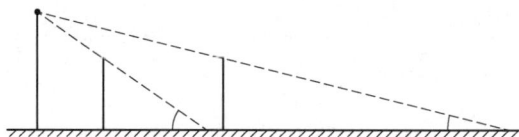

图 4

生 7：太阳光可以近似看成平行线，但路灯光是从一点发出的，构成的是相交线。

师：对，路灯、台灯、手电筒的光线可以看成是从一个点发出的，像这样在点光源的照射下，物体所产生的影称为中心投影。（教师板书：与平行光线相关知识形成类比）

2. 数学思考

师：与平行光线类比，你会提出什么问题？（教师板书"类比"。）

生 8：在点光源的照射下，不同物体的物高与其影长成比例吗？

师：你的猜想是什么？

生（众）：成比例、不成比例。

师：请大家小组讨论，然后全班交流，看谁能尝试解决这个问题？

（学生积极讨论，教师参与指导。）

生 9：我们发现刚才所画的图中，物高是相同的，但影长是不等的，而且人离路灯杆越远，影子越长。因此，不同物体的物高与其影长不成比例！（学生都点头同意，但没有新的方法。）

师：说得很对！但这个图研究的是物高相同的情况，如果物高不相同呢？是不是要画无数个图来验证？有没有一般性的方法来说明呢？

生 10：我们可以发现，如图 5，想说明成不成比例就是看 $\dfrac{AB}{BC}$ 与 $\dfrac{DE}{EF}$ 是否相等？可以从△ABC 与△DEF 是否相似去思考?

生 11:肯定不相似! 因为∠1≠∠2,就不会有△ABC∽△DEF,因此在点光源的照射下,不同物体的物高与其影长不成比例。

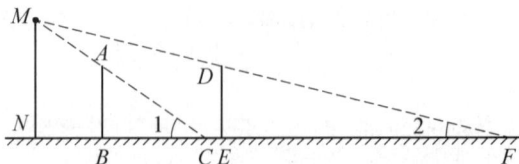

图 5

师:说得真好,我们从特殊的情况进行研究,能较容易地发现性质,再从一般的图形入手进行说理,这样更具有说服力。(教师板书"从特殊到一般"。)

3. 模型建构

师:刚才我们发现△ABC 与△DEF 不相似,那么在所画的图中,有没有相似三角形?

生 12:有相似三角形,有两对! 分别是△ABC∽△MNC,△DEF∽△MNF。

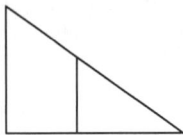

图 6

师:这两对相似三角形其实都可以看成是同一个基本图形"A"字型(如图 6)。你知道他们相似的理由吗? 能找出物高与其影长和路灯杆高与其影长之间的有关数量关系吗?

(学生积极讨论交流,结合图 5 给出相关的比例式:$\dfrac{MN}{NC}=\dfrac{AB}{BC}$,$\dfrac{MN}{NF}=\dfrac{DE}{EF}$。)

【设计意图】让学生说出研究的方法,意在帮助学生进一步积累基本活动经验;点光源性质的探索,经历了三个过程:尝试画图,数学思考,模型建构。通过画图和比较路灯光与太阳光的不同,使学生形成了中心投影的概念;通过类比,让学生对中心投影的性质提出猜想,再从特殊到一般,从具体到抽象来进行说理;通过对复杂图形进行研究,让学生在数学化思考的基础上,分解出基本图形,得出相关的数学表达式,为下面应用这些基本图形和数学表达式去解决有关问题奠定了基础。

片段 3:实践探索,设疑解疑,提炼思想方法

1. 基础应用

师：刚才我们研究了点光源的有关性质，现在请你利用点光源的性质设计一个测量路灯杆高度的方案，用字母 a、b、c 等表示所需线段的长，并求出路灯杆高度。（测量工具：皮尺）（学生自主探索，形成方案，互相交流。）

生 13：如图 7，在灯光下，量出人的影长 EC（用 a 表示）、人的身高 DE（用 b 表示）、影子的头部到路灯杆底的距离 CB（用 c 表示），由三角形相似可知，$\dfrac{AB}{BC}=\dfrac{DE}{EC}$，即 $\dfrac{AB}{c}=\dfrac{b}{a}$，$AB=\dfrac{bc}{a}$。

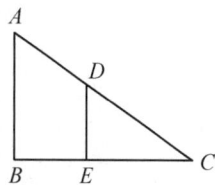

生 14：可以不测量 CB，量出 BE 更容易。

师：讲得真精彩！尤其是第二位同学还思考测量方案的优劣，选择了最优方案。

图 7

2. 拓展提高

师：根据以上的研究，我们已经能够利用灯光测量出路灯杆的高度了，只需要知道 DE、CE、BE 的长度即可。但这三个量在实际测量中一定能获得吗？你发现了什么问题？

生 15：如果有一个量不到，比如 BE，该怎么办？

师：真是个好问题，请大家思考。

（学生思考后仍没有发现方法。）

师：小明同学采用了这种方法，你会求路灯杆的高度吗？

问题：如图 8，河对岸有一路灯杆 AB，在灯光下，小明在点 D 处测得自己的影长 $DF=3$ m，沿 BD 方向到达点 F 处再测得自己的影长 $FG=4$ m，如果小明的身高为 1.6 m，求路灯杆 AB 的高度。

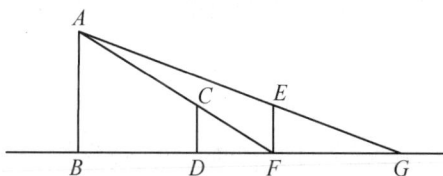

图 8

（学生跃跃欲试，和同学交流。）

生16：这个图形看似复杂，其实就是把两次测量的图形组合在一起的，可以把这个图形拆分成两个图。

（学生讲述，教师演示图形，分解动画。）

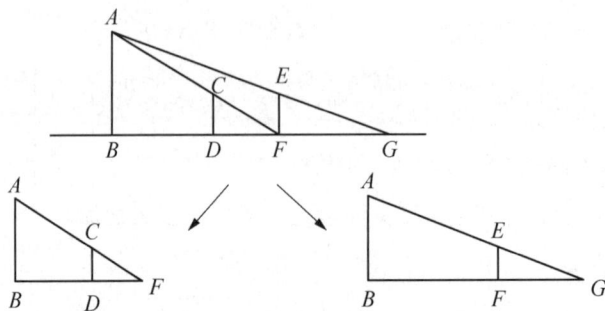

图9

师：由两个图形你能得到什么样的等式？

生17：由图9左图得$\dfrac{1.6}{AB}=\dfrac{3}{BD+3}$，由图9右图得$\dfrac{1.6}{AB}=\dfrac{4}{BD+7}$，所以$\dfrac{3}{BD+3}=\dfrac{4}{BD+7}$。

师：说得太好了，通过把复杂图形分解成基本图形，问题就可以迎刃而解，这就是转化的数学思想方法，在今后的解题中，同学们要善于寻找、构造、分解基本图形。此外，本题通过寻找公共比，列出方程来解决问题，这又是方程思想的应用。（教师板书"转化、方程"。）

【设计意图】这里主要安排了两个问题：问题1难度较低，意在让学生直接应用前面得到的基本图形来设计一个测量路灯杆高度的方案（其实质是利用平行投影的知识来设计的，只要将△CDE平移即可看出这一点）；问题2要求学生应用所学的知识来解决由两次测量得到的组合图形的问题，具有一定的难度，且问题2是在问题1的基础上发展起来的，由学生自己提出问题，具有一定的连续性，为将复杂图形分解为基本图形，复杂问题转化为简单问题奠定了基础。让学生用所学的知识解决有一定思维含量的综合题，能使学生体会到所学知识的广泛应用。同时将解题中的数学思想方法进行提炼,有利于提高学生应用数学思想方法去思考问题的能力。

片段4：总结反思,建构知识,提出新的问题

师：短暂的学习即将告一段落,请大家从以下三个方面对本课进行总结。

(1) 比较分析平行投影与中心投影的异同。

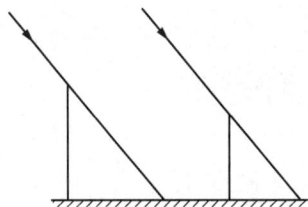
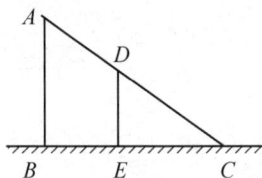

图10　　　　　　　　　　　图11

(2) 在本节课的探索活动过程中,你还有哪些收获与体会?

(3) 你还有需要提出的问题吗?

生18：平行投影中的光线是平行光,物高与其影长成比例;中心投影中的光线是从点光源发出的,物高与其影长不成比例;他们的基本图形也不一样。

生19：图形虽然不一样,但是都在运用相似三角形解决问题。

生20：我还充分认识到类比、从特殊到一般、转化、方程等数学思想方法,这将对我们今后的学习有极大的帮助。

生21：我想提一个问题,在图11中,CE不可以测量,比如人的前面有一堵墙,该怎么办?

生22：在白天光线不好的情况下怎么量? 或者在晚上找不到发光的物体怎么办?

生(众)：……

师：同学们讲得都很好,问题提得非常有自己的想法,当然有的可以用今天的知识解决,有的需要等我们学习了新的知识后才能解决。回顾本课的学习,我们从生活中发现并提出问题,然后分析并解决问题,在探索实践中学数学,用数学。希望大家以后都能在学习、生活中尝试用数学的眼光去发现问题,提出问题,并尝试用数学知识去分析问题和解决问题,正如一位科学家所说：打开科学大门的第一把钥匙,无疑是问号!

【设计意图】以问题单的形式引导学生进行总结反思,抓住平行投影与中心投影的异同,帮助学生建构知识体系;利用学生谈收获、体会的机会,帮助学生积累基本活动经验;要求学生提出新的问题,从而有利于进一步培养学生的问题意识,也为下一节课的教学打下了基础。

第三部分　课例评析

【自我反思】

正如前文所述,学生数学核心素养的形成是基于数学学习活动的实施与开展,而问题是数学的心脏,一切数学活动都源自于问题的产生和发展,因此,以数学问题为载体,培养学生的问题意识是培养学生数学核心素养的有效途径之一。

1. 以培养问题意识为载体,建立核心素养由虚化到实体的通道

问题意识主要是指学生具有自由探讨,积极思考,发现和提出问题、分析和解决问题等自觉的心理活动。有了问题,思维才有方向,才有动力。作为教师,首先要有问题意识,这里的问题不是简单的习题,在"题海战"盛行的当下,重复低效地做习题只会消磨学生学习数学的兴趣。我们要尝试将"习题"变为"问题",这里的问题是指数学学习过程中的"大问题",即学科和学科教学的核心问题与基本问题,是具有普遍意义的数学问题。在数学学习过程中,教师要以"大问题"驱动学生的学习过程,让他们通过对问题的探索与研究,突破原有的条条框框,并让学生在尽可能真实的情境下,参与数学活动过程,体验数学的应用和价值,从而发展学生数学思维和数学素养。

《普通高中数学课程标准(征求意见稿)》指出,高中数学核心素养包括数学抽象、逻辑推理、数学建模、直观想象、数学运算和数据分析,初中数学核心素养常被认为是《义务教育数学课程标准(2011版)》中的十个关键词,其实两者本质相同,都指向学生数学学习的基本要素。但目前,一线教师对核心素养的认识不一,缺乏对核心素养准确的认识,对它们的认识仅停留在理论阐述上,没有具体或可视化的载体。其实,教师可以将数学问题作为学习的载体,在问题的驱动下,将培养数学核心素养内隐在问题解决中。比如本课在测量物体高度的问题中,从生活问题提炼出数学问题,指向"数学

抽象"；中心投影性质以及运用这个性质解决问题的过程，指向"逻辑推理"；辨析各个问题中图形特征生成中心投影基本图形，指向"数学建模"；从中心投影图形联想相似三角形，从两次测量联想到图形分解等，指向"直观想象"；由相似性质列出算式或方程（组）进行求解等，指向"数学运算"；等等。由此可见，在问题驱动下，教师对学生核心素养的培养由抽象到具体，由虚化到实体，而学生在现实情境下体验和提升，在问题解决中感悟和深化，最终将核心素养的培养落在实处。

2. 以培养问题意识为导向，实现核心素养由浅层到深层的蜕变

数学问题解决的过程是学生深度思考的过程，是学生综合运用各方力量的过程。以问题为导向会让学生经历问题的发现与提出、分析与解决的过程，促进学生深入探究问题，深度思考问题，深层解决问题。比如本课以如何测量物体高度为主线，让学生经历认知冲突，然后尝试解决，发现结论，最后再形成新的冲突，在不断认知冲突和问题解决的过程中，学生思维保持活跃状态，进一步认清数学问题中数量之间的关系、图形之间的关系，感悟到数学的本质——研究空间形式和数量关系，感悟到数学的价值——应用意识和创新精神，在问题解决中彰显数学魅力，促进学生深度学习，深入研究。再如，测量遇到困难时，学生经历了主动提出问题、辨识图形特征、自主尝试解决问题等过程，也经历了主动探究、积极思考、创新解决的过程。在问题驱动下，学生对问题的认识不仅仅是停留在对题目的解决上，更不是停留在对答案的追求上，而是问题解决的全过程。学生是问题的发现者、解决者，是数学学习的主人。所以，教师对学生核心素养的培养应由虚到实，由浅层认识到深层认识，由此让核心素养深深扎根在学生认知的土壤中，形成蓬勃生长的动力，孕育拔节向上的生命力。

3. 以培养问题意识为动力，激发核心素养由被动到主动的升华

数学学习应充分激发学生主动探究的动力，在学生主动发展中促进核心素养的形成。人都有对未知事物充满好奇的天性，面对问题时都会有解决它们的冲动，在学习过程中，教师要充分了解学生内心真实的想法，基于学生已有知识基础和已有生活体验，通过创设真实有趣的问题情境，刺激学生对问题产生神秘感，产生探究的兴趣，也就是在培养核心素养的过程中，让学生由被动接受变为主动探究。人们常说："亲其师，信其道"，倒不如说是老师巧妙引导，精心设问，拨动学生思维的琴弦，让学生沉浸在数学探究的氛围中。在本课中，由于测量高度的问题贴近学生最近发展区，可以促

进学生主动解决问题,然后不断产生新问题,再解决新问题,从而形成学生探究思考的主线索,保持问题的新鲜度,促进学生学习动力的持续发展,使学生在乐学、会学、善学的氛围中,建构了知识,发展了能力,促进数学核心素养自然、主动地生长。

4. 以培养问题意识为指标,促进核心素养由单一到多元的转化

数学教学的终极目标是着眼于学生终身发展,发展学生创新精神和实践能力,促进学生数学素养的提升。因此,问题驱动下的数学教学,学生在学习过程中不应以答案是否正确为目的,也不应以问题是否解决为目的。培养问题意识不是为了应试,所以要摒弃单一的分数评价,不以分数论优劣,不以分数论成败;要重视问题解决过程中学生的体验与感悟;要鼓励学生参与问题解决过程,积累活动过程中的点滴收获。因此,对学生的评价也应由单一到多元,内化到核心素养的多个维度,建立核心素养评价体系,关注多元目标的达成,关注各维度的均衡发展。评价过程要关注学生在问题解决过程中的每一次进步,以赞赏的眼光看待学生的每一次进步,让每一次进步转变为学生数学核心素养的提升。当然,我们还要将对数学核心素养发展的关注转变为对人的核心素养的发展的关注,将数学教学发展为数学教育,再将数学教育发展为人的教育,最终指向立德树人的总目标。

原文出处:精心设计问题载体,培养学生问题意识,《中国数学教育》2014 年第 10 期(25—29),收入本书时有删改。

【专家点评】
点评专家:陈德前,江苏省特级教师,泰州市名师工作室领衔人

如何以问题为载体发展学生数学核心素养,让学生在数学活动中发展问题意识,徐秀峰老师的这节课给了我们很好的启示。培养问题意识会让我们从"学"出发,真正看到学生核心素养在内需作用下的生长。

1. 认真研读教材,挖掘培养问题意识的素材。教材是知识的载体,是教学的蓝本,只有认真研读教材,加深对教材的理解,才能从教材中挖掘出培养学生问题意识的素材,才可以驾驭教材,进而根据实际情况设计出有效培养学生问题意识的教学预案。苏科版教材十分重视学生问题意识的培养,通过设置思考、尝试、数学实验室等栏目,引导学生观察思考,发现问题,提出问题,进而分析问题和解决问题。通过教材研读,

我们可以发现,在本节课的教学内容中,有许多培养问题意识的素材。例如:如何由平行投影引入中心投影? 中心投影具有与平行投影一样的性质吗? 如果没有,中心投影又具有哪些性质呢? 如何从中心投影的图形中分解出相似三角形的基本图形? 如何应用中心投影的知识来测量物体的高度? 等等。正因为有了这样的研读、思考,所以在教学中,徐老师充分利用学生已有的平行投影的知识,通过让学生思考"用平行投影测量物体高度在任何情况下都可行吗?"的问题,从而提出了要探究的新问题。在类比学习平行投影知识中,让学生思考应该怎样学习新知识? 在让学生通过画图猜想出中心投影性质的基础上,思考怎样进行数学的思考,用相似三角形的知识来进行一般性的说理? 在应用中心投影的知识测量物体的高度时,启发学生思考测量的方案和可能遇到的问题,以及问题如何解决? 应该说,整节课以问题为载体,在引导学生发现问题,提出问题,进而分析问题和解决问题的过程中,培养了学生的问题意识,有效地建构了知识。

2. 重视学情分析,把握培养问题意识的梯度。研究学生,了解学生,全面掌握学情是提高数学课堂教学有效性的前提之一,是把握培养问题意识的梯度的基础。因此,有效培养学生的问题意识,教师应当对学生作出更为深入和具体的分析,为教师的备课及课堂教学的实施打下坚实的基础。虽然,这次送教的学校是一所农村初中,学生不善于发表独立见解,发现和提出问题的能力、分析和解决问题的能力都比较弱,但他们具有很强的好奇心,对影子这一生活中常见的现象很熟悉。所以教者在教学中以测量路灯杆的高度为抓手,抓住前后知识的联系,充分利用学生的知识最近发展区,从性质探索和应用实践两条线展开教学活动,引导学生拾级而上,不断地发现和提出问题,并帮助他们学会有条理地分析和解决问题,积累初步的数学活动经验,从而达到了预期的教学目标。

3. 设置多元情境,提供培养问题意识的契机。问题是数学的心脏,以问题引导学习应当成为初中数学教学的一条基本原则。精心设计好的情境是提高课堂教学有效性的关键,而问题的发现和提出需要有好的问题情境。创设好的问题情境是开展数学教学活动的前提,它能起到思维定向、激发欲望的作用。什么是好的问题情境? 裴光亚先生作出了精辟的论述:愤、悱是对"问题情境"的恰当描述。愤,就是想求明白而感到困难;悱,就是想说出又说不明白。它们不只是"问题",在问题的背后,还有一种内在需求,一种学生主动探究的愿望。好的数学情境应具有三个特征:(1)应该是学生熟悉的;(2)应该是简明的;(3)应必然地引向数学的本质。本节课注重对问题情境的精心设计:首先,教者以平行投影中的一个数学问题为情境,让学生在思维的"最近发展区"内提出问题,教师给学生提问的示范,使他们领悟发现和提出问题的艺术;接着,教者以画出路灯下笔直站着的两位身高相同的学生的影子为操作问题情境,引领学生类比平行投影的性质来发现和提出问题,并引导学生从特殊到一般地去分析和解决问题,帮助学生积累基本活动经验;其次,教者又以设计测量路灯杆高度的方案为生活问题情境,在学生给出方案的基础上,让他们尝试提出问题,并通过对新问题的分析与解决,得到了测量底边不能到达的物体高度的方案,学会了将复杂图形分解为基本图形,提炼了数学思想方法,从而使他们发现问题、提出问题、分析问题和解决问题的经验得到了升华;最后,教者又以问题情境作为小结,让学生辨析概念的异同,谈谈自己的收获与体会,并提出新的问题,这样既进一步为学生提供了培养自身问题意识的契机,又为他们下节课的学习作了铺垫。应该说,这节课努力以问题为主线,注意启发学生思考,引导学生开展数学探究活动,使他们经历观察、实验、猜测、推理、交流、反思等理性思维的基本过程,从而更加主动、有兴趣地学,富有探索性地学,逐步培养了学生的问题意识,孕育了他们的创新精神。

4. 运用积极评价,提升培养问题意识的情感。新课标指出:"对学生数学学习的评价,既要关注学生知识与技能的理解和掌握,更要关注他们情感与态度的形成与发展;既要关注学生数学学习的结果,更要关注他们在学习过程中的变化和发展。评价的手段和形式应多样化。"根据这一理念,教者在评价的有效性方面进行了精心思考,对课堂评价的多元化进行了大胆的探索。在教学中,教师关注学生的学习态度是否积极;关注学生的数学能力是否提高;关注学生能否用数学的眼光发现问题,用数学的语言提出问题,用数学的方法分析问题和解决问题;关注每个学生的学习过程,并采用口头评价的方式,及时鼓励学生"回答得很好""说得很对""真是个好问题""讲得非常精彩""问题提得非常出色"等等。在画两位身高相同的同学在灯光下的影子时,以及设计测量路灯杆高度的方案时,教者都采用自主探索、相互交流、小组汇报、问题讨论的方式,让学生有更多展示自我的机会,并通过同学间的相互评价,使他们得到相对合理的评价结果。在进行课堂小结时,教者引导学生进行自评、互评、小组评、全班评,由学生谈收获,谈成功,谈困难,谈疑问,并提问题,让自己全面了解学生的知识与技能、思想与方法、交流与合作、情感与态度等方面的情况。这样的教学形式多样,内容丰富多彩,既促进学生的全面发展,又有利于教者自身及时调整教学策略,为下一节课的教学埋下伏笔。本课的收于情,结于理,启于思,使课堂教学锦上添花,令人回味无穷。

【名师简介】

徐秀峰,江苏兴化人,中小学高级教师,江苏省青年教育家型教师培养对象,泰州市卓越教师培养对象,兴化市初中数学学科带头人;曾获江苏省数学青年教师优质课评比一等奖,全国数学青年教师优质课评比二等奖,江苏省数学青年教师基本功比赛一等奖,全国第一届中小学青年教师教学竞赛初中组二等奖;在省级以上刊物发表近20篇论文;赴成都、德阳、南京、无锡、盐城等地上展示课,先后被表彰为"江苏省五一创新能手""江苏省师德先进个人""泰州工匠""泰州市十佳青年教师"等。

第17章　导数在研究函数中的应用：单调性

第一部分　教学预设

一、活动背景

活动名称：2015 年江苏省优质课大赛

授课地点：江苏省盐城中学

授课时间：2015.12.09

大赛结果：省优质课一等奖

二、教学分析

1. 教材分析

本节课是高中数学苏教版教材选修 2－2 第 1.3.1 节"导数在研究函数单调性中的应用"。这节内容是导数作为研究函数工具的起点，也是本节的重点，学生在本节中的收获将直接影响他们后面极值、最值的学习。函数单调性是学生在高中阶段学习的函数"变化"的一个最基本的性质。学生在中学阶段对于函数单调性的学习共分为三个阶段：第一阶段在初中，以具体函数为载体，从图形直观上感知单调性；第二阶段在高中学习必修一时，用运算的性质研究单调性；第三阶段就是在本节课中，用导数的性质研究单调性。本节课的内容属于导数的应用，是本章的重点，学生在学习了导数的概念、几何意义、基本函数的导数、导数的四则运算的基础上学习本节内容。学生学好它既可加深对导数的理解，又为研究函数的极值和最值打好基础，具有承前启后的重要作用。研究过程蕴含了数形结合、分类讨论、转化与化归等数学思想方法，以及研究数学问题的一般方法，即从特殊到一般，从简单到复杂，这些方法可以培养学生应用导数解决实际问题的意识。

2. 学情分析

《普通高中数学新课程标准（实验）》中要求：结合实例，借助几何直观探索并了解函数的单调性与导数间的关系。对于函数的单调性学生已经掌握图象、定义两种判断方法，但是图象和定义法不是万能的。对于不能用这两种方法解决的单调性问题学生需要思考。学生之前学习了导数的概念，经历过从平均变化率到瞬时变化率的过程，研究过导数的几何意义是函数图象在某点处的切线，也从数和形的角度认识了导数是刻画函数变化陡峭程度的量，但是对学生来说，沟通导数和单调性之间的联系才是教学中要突破的难点和重点。

3. 教学目标

（1）了解函数的单调性与导数的关系，能利用导数研究函数的单调性，会求不超过三次的多项式函数的单调区间。

（2）通过实例，借助几何直观、数形结合探索函数的单调性与导数的关系；通过初等方法与导数方法研究函数性质过程中的比较，体会导数在研究函数性质中的一般性和有效性，同时感受和体会数学自身发展的一般规律。

（3）通过教师指导下的学生交流探索活动，激发学生的学习兴趣，培养学生转化与化归的思维方式，并引导学生掌握从特殊到一般，从简单到复杂的思维方法，用联系的观点认识问题，提高学生提出问题、分析问题、解决问题的能力。

4. 教学重点

利用导数研究函数的单调性。

5. 教学难点

发现和揭示导数的正负与函数单调性的关系。

6. 教学方法与教学手段

问题教学法、合作学习法、多媒体课件等。

第二部分　精彩实录

1. 创设情境,开启探索之门

师:很高兴来到美丽的盐城中学,和大家一起来学习数学! 这张图(图1)大家熟悉吗?

图 1

生(学生笑答):熟悉,教材上的章头图!

师:这是一项什么游戏?

生(学生亢奋):过山车。

师:让我们一起体会一下坐过山车的感觉。

(播放视频的同时,学生发出惊呼声。)

师:什么感觉?

生(学生更加亢奋)：刺激。

师：如果把过山车看成一个质点，就得到了过山车在行驶过程中的部分轨迹曲线，这条曲线就可以看成是某个函数的图象。[PPT 投影函数图象 2]

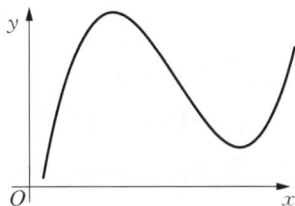

图 2

师：请同学们思考，过山车在每个瞬间是沿什么方向行驶的？

生(不加思索)：沿曲线的切线方向。

师：那什么量能够刻画切线的方向？

生(齐答)：导数。

师：如何定义函数在某点 x_0 处的导数?

生 1：设函数 $y = f(x)$ 在区间 (a, b) 上有定义，$x_0 \in (a, b)$，若 $\Delta x_0 \to 0$ 时，比值

$$\frac{\Delta y}{\Delta x} = \frac{f(x_0 + \Delta x) - f(x_0)}{\Delta x} \to A,$$

则称 $f(x)$ 在 $x = x_0$ 处可导，并称该常数 A 为函数 $f(x)$ 在 $x = x_0$ 处的导数，记作 $f'(x_0)$。

师：好的。我们知道导数刻画了曲线上每一点处的瞬时变化趋势。那这一段曲线的变化趋势如何？(教师指向过山车所对应的函数图象 2。)

生(齐答)：先上升后下降再上升。

师：这又体现了函数的什么性质？

生(齐答)：函数的单调性。

师：你还记得函数单调性的定义吗？

生 2：一般地，设函数 $y = f(x)$ 的定义域为 A，区间 $I \subseteq A$。如果对于区间内的任意两个值 x_1，x_2，

当 $x_1 < x_2$ 时，都有 $f(x_1) < f(x_2)$，那么就说 $y = f(x)$ 在区间 I 上是单调增函数；

当 $x_1 < x_2$ 时，都有 $f(x_1) > f(x_2)$，那么就说 $y = f(x)$ 在区间 I 上是单调减函数。

师：如果说导数刻画了函数在每一点的变化趋势，那么函数的单调性刻画了函数

怎样的变化趋势?

生(齐答):区间上的变化趋势。

师:咦,二者有什么联系?

生(众生争着说):都是对函数变化趋势的刻画,一个是研究某一个点,一个是研究某一段。

师:对此大家有什么想法?

生3(确信无疑):二者之间肯定有关系。(众生纷纷点头赞成。)

师:二者之间是否有关系呢? 如果有,会是怎样的关系? 这节课就让我们一起来研究导数在研究函数中的应用——单调性。

2. 猜想释疑,领悟其中精髓

师:让我们继续考察过山车所对应的这个函数图象,大家打算如何研究两者的关系呢?

生4(略加思考):根据前面的分析我们知道导数的几何意义就是切线的斜率,那要想考察导数与函数单调性的关系,其实就是考察切线的斜率和函数单调性的关系。

师(教师投去赞许的目光):有道理! 下面就请同学们两人为一组进行一个实验操作。将直尺放在函数的图象(图3)上作为曲线的切线,移动直尺并且观察导数与函数的单调性有何关系?

(学生活动一:课前已经让学生准备好直尺,实验中同桌之间分工明确。)

师:哪位同学来谈一下自己的想法?

生5(举手示意):我发现导数为正时,函数单调递增,导数为负时,函数单调递减。

师:你能给大家演示一下你的研究过程吗?

(学生5上台,很认真地投影演示自己的发现过程。)

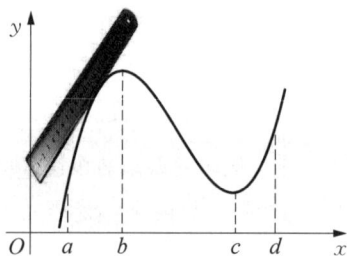

图 3

师:大家认同他的观点吗?

生(点头赞同):认同。

师:看来我们认可了导数与函数单调性是有关系的! 那么究竟是不是大家所猜想的关系呢? 通过数据拟合我们发现过山车的函数图象与三次函数的图象非常相似,

让我们借助几何画板考察一个三次函数 $f(x)=2x^3-6x^2+7$ 的图象，来验证一下大家的猜想。

师：红色曲线是三次函数的图象，蓝色直线就是函数的切线，切线的方向在变化，导数值就在变化，那么导数和函数单调性是否有大家所猜想的关系呢？请大家仔细观察。［几何画板动画演示］

（学生活动二：学生个个很好奇，睁大眼睛看着几何画板的演示。）

师：通过动画的演示验证，大家有何发现？

生（齐答）：导数为正，函数单调递增；导数为负，函数单调递减。

师：看来大家的猜想是正确的！但这毕竟是一种直观感知啊，我们能不能从数的方面，也就是二者的定义来说明两者的关系呢？

（学生活动三：学生陷入思考中，偶尔听到有的同学小声交流。）

师：哪位同学有想法？

生 6：由导数的定义知，如果导数大于 0，那么平均变化率 $\dfrac{\Delta y}{\Delta x}$ 就大于 0，即 $\dfrac{f(x_1)-f(x_2)}{x_1-x_2}>0$，从而 x_1-x_2 与 $f(x_1)-f(x_2)$ 同号，所以函数单调递增；同理导数小于 0，函数单调递减。

（有的学生点头赞成，有的学生仍显疑惑。）

生 7：不对，导数大于 0，推不出平均变化率大于 0，比如这个函数（说着径直走向黑板，画出图 4），A 点处的导数是大于 0 的，但是 A，B 两点的平均变化率就是小于 0 的。（其他同学低语交流，后又点头赞成。）

师（故作惊讶）：这可怎么办呀？

生 8：如果导数大于 0，说明它在这个区间上每一点的瞬时变化率大于 0，瞬时变化率是由平均变化率逼近得到的，当 Δx

图 4

无限趋近 0 时，比值 $\dfrac{\Delta y}{\Delta x}$ 大于 0，平均变化率就是函数在这个区间上的斜率，即 $\dfrac{f(x_1)-f(x_2)}{x_1-x_2}>0$，从而 x_1-x_2 与 $f(x_1)-f(x_2)$ 同号，则有 $x_1-x_2<0$，$f(x_1)-$

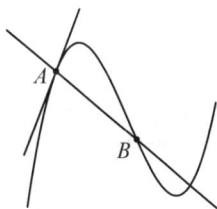

$f(x_2) < 0$，所以函数单调递增。（众生都觉得有道理。）

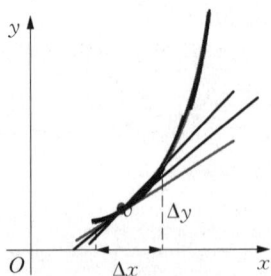

图 5

师：真棒！不过还不完整，前面的分析只能说明函数在那一小区间内单调递增，由于在这个区间内每一点的导数都大于 0，那么这个区间内任取一段图象都是单调递增，所以函数在这个区间内单调递增；同理导数小于 0，函数在这个区间内单调递减。（教师边说边用动画演示，如图 5。）

师：其实对于这个结论我们更注重的是直观感知，至于它的严格证明还有待于大家进高等学府进一步研究。

3. 知识建构，深化内涵理解

师：如此我们就从形和数两个角度探讨出导数的正负与函数单调性的关系。也就是一般地，对于函数 $y = f(x)$，如果在某区间上 $f'(x) > 0$，那么 $f(x)$ 为该区间上的增函数[动画演示图 6]；

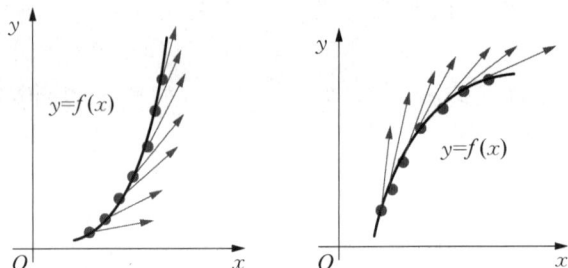

图 6

如果在某区间上 $f'(x) < 0$，那么 $f(x)$ 为该区间上的减函数[动画演示图 7]。

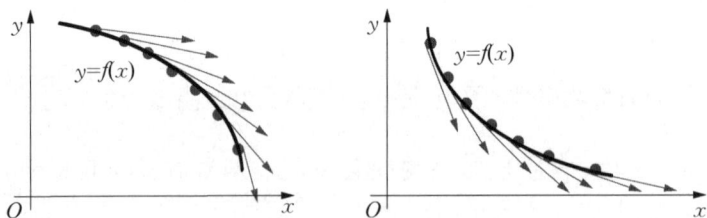

图 7

4. 新知运用，提升思维层次

师：这样我们就多了一种研究函数的单调性的方法。那么你能确定函数 $f(x) = x^2 - 4x + 3$ 在哪些区间是增函数，哪些区间是减函数吗？

生（纷纷发表观点）：看图象、函数单调性的定义证明，利用刚学的导数。

师：能分别说说解题过程吗？

生 9：由函数的对称轴和开口方向知函数在 $(2, +\infty)$ 上单调递增，$(-\infty, 2)$ 上单调递减。

生 10：先对函数求导，令导数大于 0，然后解不等式，最后得出结论函数在 $(2, +\infty)$ 上单调递增，$(-\infty, 2)$ 上单调递减。

师：看来解决这个问题的方法有很多。那如果是三次函数 $f(x) = 2x^3 - 6x^2 + 7$，如何求出它在哪些区间上是增函数？动手试试看！

师：我们来分析一下几位同学的解答过程。〔投影学生的解答过程〕

学生解答：

解：$f'(x) = 6x^2 - 12x > 0$，得到 $x < 0$ 或 $x > 2$，

所以函数在 $(-\infty, 0) \bigcup (2, +\infty)$ 上单调递增。

（有的同学开始议论纷纷。）

师：同桌点评一下！

生 11：结果不能并，应该是分别在 $(-\infty, 0)$ 和 $(2, +\infty)$ 上单调递增。

师：喔！看来单调区间不能轻易并起来！大家能否比划出这个函数的大致图象？（学生用手比划出图象的大致走势。）

师：这个图象好像似曾相识啊？

生（齐答）：和过山车的图象很像。

师：真棒！事实上我们刚才已经借助几何画板画出了这个函数的图象。如此看来，导数能帮助我们更全面透彻地认识函数。让我们继续研究下去，看看有没有什么新发现。

练习 1：确定 $f(x) = x - \ln x$ 的单调增区间。（学生 12 板演。）

练习 2：确定 $f(x)=\sin x-\dfrac{1}{2}x$，$x\in(0,2\pi)$ 的单调减区间。（学生 13 板演。）

师：两位同学能分别谈谈自己的解题思路吗？

生 12：先求导，得到 $f'(x)=1-\dfrac{1}{x}$，令导数大于 0，解不等式 $1-\dfrac{1}{x}>0$，得到 $(-\infty,0)$ 和 $(1,+\infty)$ 为函数的单调增区间。

生 14（很激动）：不对，还得考虑定义域，单调增区间只有 $(1,+\infty)$。

师：喔，那你能给我们总结一下利用导数研究函数单调区间的基本步骤吗？

生 14：应该先求函数定义域，然后再求导，解不等式，最后再下结论。

师：非常好！别忘了单调区间应该是函数定义域的子集！生 13 你来给大家分析一下解题思路。

生 13：因为函数的定义域是 $(0,2\pi)$，求导得到 $f'(x)=\cos x-\dfrac{1}{2}$，然后解不等式 $\cos x-\dfrac{1}{2}<0$，得到函数的减区间为 $\left(\dfrac{\pi}{3},\dfrac{5\pi}{3}\right)$。

师：嗯，活学活用！大家认为这个单调区间能写成闭区间吗？

生（齐答）：当然可以。

师：那么导数大于等于 0，能不能判断函数在这个区间上是单调递增的呢？

生（不假思索）：当然能呀！

生 15：不能，常值函数的导数就是等于 0 的，也就是满足导数大于等于 0，但是这个函数不具备单调性。

师：说得真好！那如果函数在某区间上单调递增，那么在该区间上是否一定有 $f'(x)>0$？（基于前一个问题的教训，学生明显变得更严谨，都在安静地思考。）

生 16（举手示意）：不能。比如三次函数 $f(x)=x^3$，这是一个单调递增的函数，但是它的导数大于等于 0。

师（微笑示意）：原来如此！看来导数大于 0 是函数单调递增的什么条件？

生（齐答）：充分不必要条件。

师：它们进一步的关系我们以后还会逐步研究！

5. 总结升华，共促师生双赢

师：本节课我们就一起研究到这，下面请同学们回顾一下本节课的研究过程，并且谈谈通过本节课的学习，你有什么收获？（学生各抒己见。）

6. 板书设计

导数在函数单调性中的应用

问题 1：　　　　　　　　问题 4：　　　　　　　　作业布置：

问题 2：　　　　　　变式 1：

　　　　　　　　　　练习 1：

导数与函数的关系：练习 2：

一般地，对于函数 $y = f(x)$ 练习 3：课后反思：

如果在某区间上 $f'(x) > 0$，那么 $f(x)$ 为该区间上的增函数；练习 4：

如果在某区间上 $f'(x) < 0$，那么 $f(x)$ 为该区间上的减函数。变式 2：

---

7. 作业布置

作业：教材 29 页练习 1，2。

课后思考题：

已知函数 $f(x) = 2x^3 - mx^2 + 7$ 在 **R** 上单调递增，求实数 m 的取值范围。

第三部分　课例评析

【自我反思】

（一）教后反思

章建跃先生指出：目前我们许多中学数学教学就是题型教学，就是不断让学生反应，但是缺少知识的发生发展过程，对学生有害无益。教学中，如果教师能使学生少机械地接受甚至是不机械地接受，那么学生将能作出更明智的判断和更聪明的行动。本节课的教学内容并不是直接"告知"学生，而是先通过播放过山车这个生活场景的视频让学生自己建立数学模型，发现人的视线即数学中的导数，过山车的上升和下降就是函数单调性的体现；再通过生活模型间的关系让学生去观察、实践、发现并揭示数学本质；最后通过一系列现代化技术的应用增加学生对该节知识的感性认识，帮助学生更深入地理解和掌握本节内容。本节课学生基本上已经掌握了导数与函数单调性的关系，并能运用这个关系解决实际问题，唯一的遗憾之处就是时间分配不均匀，以致学生在做探究题时显得有些仓促。

一节课已经上完，一个比赛也已圆满结束，但每次活动都会带给我很多思考。在以后的教学生涯中，我一定借鉴成功经验并吸取失败的教训，继续勇往直前！

（二）磨课经历

1. 设计框架中的困惑

（1）先"数"后"形"还是先"形"后"数"？

由于导数是新加入高中教材的知识，对于学生来讲陌生且难理解，所以本节课一定是围绕数形结合的思想展开研究。教材是先从函数的单调性定义，即"数"的角度，发现导数与函数单调性存在的关系，然后给出一般结论，最后配两个图，从"形"的角度来直观理解。但《课标》中要求通过实例，借助几何直观探索二者的关系，也就是先"形"后"数"。那么究竟应该是以何种路线开展本节课的探究之路？

（2）导数与函数单调性的关系是否需要都呈现？

课本中主要研究利用导数的正负来探究与函数单调性的关系，所以其逆命题是以思考题的方式呈现，但从学生的认知角度出发，应该将二者关系全部理清楚。所以究竟需不需要将二者进一步的关系在课堂中和学生一起进行探究？

（3）如何处理函数的凹凸性与结论的关系？

在学生探究导数与函数单调性的关系中，学生是不可能一下子就能找出导数的正负与函数单调性有密切关系的，他们很有可能认为导数值的大小与单调性有关系，所以必须引导学生跳出这个误区，这就是函数凹凸性的处理。凹凸性本是涉及二阶导数，而二阶导数在高中阶段要求甚低，如果过分强调就有喧宾夺主之嫌，更有超纲之说。仔细研读教材，发现课本给出的图形也是一个有凸有凹的一般函数，可见教材中暗示有必要巧妙设计出一个方案，将函数的凹凸性不会影响导数与函数单调性的关系"告知"学生。究竟什么样的方案才能既不显得突兀，又能达到预期目的？

2. 具体实施中的困惑

（1）引入中的困惑

经过和前辈们的交流，我决定先"形"后"数"，但如何将问题引到"形"上也让我考虑了很久。初步定了四个方案，分别是：

① 先从熟悉的函数单调性出发，引出函数 $f(x)=e^x-x$ 的单调性是怎样的，从而引发学生的认知冲突。

② 用国庆大阅兵中的坦克引发学生思考：破甲弹的破甲深度 y 随头螺长度与口径比值 x 变化的解析式为 $y=-x^3+4x^2+3x+11$，那么头螺长度与口径比值 x 为多少时，破甲深度最大？

③ 直接回顾函数单调性的定义，发现导数与函数单调性有关系。

④ 用课本章头图的过山车游戏引入二者关系。

（2）探究二者关系中的困惑

从"形"的角度如何探究二者的关系？

① 二次函数是学生最熟悉的函数之一，且一个二次函数既有增区间又有减区间，便于研究、猜想出结论，然后再探究一般函数是否满足这个结论。

② 通过二次函数得出结论太草率，并且过于简单，直接留时间给学生自主探讨。引导学生从熟悉的初等函数出发，研究其和导函数的关系。

③ 导数就是切线斜率，要想研究导数与函数单调性的关系，最好让学生较精确地作出切线。所以我想到用折纸的方法折出二次函数的切线，并且这样设计更能调动学生的积极性。

④ 用章头图的过山车游戏引出过山车的部分轨迹曲线，首先通过数据拟合发现此轨迹曲线和三次函数非常相似，然后通过一个实践操作猜想出二者关系，最后通过几何画板画出三次函数图象，验证中学生猜想。

（3）理论推导中的困惑

① 教材上是由单调性定义出发推出导数的正负，但结论是由导数的正负推导函数的单调性，理论说明中究竟是从哪个方向出发，还是两个方向都要说明一下。

② 从导数正负推导函数单调性的过程中，要经过平均变化率的正负，那么导数大于 0，并不能说明平均变化率大于 0，这里涉及到学生未学到的拉格朗日中值定理，该

如何取舍?

(4) 例题研究中的困惑

① 前两个例题是求在函数哪些区间上单调递增,而第三个例题求的是单调递减区间。但仔细研读本节课所探讨出的结论——利用导数只能研究函数在某区间的单调性,到底能否利用导数求单调区间? 如果可以,那为何不能利用导数正负直接得到三次函数 $f(x)=x^3$ 的单调区间?

② 教参中的例题旁白说三个例题呈逐层推进,为何?

(5) 思考题如何处理?

思考题是结论的逆命题,是否成立? 是否需要在本节课就研究? 如果需要,放在何时研究最合适? 以何种方式研究?

【专家点评】

点评专家: 王弟成,数学正高级教师,原连云港市教研员

反复研磨,多维思辨,逐步深刻,双向成功

在江苏省优秀课观摩与评比活动中,我市新海高级中学顾秋婷老师执教的选修 2—2 中 1.3"导数在研究函数中的应用:单调性"一课,凭借生动的语言、流畅的教学、深刻的理解、自然的设计、轻松的互动得到评委专家及观摩教师的认可,受到一致好评并在评比中荣获一等奖。笔者作为教研员在学习、理解与指导本节课的教学设计时,也遇到很多困惑。下面我们共同研磨,逐步思考,理清一些认识,深化对本节课的理解。

新课改对课堂教学的要求是:创设问题情境→提供知识背景→展示思维过程→培养数学能力→提高数学素养。在对本节课进行教学设计时,我们紧紧围绕这一要求,精心设计教学过程中的每一个环节,反复研磨每一个细节,辨析一词一语,思索一字一句,在经过收集材料、整理分类、梳理思路、多维思辨、确定方案等一系列的打磨过程,以及经历了试讲反思、研磨讨论、无所适从、停滞不前、反复揣摩、豁然开朗的心理历程,终于研磨出了自我感觉满意的教学思路。下面笔者谈谈对这节课的设计思考以及最后的实施方案,与同行相互学习。

1. 精选载体,突出主线

　　本节课主要是研究导数与函数单调性之间的联系,确定它们之间的关系后,即用导数来研究函数的单调性问题,进而为后续研究函数的极值、最值等性质做好准备。设计中,我们首先思考是否要设置问题情境,是否可以直接提出问题,如直接求三次函数或超越函数的单调性。苏教版教材并没有给出问题情境,而是直接提出问题:"导数作为函数的变化率刻画了函数的变化趋势(上升或下降的陡峭程度),而函数的单调性也是对函数变化趋势的一种刻画,那么,导数与函数的单调性有什么联系?"直接提出问题符合数学的理性思维,两个量都能刻画函数的变化趋势,当然要考虑它们之间是否有一定的联系,又有什么样的联系,这也是数学内在本质一致性的体现。但若课堂这样教学,还是显得有点突然,不够生动,就数学学数学,不利于激发学生学习的积极性,也不利于学生理解导数与函数单调性之间的关系。同时若从求二次函数的单调性过渡到求三次函数的单调性,虽然学生由会到不会,但其间产生了矛盾,也提出了问题,而对于部分基础较好的学生而言,他们有可能用因式分解法结合函数单调性的定义来求解,也是能分析出三次函数的单调性,但花费时间较多,冲淡本节课的教学,也不利于本节课教学后续的展开。所以综合考虑,还是要创设合适的学习情境,在各种情境的选择中,最后确定还是用教材中的过山车情境。用过山车情境,一是因为它是教材中的章头图,教学要尽可能挖掘教材中图形、例子的价值,用好教材,体现教材的价值;二是过山车城市学生基本都坐过,有体验,能理解其速度的变化与速度的方向;三是过山车的部分轨迹曲线符合三次函数的图象,利于学生整节课的学习。

　　用导数研究函数的单调性,能研究的函数有很多,选择什么函数作为载体,能使课堂呈现的图象多而不乱? 最后整体考虑,结合情境与研究问题,决定用三次函数作为研究载体。首先,从山车情境中抽取一段类似三次函数图象的曲线,有增有减,有上有下,便于学生考察;其次,学生对三次函数已经有一定了解,如在幂函数中学生学习了三次函数 $y=x^3$,知道了其图象,学生对此函数比较熟悉,并且后续还要用到;再次,在从形的角度分析、感悟导数值的符号与函数单调性之间的关系时,教材所选择的函数图象也是三次函数图象;四是在解决问题时,重点仍是三次函数的单调性,事实上三次函数是学生高中学习中需重点研究的函数,也是高考重点考查的函数;最后,针对教材的思考题"如果 $f(x)$ 在某区间是单调递增,那么在该区间上必有 $f'(x)>0$ 吗?"三次函数是回答此问题的最好例证,关键是学生自己能举出反例。基于以上考虑,本节课设计先从教材的章头图过山车谈起,让学生观看一段过山车视频,从中发现其部分线路轨迹类似三次函数的轨迹曲线。学生通过对这个轨迹曲线的研究,猜想出导数与函数单调性的关系,然后将这个轨迹曲线进行数据拟合,得到三次函数图象,再借助几何画板研究这个三次函数的图象,从而从"形"的角度得到导数与函数单调性的关系,最后再以一个三次函数为例去运用这个结论。本节课从三次函数开始,得到导数与函数单调性的关系,再使用工具研究三次函数,使三次函数及其图象贯穿整节课,从而给学生以整体感,不零碎,相当于一条主线贯穿到底,同时也突出了"实际情境→提出问题→数学模型→数学结果→应用数学"的主线。

2. 反复研磨,深度学习

由于教师平时教学时对很多内容的理解不够深入,将很多内容或学习中的关键点一滑而过,然后就让学生做题,导致学生会而不懂。而要打磨一节优秀课,教师对教学内容必须一字一句地仔细琢磨,要将每一处逻辑推理的道理讲清楚,言必有据,不能靠直觉。教师自己要理解,才能让学生理解。在教学的设计中我们发现许多困惑。

困惑一:

这节课是研究导数与函数单调性之间关系,还是研究函数单调性与导数之间关系,还是说两者并没有区别? 本节课的大标题是"导数在研究函数中的应用",教材提出"导数与函数的单调性有什么联系?"同时又给出结论,"一般地,我们有如下结论:对于函数 $y=f(x)$,如果在某区间上 $f'(x)>0$,那么 $f(x)$ 为该区间上的增函数;对于函数 $y=f(x)$,如果在某区间上 $f'(x)<0$,那么 $f(x)$ 为该区间上的减函数"。我们所理解的教材并没有说函数单调性与导数之间的关系,即没有说函数单调性如何、导数怎样,而是侧重说导数怎样、函数单调性如何。但教材一开始却又是从函数单调性引出问题的,从而提出之间的联系,这让我们很困惑。

困惑二:

教材指出:"如果函数 $f(x)$ 在区间 (a, b) 上是增函数,那么对任意 $x_1, x_2 \in (a, b)$,当 $x_1 < x_2, f(x_1) < f(x_2)$,即 $x_1 - x_2$ 与 $f(x_1) - f(x_2)$ 同号,从而有 $\frac{f(x_1) - f(x_2)}{x_1 - x_2} > 0$,即 $\frac{\Delta y}{\Delta x} > 0$。这表明导数大于 0 与函数单调递增密切相关。""导数

大于 0 与函数单调递增密切相关"是什么关系？$\dfrac{\Delta y}{\Delta x} > 0$ 就是导数大于 0 吗？显然不是，导数完全还有可能为 0。$\dfrac{\Delta y}{\Delta x} < 0$，导数就不能大于 0 吗？到底课堂是讲导数大于 0，还是讲导数大于等于 0？若讲导数大于 0，导数等于 0 还提不提？如果提，那么何时提？如果不提，那么学生认识理解是不是不全面？讲，教材没有要求；不讲，以后遇到相关含参问题学生如何解决？

困惑三：

导数大于 0 的函数就单调递增吗？是的，教师是知道的，但怎样让学生理解呢？要不要证明，怎样证明，还是又让学生直观感知？代数推理也能靠感知吗？《高等数学（第 2 版上册）》（同济大学出版社 2009）是这样证明的："在闭区间 $[a, b]$ 内任取两点 $x_1, x_2(x_1 < x_2)$，在闭区间 $[x_1, x_2]$ 上对函数 $f(x)$ 应用拉格朗日中值定理得 $f(x_2) - f(x_1) = f'(\xi)(x_2 - x_1)(x_1 < \xi < x_2)$。（1）由于在式（1）中，$x_2 - x_1 > 0$，因此，如果在 (a, b) 内导数 $f'(x)$ 保持正号，即 $f'(x) > 0$，那么，也有 $f'(\xi) > 0$。于是 $f(x_2) - f(x_1) > 0$，即 $f(x_1) < f(x_2)$。这就说明 $f(x)$ 在 $[a, b]$ 上单调增加。同理，如果在 (a, b) 内导数 $f'(x)$ 保持负号，即 $f'(x) < 0$，那么 $f'(\xi) < 0$。于是，$f(x_2) - f(x_1) < 0$，即 $f(x_1) > f(x_2)$。也就说明 $f(x)$ 在 $[a, b]$ 上单调减少。证毕。"又说"其实，从导数作为函数的变化率的实际意义出发，是非常容易理解上述结论的。导数保持正号（负号），说明函数 $f(x)$ 处处有正的（负的）增长率，因而函数 $f(x)$ 必定是单调增加（减少）的"。这是给予了严格的证明，但中学没有学习拉格朗日中值定理，该如何处理？也从实际意义上说，让学生理解吗？怎样说才能让学生理解得更透彻，而且还能让学生自己感悟得到？教材直接结合图象，让学生观察图象理解其联系，课堂教学是否也这样处理？还有更好的处理方法吗？

困惑四：

导数大于 0 或小于 0 能否用来求函数的单调增或减区间呢？教材只是讲："如果在某区间上 $f'(x) > 0$，那么 $f(x)$ 为该区间上的增函数；如果在某区间上 $f'(x) < 0$，那么 $f(x)$ 为该区间上的减函数。"教材的例 1 是这样设问的："确定函数 $f(x) = x^2 - 4x + 3$ 在哪个区间上是增函数，在哪个区间上是减函数。"没有说明要求函数的增减区

间。例 2 也是这样的设问的："确定函数 $f(x)=2x^3-6x^2+7$ 在哪些区间上是增函数。"同样没有要求其增区间，只是问"哪些区间上是增函数"。但例 3 却是："确定函数 $f(x)=\sin x(x\in(0,2\pi))$ 的单调减区间。"《高等数学》中的例题是如何处理的呢？我们选择一道："例 2：判断函数 $y=e^x-x-1$ 的单调性。解：函数 $y=e^x-x-1$ 的定义域为 $(-\infty,+\infty)$，在定义区间内连续、可导，且 $y'=e^x-1$。因为在 $(-\infty,0)$ 内，$y'<0$，所以，函数 $y=e^x-x-1$ 在 $(-\infty,0]$ 单调减少；因为在 $(0,+\infty)$ 内，$y'>0$，所以，函数 $y=e^x-x-1$ 在 $[0,+\infty)$ 单调增加。"同样《高等数学》其他几道例题也都是先对函数求导，然后验证区间内导数的正负，最后再确定其单调区间。这样看来，苏教版教材对例 3 的处理是否合适？如果导数小于 0 求出的未必就是其减区间，只能说明在求出的区间上单调递减，那怎么办？而我们平时求函数单调区间就是转化为解不等式解集，这难道错了吗？

困惑五：

在发现导数与函数单调性之间关系上，是如本课例呈现的样子，从形入手，再从式子进行说明；还是如教材那样，先从单调性定义入手，理解其关系，再从几何直观方面进行理解；还是两者都行，只要学生理解就可以了？在集体磨课中形成意见鲜明的两方，有的老师不认可从形入手。

困惑六：

课本中主要研究利用导数的正负去判断函数的单调性，那么本节课结论的逆命题是否需要呈现？如果需要呈现，那么在何时，以何种方式呈现最适宜，且不会增加学生学习负担？

困惑七：

在学生探究导数与函数单调性的关系时，学生很有可能进入"导数值的大小与函数单调性有关系"这个误区，这本质上就是函数凹凸性的处理。教师如何设计方案才能使知识的呈现既不突兀又能达到教学的预期目的？

3. 多维思辨，确定方案

带着这些疑问与困惑，我们查阅了相关课例资料，观看了网上有关本节内容的视频，将《高等数学》中与本节相关的内容一点一点进行研读，将教学参考书中的每一句话反复品味，品味其中蕴含的道理。顾老师也在试讲中不断体会，不断修改、完善，最终确定了上课的设计方案。确定本节课教学重点是研究导数正负与函数单调性增减关系，而不是研究函数单调性与导数正负关系，那么教学中可以选择合适的时机提出"函数单调递增是不是导数一定大于 0？"以引起学生思考，而以实例说明，本节不作重点讲解。课堂教学中，顾老师非常机智地从例 3 中的"单调区间是否可以写成闭区间"入手，由于在端点处导数值为 0，所以提出"那么导数大于等于 0，能不能判断函数在这个区间上是单调递增的呢？"接着又提出"那如果函数在某区间上单调递增，那么在该区间上是否一定有 $f'(x) > 0$？"这样自然地提出问题，并解决了教材中的思考题，让学生走向深度理解。

整节课教学的顺序确定先从"形"入手提出问题，这样便于承接问题情境，使主线分明，思路清晰，然后由速度方向自然引出图象的切线，自然出现导数，再利用凹凸性分明的三次函数展开研究，最后，由操作猜想到几何画板验证，得到一般结论后，只需从"形"和定义的角度去感知结论的合理性。对于导数大于 0，我们理解一定存在区间使 $\dfrac{\Delta y}{\Delta x} > 0$，故可以得到函数递增。考虑到知识的局限性，把结论的严格证明留给学生课后去探究，对此做法学生也能理解。

教师运用新知解决问题，帮助学生理解掌握结论后，提出结论的逆命题是否成立，教会学生辩证地看待两者的关系。经过最后的商讨，我们一致认为，教材中例题 3 的解答不够完善。根据结论，利用导数只能判断函数在某区间上的单调性，至于单调区间的确定需要结合函数本身再作进一步探讨，以三次函数 $f(x) = x^3$ 为例，求导后只能得到单调增区间是 $(0, +\infty)$ 和 $(-\infty, 0)$，最后需要结合函数本身性质得到该函数的单调增区间是 $(-\infty, +\infty)$。

关于例题教学，我们认为还是从教材例 1 出发，例 1 虽然是二次函数，很简单且学生都会，但新工具也要能解决旧问题，对于此类问题学生从两个方面解决都可以。对于例 2 给出的三次函数，重点呈现的是规范答题，先求导，再解不等式，最后验证写结论。教材中的例 3 我们可换成两道练习题让学生解答，即练习 1"确定 $f(x) = x - \ln x$ 的单调增区间"（学生 12 板演），练习 2"确定 $f(x) = \sin x - \dfrac{1}{2}x$，$x \in (0, 2\pi)$ 的单调减区间"（学生 13 板演）。这两个练习题主要是让学生学会用导数求不同类型函数的单调区间。

4. 设计活动,提升素养

建构主义理论告诉我们,数学学习是学生自己建构数学知识的活动。在师生互动、生生互动的过程中,学生构建自己的知识结构,形成了技能和能力。因此在数学活动中,学生不该是模仿者,应该是知识、方法的建构者,如果教学只是教师牵着学生的鼻子走,那么定会压抑学生的思维,限制学生的个性发展,培养出的只能是一个只会解题,没有思维的"机器人"。没有数学思维也就失去了学习数学的意义,所以教师在教学过程不仅仅要教会学生知识,更重要的以知识为载体,教会学生思考问题的方法,使学生能够根据已有事实进行推理论证,养成"释疑有据"的好习惯,最终学会学习,为学生的终身学习和终身发展奠定基础。

本节课以"创设情境→提出问题→操作实验→探索规律→应用规律→解决问题"这样的教学模式开展研究,让学生体会到数学源于生活,又应用于生活。教师先把学生带进过山车的生活场景,从而很自然地提炼出过山车的部分轨迹曲线;又在不知不觉中让学生发现导数和函数的单调性都是对函数变化趋势的刻画,只是刻画的关注点不同,使学生很自然地思考二者之间是否有关系;然后通过同桌之间的合作实验猜想结论,并且师生借助电脑一起验证结论的合理性;最后应用结论解决实际问题。学生在这样顺其自然的课堂情景中除了学到数学知识外,更多的是提升了发现问题、分析问题、联系问题、解决问题的能力。

基础教育课程改革的目标体现了新时代的要求,由"关注知识"转向"关注能力",由"给出知识"转向"引起活动",由"关注教师教"转向"关注学生学",学生在这样的学习环境中获得了更多的自信,培养了严谨的科学态度,更汲取了理性精神的精髓。因此本节课特别注重设计学生的学习活动,注重学生的自主探究、合作交流、大胆猜想,学生在这样的教学活动中无疑能提升收集和处理信息的能力,深化对知识的理解和认识,更深入透彻地领悟知识的本质。在学生自主探究摸索的过程中,他们还可能发现新问题,产生新想法,生长出新智慧。例如在本节课的理论说明环节,学生起初想当然地认为:如果导数大于 0,那么平均变化率 $\dfrac{\Delta y}{\Delta x}$ 就大于 0,即 $\dfrac{f(x_1)-f(x_2)}{x_1-x_2}>0$,从而 x_1-x_2 与 $f(x_1)-f(x_2)$ 同号,所以函数单调递增;同理导数小于 0,函数单调递减。

而在逐步探究的过程中,生生间经过交流、修正、完善,最终验证了结论的合理性。在这个过程中,学生深化了对知识的理解,对思想的感悟,更体会到了"以直代曲"思想的精妙之处,生长出迈向成功的智慧!

【名师简介】

顾秋婷,女,生于 1986 年 9 月,中学一级教师,在职硕士。2008 年毕业于徐州师范大学,2013—2016 年在江苏师范大学攻读在职教育硕士并顺利毕业,2008 年至今工作于江苏省新海高级中学。2010 年获得"中国奥数一级教练员"称号,2011 年获得"高考优秀阅卷员"称号,2013 年获得"连云港市先进个人"称号,2016 年获得"连云港市 333 第三层次骨干教师"称号;2010 年在"江苏省基本功大赛"中获得二等奖,2014 年及 2017 年在"全国一师一优课大赛"中获得部级优课,2014 年在"江苏省首届微课大赛"中获得一等奖,2015 年在"江苏省优质课大赛""连云港市基本功大赛""连云港市微课大赛"中均获得一等奖,2016 年在"全国优质课大赛"中获得二等奖,2018 年获得连云港市教科研成果特等奖,并被评为连云港市领军人才培养对象;2018 年在全国在职硕士论文、省专业硕士论文评比中均获得优秀论文奖,近 5 年来主持或以核心成员参与课题近 10 个,其中省级以上课题 3 个,在省级期刊发表论文近 10 余篇,多次在省市组织的论文比赛中获得一等奖。

第18章　映射的概念

第一部分　教学预设

一、问题提出

数学概念教学是中学数学教学的重要任务,由于学生学习的是抽象的、形式化的教材,学习活动主要表现为师生和生生间的思维交流,因此概念教学也就演变成了建构学习的过程。这种建构学习的过程需要学生亲身体验,但从实际情况来看,学生在进行概念学习时参与的建构体验还远远不够,大多是教师包办替代。如何帮助学生自主建构数学概念,本课例从"个体体验""主动参与"和"自主活动"等方面进行了探索。

"个体体验"常外显为语言表征,通过语言抽象和概括来表达个体的理解。"主动参与"是学习主体在头脑中主动建立和发展数学认知结构的过程,是一种积极的心理暗示。"自主活动"是学生对输入头脑的信息主动进行感知和加工,是新知内化的过程,是个体获得体验的源泉。在本课例中,我将结合苏教版"映射的概念"为例,谈谈它们在教学中的应用。

二、教学内容分析

1. 教材分析

"映射"在中学教学中要求比较低,它是函数概念的推广,但其抽象程度较高。从教材的安排来看,把它放在函数概念之后教学,目的不言而喻,就是想借助函数概念中的对应关系来让学生更容易理解映射概念,并换个角度加深对函数概念的理解。但对应这一概念自身就是抽象的,学生很难理解,怎样从对应过渡到映射,是本节教学的难点,解决了这一问题后,映射概念自然被理解了。

2. 学情分析

由于学生的认知水平与其获得的生活经验是密不可分的,而数学概念多是基于生活经验的积累或生活实际的需求而产生的,是数学形式化的抽象,也脱离不了生活的影子。因此在进行映射概念教学时要结合高一学生的实际发展水平,把学生在生活中获得的经验、能力等引入课堂学习中,把课堂中的数学问题以生活化的形态呈现,化抽象的数学问题为有趣的、易于学生理解的事例。

3. 教学目标

通过自主学习,学生能用自己的理解表述映射的概念,说出映射构成的要素及其具有的特征,从而向其渗透数学抽象;通过合作学习,学生能举出生活中有关映射的例子,能从映射概念的角度予以解释,从而加强其直观想象教学的能力;通过探究学习,学生能弄清函数与映射的关系,并能举出实例加以说明,从而培养其数学建模和数学运算能力;通过教师点拨,学生能判断给出的对应是否是映射,并能总结判断方法及原理,从而训练其逻辑推理能力;在概念形成过程中,培养学生的观察、比较和归纳的能力;通过映射概念的学习,逐步提高学生的知识探究能力。

三、教学思路及设计理念

1. 教学设计

高中数学相对抽象,教师要想方设法引导学生从日常生活和实践入手,思考问题,能从情境中抽象出数学概念、命题、方法和体系,积累从具体到抽象的活动经验,以简驭繁,学会运用数学抽象的思维方式思考并解决问题。

主要教学环节:按照学生思维认知规律组织概念学习,以活动导学单为载体,让学生课前先自主学习,初步了解与映射有关的概念,课中教师采取引导学生自主参与合作探究式学习的方式组织教学。教学设计流程图和映射概念建构思路如图 1 所示:

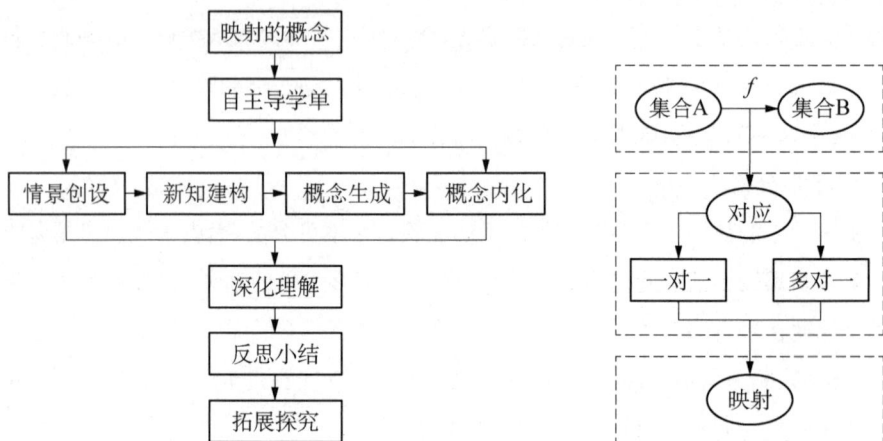

图 1 教学设计流程图   映射概念建构思路

2. 活动导学单

《映射的概念》活动导学单

一、自主学习目标要求

1. 通过自主学习能用自己的理解表述映射的概念,说出映射构成要素及其具有的特征。

2. 通过自主学习能举出生活中有关映射的例子,并能从映射概念的角度予以解释。

3. 通过自主学习能弄清函数与映射的关系,并能举出实例加以说明。

4. 通过自主学习能判断给出的对应是否是映射,并能总结判断方法及原理。

二、自主学习重难点分析

1. 重点是映射概念的定义与理解。

2. 难点是映射与函数关系辨析。

三、自主学习问题设计

（一）映射概念的理解（要求各组写下来，课上展示。）

问题 1　什么是对应？对应有哪些类型？结合图 2 中的实例说明。

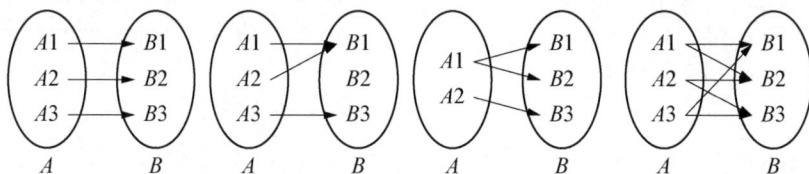

图 2

问题 2　具有什么样特征的对应能称为映射？能举例说明吗？

问题 3　从对应的角度，能尝试用自己的语言给出映射的定义吗？

要求：各小组根据图 3 写出映射定义的流程（课上展示）。

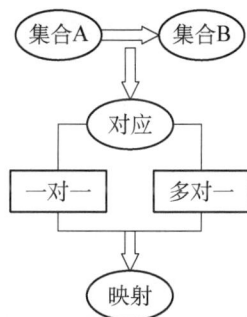

图 3

（二）映射概念的深化

问题 4　对应、映射与函数三者有何区别与联系？（要求各组画出图表比较，课上展示。）

问题 5　教材 P48 的思考与探究题（如图 4 所示）如何理解？

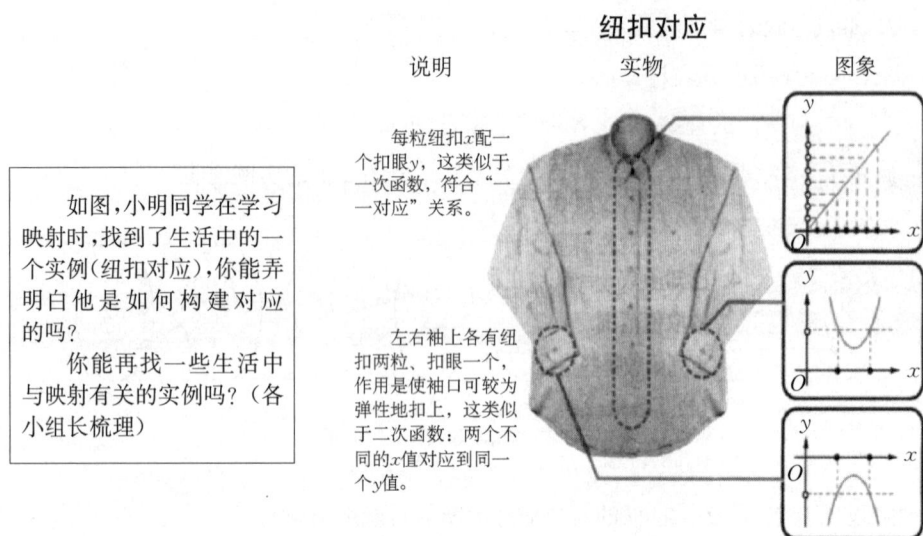

纽扣对应

| 说明 | 实物 | 图象 |

如图,小明同学在学习映射时,找到了生活中的一个实例(纽扣对应),你能弄明白他是如何构建对应的吗?

你能再找一些生活中与映射有关的实例吗?(各小组长梳理)

每粒纽扣x配一个扣眼y,这类似于一次函数,符合"一一对应"关系。

左右袖上各有纽扣两粒、扣眼一个,作用是使袖口可较为弹性地扣上,这类似于二次函数:两个不同的x值对应到同一个y值。

图 4

3. 推荐书目

李善良.现代认知观下的数学概念学习与教学[M].南京:江苏教育出版社,2005.

喻平.著名特级教师教学思想录·中学数学卷[M].南京:江苏教育出版社,2012.

第二部分　精彩实录

一、情境创设

(从生活实例引入,用 PPT 投出,教师引导学生参与研讨交流。)

实例 1:将词语分类,并用线连上(如图 5 所示)。

(教师提问,学生回答,并让学生分析连线的规律所在,然后给出问题。)

师:能尝试从对应的角度给出解释吗?

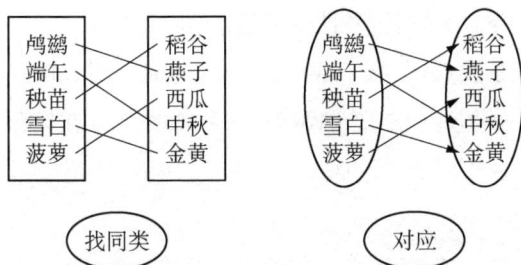

图 5

生：上述是找同类项，从对应的角度来看，好比是从集合 A 到集合 B 的对应。

师：很好！它们构成的对应关系是一一对应。

实例 2：到邮局寄两封信，邮局有 2 个邮箱，你可以怎样投？

（在学生讨论的基础上教师总结，将两封信分别记为 A_1 和 A_2，两个邮箱分别记为 B_1 和 B_2，写出所有可能情况，如图 6 所示。）

师：能尝试从对应的角度给出解释吗？

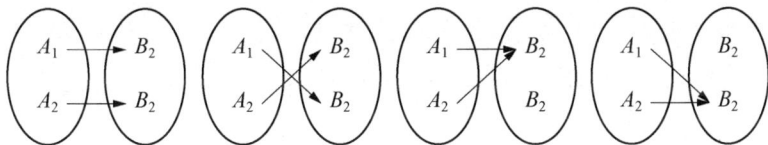

图 6

生：从对应的角度来看，仍然可以归结为两个集合之间的对应关系，只不过对应的关系更加复杂了，既有一对一的对应，又有多对一的对应。

师：很好！上述是我们生活中的两个实例，它们均可以转化为数学中的对应关系来解释。

二、新知探究

教师抛出问题"请仔细观察上述两个对应关系，有何特征？"，安排学生小组讨论，教师巡查，讨论完毕后小组交流发言。

师：有请第一小组代表发言，其他小组补充。

生：我们小组观察发现，在第一组对应中，元素是一对一的；在第二组对应中，元素既有一对一的，又有多对一的；总的说来，集合 A 中元素在集合 B 中都能找到一个元素与之对应。

师：其他组补充一下。

生：集合 A 中元素在集合 B 中对应的元素是唯一的，另外集合 B 中元素可以有剩余。

师：对上述特征能用一句话总结一下吗？

生：A 中元素不剩余，B 中有唯一元素与之对应，可以简称"A 中不剩，B 中唯一"。

师：好极了！我们将具有这种特征的对应称为映射，能尝试用自己的理解给映射下个定义吗？请各小组就此展开讨论，看哪组最棒，讨论结束后选派代表发言。

三、概念生成

教师安排学生小组讨论，自己巡查并参与小组交流，在巡查过程中选定 3 个小组，每组 3 人到黑板前商议并板演。

师：下面有请台上 3 个小组代表交流发言，先请第二小组代表发言，掌声欢迎！

生：我们小组认为，要给映射下定义就要从特征入手，从上面的学习来看，映射应具备两个特征，"A 中不剩，B 中唯一"，据此我们给出的定义是，"对于两个给定的集合 A 与 B，集合 A 中元素在集合 B 中都能找到一个元素和它对应，我们称之为映射"。

师：定义给的不错，抓住了概念的本质，哪一组再谈谈？

生：我们组给出的定义和第二组差不多，但我们认为对应还应明确方向，即从集合 A 到集合 B，还是从集合 B 到集合 A，我们给出的定义增加了"称为从集合 A 到集合 B 的映射"。

生：我想补充一下，从集合 A 到集合 B 之间还应有联系，在前面函数定义中我们将其称为对应法则，在这里我们可以继续沿用。

师：很好！下一小组你们有何看法？

生：前面一组补充得很好，但我们组认为除了注意方向性外，还应对集合 A 与 B 作限制要求，应该规定是非空集合，同时对对应到集合 B 中的元素作唯一性要求。

生：我再补充一下，由于集合 A 中每一个元素在集合 B 中都有唯一的元素与之对应，我们不妨称之为一对一的对应。

生：老师，他说的好像有点问题，一对一的对应称为一一对应，而定义中涉及的对应还可以是多对一的对应，因此不能称为一对一的对应，但我未想好怎么说。

师：很棒！哪位同学帮助解决一下。

生：老师，我们可以称之为单一对应。

师：很好！已经很接近了，其实在数学中我们称之为单值对应。从上面各位同学的表现来看，各小组都能从自己理解的角度，尝试给映射下定义，但在表述上还不规范、不严谨，下面我们一起来梳理。

教师将学生小组板书与发言的内容进行梳理，然后写出映射的概念。

［映射的概念］一般地，设 A，B 两个非空集合，如果按某种对应法则 f，对于集合 A 中的每一个元素 x，在 B 中都有唯一的元素 y 与 x 对应，那么，这样的单值对应叫做集合 A 到集合 B 的映射，记作 $f：A \rightarrow B$。

四、概念理解

师：请大家将映射的定义齐读一遍，然后将定义中关键词划出来。

学生读完后，教师让学生在课本上划出关键词，然后提出问题。

师：哪位同学说一下？

生：关键词有"非空集合、每一个、唯一"。

师：能谈谈你的理解吗？

生："非空集合"是指映射中的两个集合 A，B 不能是空集，可以是数集、点集等；"每一个"是说对于集合 A 中任何一个元素，集合 B 中都有元素和它对应；"唯一"是对于集合 A 中的任何一个元素，集合 B 中有唯一的元素和它对应。

师：很好！还有哪位同学要补充的吗？

生：老师！还有"集合 A 到集合 B"，它指明了映射的方向性，反过来"从集合 B 到

集合 A"不一定成立。

师：非常好，的确如此。下面给大家留点时间自己领悟，每人举出几个生活实例。

学生自己感悟，举出实例，小组内交流；教师巡查，个别答疑，巡查后教师板书（如图 7 所示）。

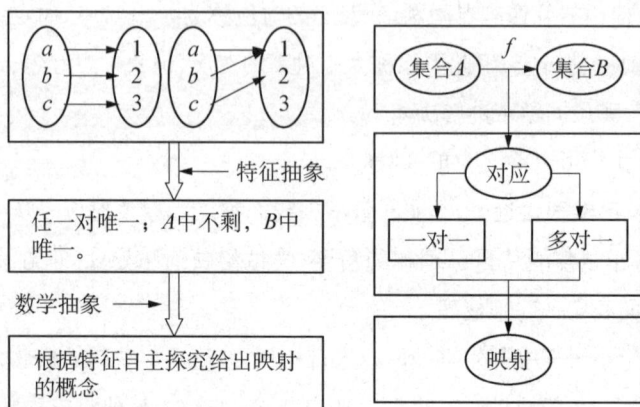

图 7

师：我们一起来回顾一下映射概念是如何给出的。从上面的图示可以看出，我们从生活实例入手抽象特征，发现映射其实是特殊的对应，然后我们用自己的语言将这种特性表征出来，再通过数学的语言规范建构，得出映射的概念，这就是概念建构的一般规律。在这个过程中，大家积极参与，表现得都很棒。

五、概念理解巩固

例 1　下列对应（如图 8 所示）中，哪些是从集合 A 到 B 的映射？如何判断的？

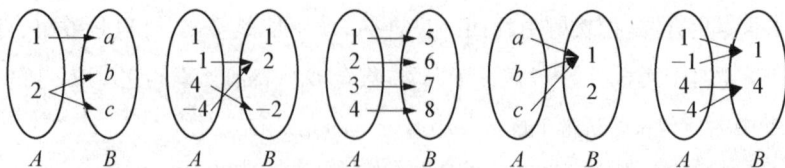

图 8

【设计意图】结合映射概念形成的过程,从对应开始认知,例 1 正是从这一视角切入,在学生刚建立的认知情境框架下构造学习,贴近学生思维认知实际,降低了教学起点,减少了学生的学习难度,符合逐层递进,层层深入的课堂教学设计,使学生刚刚建立起的学习兴趣得以延续和发展。

课上教师用 PPT 投出问题,留时间给学生思考,然后让学生抢答,并让抢答的学生谈判断方法,谈是如何理解概念的。从学生答题情况来看,学生能很好地把握映射概念的本质——A 中元素在 B 中都有唯一元素与之对应,简记为"A 中不剩,B 中唯一,任一对唯一",并能快速准确答题,效果显著。

问题思考:如果例 1 中集合 A 到集合 B 的对应,变为从集合 B 到集合 A 的对应,哪些能构成映射?(即将例 1 中集合间的箭头反向,再让学生抢答。)

通过例 1 及变式的设计,学生从对概念的认知逐步从感性发展为理性,借助信息的反复刺激,新知在学生头脑中逐渐留下印记,他们也逐渐接受了映射这一新的数学概念,并且这一概念符合学生的认知心理。

例 2　在下列对应(如图 9 所示)中,哪些是从集合 A 到 B 的映射?

> 1. $A = \{1, 4, 9\}$, $B = \{-3, -2, -1, 1, 2, 3\}$, $f: x \to x$ 的平方根;
> 2. $A = R$, $B = R$, $f: x \to 2x + 1$;
> 3. $A = R$, $B = R$, $f: x \to x$ 的倒数;
> 4. $A = R$, $B = R$, $f: x \to x^2 - 2$;
> 5. $A = \{$三角形$\}$, $B = \{$圆$\}$, $f:$ 作三角形外接圆。

图 9

【设计意图】例 1 从集合角度直观呈现对应关系;例 2 则变换了集合呈现的方式,让学生的思维深入发展,但体现概念的核心本质不变。让学生在变换的背景下认清映射概念的本质,加深其对概念的理解,从而将他们表象的感知转换为内在的认知,并让学生的思维训练得到提升。

教师安排学生小组内互助学习,教师巡查,适时参与小组讨论,待各组形成组内结论后,安排小组交流发言。

生(小组 4 代表):我们小组认为 2、4、5 三个对应是从集合 A 到 B 的映射,因为它们符合映射的概念"A 中不剩,B 中唯一,任一对唯一"的特征,而 1、3 两个对应中,

集合 A 中元素在集合 B 中找不到与之对应的元素。大家还有什么问题吗？

生(小组 3)：对应 5 是映射我不大理解，好像和我们认识的映射不太一样，能帮我解释一下吗？

生(小组 4 代表)：哪位同学能谈谈你的看法？

生(小组 6)：这一点并不难理解，其实他的疑虑主要是对应 5 呈现的内容陌生，和他脑中的认识产生冲突所导致的，核心问题是他对映射的概念还理解不透彻。我们来看映射的概念，"一般地，设 A，B 两个非空集合，如果按某种对应法则 f，对于集合 A 中的每一个元素 x，在 B 中都有唯一的元素 y 与 x 对应，那么，这样的单值对应叫做集合 A 到集合 B 的映射"，概念中对集合中的元素并没有特殊的要求，因此是圆和三角形都可以，只要是符合概念要求就可以判断为映射，显然每一个三角形都有唯一的外接圆存在。

生(小组 4 代表)：这位同学还有什么问题吗？

生(小组 3)：没有了，谢谢！

师：刚才几位同学的发言十分精彩，大家能抓住映射概念的本质来分析，说明大家对映射概念有了深入的理解。下面我们再来看一下变式，在例 2 中哪些是从集合 B 到 A 的映射？请大家思考并口答。

通过例 1 和例 2 及变式的设计，学生对映射的概念有了进一步的认识，他们基本能从概念本质角度出发认识映射，并能快速正确地判断给定的对应是否是映射，基本完成了概念学习任务，课堂学习达成度较高。

六、概念深化拓展

问题思考：例 2 中的对应哪些是从集合 A 到 B 的函数？请大家相互交流讨论。

师：函数概念大家近期刚学习过，还留有一定的印象，这里我们提出并和映射放到一起，通过比较进一步加深对这两个数学概念的理解和认识，下面请大家谈谈。

生(小组 1 代表)：我们认为对应 2 和 4 是函数，因为这两个对应中的集合都是非空数集，集合 A 中的元素在集合 B 中都有唯一的元素与之对应，符合函数的概念，有什么疑问吗？

生(小组 2)：对应 2 是函数没问题,但对应 4 是函数有疑问,好像集合 B 中元素有余。

生(小组 1 代表)：这个问题很好,其实说明你对函数的概念认识还有一些模糊。其实在函数的概念中,集合 A 到集合 B,其中集合 A 中元素不能出现剩余,且集合 A 就是函数的定义域,而集合 B 中元素可以有余,且集合 B 不一定是函数的值域,而你误认为集合 B 一定就是值域,其实值域只是集合 B 的一个子集,能理解吗?

生(小组 2)：我懂了,谢谢!

师：两位同学的交流很好,哪位同学能谈谈二者的关系?

生(小组 4)：我先谈谈。我认为函数一定是映射,它符合映射的所有特征,而映射不一定是函数,因为映射中集合不一定是数集。

师：回答到问题本质上去了,很好! 其实函数是一种特殊的映射,是定义在非空数集间的映射。映射与函数三者有何区别与联系? 课前已安排大家梳理了,哪一组上来展示一下?

生(小组 5)：我们组在老师指导下做了一个表格(如表 1 所示),现在和大家分享一下。

表 1　映射与函数的关系

	函数	映射
研究对象	集合A ⟹ 集合B	集合A ⟹ 集合B
集合要求	非空数集	非空集合
对应类型	一对一、多对一	一对一、多对一
函数之于映射		
映射之于函数	映射是函数概念的扩展,将非空数集扩展为任意非空集合	

生(小组 5)：从上面这张表可以清楚地看清二者之间的关系,函数是定义在非空数集间的映射,映射相当于函数概念的扩展,将非空数集扩展到了任意非空集合。

师：该小组同学制作得相当精彩,将函数和映射间的关系比较得一清二楚。对应、映射与函数三者之间的关系我也做了一个表格(如表 2 所示),大家一起来看一下。

表 2

类别	内容
研究对象	对应法则f 集合A ⟶ 集合B
种属范围	对应 映射 函数
研究顺序	对应 ⟶ 函数 / 映射

师：我们从三个角度来观察，详细比较它们之间的关系。从研究对象看，只有函数研究的对象明确为非空数集，而对应和映射的要求为非空集合。从种属范围看，函数、映射和对应间是一种依次包涵的关系，对应概念的外延最大。从教材研究顺序来看，是先研究对应，再研究函数，最后再研究映射。因为对应是概念产生的基础单元；而函数相对特殊，集合范围相对受到限制，便于学生学习；最后再研究映射，既加深了学生对映射概念的理解，也有助大家对函数概念的理解，这样使我们在数学的学习过程中，数学能力的提升产生反复螺旋上升的效果。

七、概念升化融合

例 3　下列图像（如图 10 所示）中表示映射的有哪些？

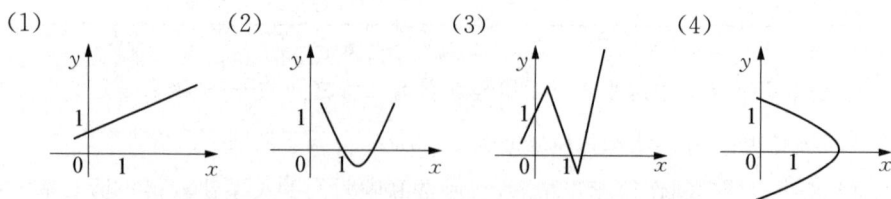

（1）　　　　　（2）　　　　　（3）　　　　　（4）

图 10

师：请各小组组长组织组内成员讨论,讨论后请各组展示。

师：哪一组先来谈谈?

生(小组 1)：我们组先来谈谈。从上面的图来看,它们只是形式上有了变化,其实还是考查映射的概念,只要抓住了映射的特征来判断,即"A 中不剩,B 中唯一,任一对唯一",我们不难发现,(1)(2)(3)符合映射的要求,而(4)则不满足要求,在(4)中有一个 A 中的元素对应了 B 中两个元素,所以(4)显然不是映射。

师：很好! 还有其他他思考方法吗?

生(小组 4)：老师我谈谈。刚刚我们学习了映射和函数之间的关系,知道函数其实是一种特殊的映射,因此一个对应如若是函数,则一定是映射。通过观察我发现,(1)(2)(3)是函数,由此可以确定前三者一定是映射;而(4)不是函数,且出现了一对二的情形,显然不是映射。

师：很棒,活学活用,恰到好处。我们再来做个变式练习,看该如何处理。

变式：已知 $A = [0, 2]$, $B = [0, 2]$,图中(如图 11 所示)哪些是从集合 A 到 B 的映射?

(1)
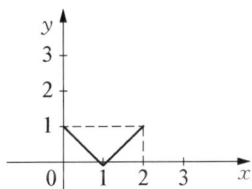

(2)
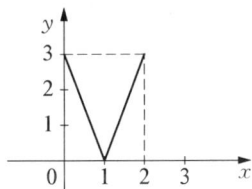

(3)
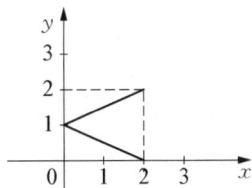

(4)
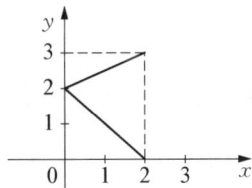

图 11

师：我们对例 3 做变式,对涉及的集合我们限制,该如何思考呢? 请大家认真思考,独立完成题目。(教师巡查,对有问题的学生进行答疑。)

师：哪位同学将你的体会和大家分享?

生 1：我是这样想的,首先我来判断哪一个是函数,只要是函数就一定是映射,所以可以看出(1)一定是函数;(3)一定不是函数,也不是映射;对于(2)和(4)我不能确定,好像不是函数。

生2:老师我谈谈。(1)是函数所以是映射;(3)不是函数也不是映射,因为它不符合映射特征;(2)是函数,但不是从集合 A 到 B 的函数,也不是从集合 A 到 B 的映射,因为集合 $B=[0,2]$,而从图像来看,函数对应的值域为 $[0,3]$,其中集合 A 中有的元素在集合 B 找不到元素与之对应;(4)不是一个函数的图像,而是从集合 A 到 B 的函数,因为从 $A=[0,2]$ 到 $B=[0,2]$ 这一段图像是函数的图像,自然也是映射。

生3:我赞同这种说法,尽管变式在形式上做了变化,但我们只要认真分析,从概念特征入手思考,抓住"A 中不剩,B 中唯一,任一对唯一"的特征,不难得出正确结果。

师:大家表现得非常棒,该变式时刻揭示了映射概念的本质,正如刚才这位学生所说,我们只要抓住了概念的本质,真正理解了概念,问题就不难解决。本节课大家表现得很好,下面我们一起来总结一下。

八、课堂教学总结

教师请学生先进行知识小结,并板书(如图12所示)说明,强调重点,最后用 PPT 再详细梳理投影。

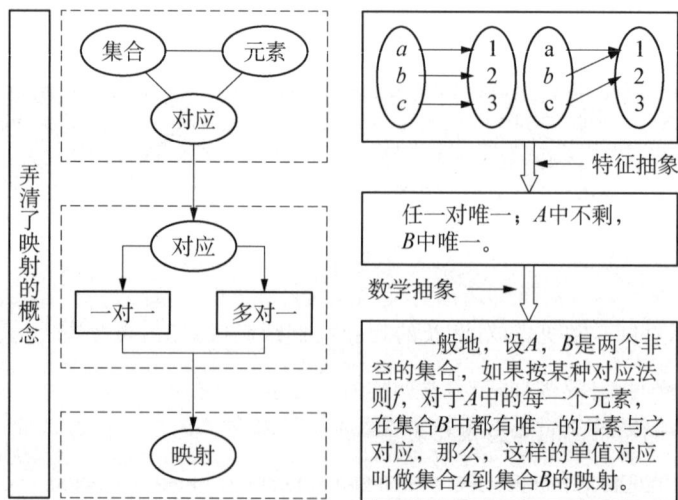

收获 1：弄清了映射的概念。

收获 2：理清了映射与函数的关系。

理清了映射与函数的关系		函数	映射
	研究对象	对应法则 f 集合 A ⟹ 集合 B	对应法则 f 集合 A ⟹ 集合 B
	集合要求	非空数集	非空集合
	对应类型	一对一、多对一	一对一、多对一
	函数之于映射	函数是一种定义在非空数集间的特殊的映射	
	映射之于函数	映射是函数概念的扩展，将非空数集扩展为任意非空集合	

图 12

九、课堂拓展探究

教师：数学来源于生活，又反作用于生活。我们要善于从身边的生活入手，来思考我们的数学。请大家翻开教材 48 页，一起来看思考与探究题（如图 4 所示）。

教师留时间给学生进行小组探究，但由于时间不充足，课上没有来得及展示。

十、课堂教学反思

映射在苏教版教材中放在函数概念教学之后，目的是借助函数概念中的对应关系来理解映射概念，从而换个角度加深对函数概念的理解。但由于对应这一概念自身就是抽象的，学生很难理解，怎样从对应过渡到映射，是本节教学的难点。

在本节学习中，我先通过设计自主预学单，让学生课前先自己解决力所能及的问题，课中借用了两个生活化的问题，先将对应这一抽象的数学概念"初等化"，然后再引导学生从对应的角度思考其具有的特征，让他们知道具有这样特征的对应称为映射，从而为映射这一抽象的概念作了直观界定,即映射是对应概念群,它具有独特的性质。到此,学生根据提供的信息,已具有了自己给出概念的基础,这使教师适时地安排学生自己尝试给出概念成为可能。教师通过安排学生小组讨论,借助小组合作学习,然后由学生展示,教师点拨,使学生对映射概念的理解基本水到渠成。

为了加深对概念的理解,教师又设计了映射与函数概念理解的表格,并加以比较,通过图表的展示,学生充分认识了二者的区别与联系。学生通过例题及探究题的训练,能够深刻理解映射,达到教师的预期效果。

第三部分　课例分析

【学生反响】

我对上课掌握情况做了回访,学生普遍感到很激动,没想到映射的概念他们自己也能建构起来,并且十分贴切自然。学生感觉原来数学就在身边中,从而对数学更加感兴趣。尤其课上同学们相互交流、相互协作,学习轻松自然,不知不觉一节课就过去了,但同学们仍然意犹未尽,并且表示这样的数学课他们喜欢。

学生甲:本节课的容量相当的大,但由于课前老师做了大量的准备工作,为我们的课中学习做了很多的铺垫,所以我们在课中显得很轻松,没有觉得很累。通过本节课学习,我更认识到预习的重要性,体会到活动导学单的作用,在以后的学习中我更要把握预习的机会。

学生乙:老师的课十分精彩,将我们觉得抽象的数学概念设计得十分接地气,让我们在不知不觉间自己建构出了映射的概念,这令我们很惊讶。在整个教学过程中,老师始终鼓励我们自主思考,让我们站在讲台上说出想法,和大家共同分享学习成果。尤其当我回答不上来的时候,他不是打断我,而是给我鼓舞,并引导我思考,给我自信,让我产生新的想法,这样的教学方式我喜欢。

学生丙:我觉得老师的知识很渊博,对数学的理解很深刻。老师通过图表的方式呈现知识的生成过程,很直观,很形象,对我们思考问题很有帮助;尤其借助两个表格将对应、映射和函数三者之间的关系比较得清清楚楚,让我们一目了然,豁然开朗。这些体现老师很好的数学素养,让我们佩服。

学生丁:我觉得老师的选题及变式特别好,对我思维训练很有帮助。例 3 及变式的设计给我留下了很深的印象,老师通过这一组试题,让我们对映射概念的本质认识得十分到位,同时将函数和映射二者的区别与联系搞得一清二楚。我们因此加深了对函数概念的理解,进一步提升了本节课学习的价值,对学生的思维训练也有很大的帮助。尽管该题组对有的学生而言有点难,但对于我很有价值。

【同行声音】

听课的老师感触颇深,新课改要求数学教师将学科素养落地生根,本节课提供了很好的范例。课中姚老师将数学核心素养所包含的"数学抽象、逻辑推理、数学建模、数学运算、直观想象、数据分析"等六个方面,几乎都渗透到了教学中去,很好地体现了学科育人的价值理念。学生在课堂中优秀的表现给我们留下了很深的印象,也让听课老师看到学生的潜力是无穷的,老师要善于放手让学生自主学习,建构自己的数学理解,培养自己的数学观和学习观。在这一过程中,教师也要积极引导,深入参与。

王老师:姚老师的课对于我们青年教师来说,是一堂生动的思想教育课,他给我们提供了新课改以人为本教学的范例。姚老师在课中时刻突出以学生为主体,以让学生学会、会学、会用为根本,围绕学生数学素养的提升组织教学,并能关注学情,根据学情及时调整自己的教学内容和策略。我还要好好反思,认真学习,尽快将"以人为本"落实到我的课堂中去。

宋老师:姚老师能引领学生自主建构映射的概念,体现了他自身很深的数学修养。他将自己多年形成的数学观、教学观和学习观,浓缩在这一节课中,尤其是教学映射概念的生成时,所用方法十分自然贴切,让我们大吃一惊,也让我们知道数学原来可以这样教。姚老师一直致力于数学教学理念研究与贯彻,他提出了朴素的教学观——"教简单数学,简单教数学,数学教简单",本节课我们算是感受到了他的教学思想,但我们还需认真研究,细细琢磨。

【自我反思】

1. "个体体验"是学生自主建构概念的起点

概念学习过程就是认知结构不断变化和重新组织的过程。这个过程需要学生亲历，没有亲身体验，学生很难在头脑中留下深刻的印象。高一学生生活经验较少，认知水平偏低，数学概念建构对于他们而言较为抽象，需要教师为学生搭建体验平台。在映射概念教学中，我选取了两个学生较为熟悉的生活实例，把对应问题以生活化的形态呈现，降低认知难度，然后再引导学生从对应的角度观察问题具有的特征，尝试给映射下定义，这样映射概念的建构水到渠成。

2. "主动参与"是学生自主建构概念的基石

概念学习要求学生主动参与建构，并在该过程中进行思辨性反思，积极改变思维生态。但由于学生认知结构不同，对数学概念建构的理解也很难相同，如何让学生超越自己的认知，达到概念层面的共同理解，需要教师为他们建构多样的学习。在映射概念教学中，教师以问题为载体，以小组讨论为手段，以代表展示为形式，以教师点评为突破，多途径地为学生主动参与建构创设条件，使学生不断建构自己的理解，取得较好效果。

3. "自主活动"是学生自主建构概念的内力

教师直接给出一个新概念，对学生而言是突兀的，学生头脑中的认知重建往往要经历"感性直观—语言表征—符号抽象—数学表达—实际应用"这样一个渐进的过程，这个过程没有学生"自主活动"作为内力来"反刍"是无法实现的。因此，教师要为学生预留必要的"自主活动"空间，让学生所学的新知有一个吸收内化的过程。在得出映射概念后，教师安排学生进行读定义、划关键词、交流生活实例等"自主活动"，从而使学生实现概念的内化与理解。

4. "教材认知"是学生自主建构概念的本源

教材是知识传授的载体，这种载体应该为师生共有，当师生真正地理解了教材的意图，教学活动便变得简单起来。这就要求教师要了解学生已有的认知水平，只有从学生的认知水平出发设计教学，才能使教学的有效性得到发挥。认知在心理学上解释为人通过心理活动获取知识，认识外界事物的过程。对教材的认知是指师生通过对教材的感悟和质疑，拉近自身与教材编者的距离，实现与教材编者的对话，体会教材编者意图的一种认知活动，而这种认知活动对于数学概念的教学极为有用。认知教材是教师组织概念教学的前提和保障，对教材认知越透彻越有利于教师组织概念教学。

5. "课堂生成"是学生自主建构概念的活力

概念的教学不是冷冰冰的学习,也不是机械的理解和灌输,它需要有趣的生成,来激发学生学习的活力。但课堂生成不是盲目的等待,不是空中楼阁,更不是舶来品,它要求教师经过钻研和分析,找到学科教学的"核心",从而在课堂上围绕这个"核心"来"生成"。因此,课堂生成需要教师预设,没有预设的课堂生成是盲目的,但"预设"也应当具有"动态"性,因为"真实而鲜活"的"生成"包括太多复杂因素。所以,怎样预设生成就成为我研究的重点。

问题驱动是课堂有效生成的策略,把问题作为教学的出发点可诱发学生的学习动机,使学生很快进入思考问题怎样解决的状态,并利用问题形成认知冲突,了解与特定学习目标之间的距离,还能通过问题使学生反思自己的学习过程,从而为课堂有效生成埋下伏笔;合作交流是课堂有效生成的保障,课堂上教师应把时间还给学生,让学生充分交流与展示,师生之间、生生之间开展和谐的对话,在交流中生成,在生成中感悟,在感悟中升华;有效性是课堂有效生成的本质特征,那些不用思考即可产生的生成是肤浅的,充其量只能称作"伪生成",不要也罢。如果课堂生成的内容需要探讨,教师千万不要急于下结论,更不能"顾左右而言他",而要为课堂留有余地,营造宽松和谐的环境,使学生在无焦虑状态下进行"头脑风暴"式的思维互动,为问题的更好解决提供必要的时空。

【专家点评】

点评专家：魏贤刚,徐州市数学教研员

姚松老师长期致力于学讲计划的研究,对学讲计划有自己独到的理解,能将自己对数学的理解和对新课程理念的理解融为一体,并在课堂教学中长期坚持实践,收到很好的成效。本节课就是他长期研究成果的一个展示,通过课堂设计和学生表现,我们可以直观地感受到下面几点。一是凸显学讲的核心"学进去,讲出来",并且贯彻到底,十分坚决。我们从学生训练有素的表现可以看出,这一方法效果显著。二是新课程的理念"以人为本,以创新精神和实践能力的培养为重点"落实较好,新课程改革倡导学生自主学习、合作学习和探究学习,改变学生学习方式,调动学生的学习积极性。姚松老师整堂课都突出了以学生为主体的理念,围绕映射概念的教学,设计了多彩的学习方式,包括自主性学习、合作探究、小组展示、学生精彩交流、学生反思等等,无处不体现出学生为主体的教学理念。三是渗透了朴素的数学观和教学观,以及始终将生活中的数学作为学习载体,让学生时刻关注身边的数学,并应用到生活中去的学习观。除此之外,姚老师还将他"求简"的教学观渗透到课堂教学中去。我们知道数学是一门科学,其活动往往围绕"知识内在联系,规律形成过程,思想方法提炼和数学理性精神"展开,从中我们感悟着数学知识由"感性具体"到"理性抽象"再到"理性具体"的思辨过程,在映射的概念教学中,姚老师正是遵循了"求简"的教学观,自觉指导学生改变学习方式,转变他们对数学的认识,使他们形成正确的学习观。四是教师能注重学生"数学化"能力的培养。"数学化"能力是指学生能够调动已有的数学知识储备,自主解决生活中的实际问题;或将已有储备知识进行逻辑分类,形成知识结构体系的能力,包括"学生具有数学地解决生活中碰到的实际问题的能力,以及能够使所学数学知识结构化、自动化,逐步完善数学知识结构的能力"。从映射的概念教学设计可以看出教师匠心独具,能将目前教学中老师容易忽视的"数学化"能力训练融入课堂,这一点很好,对其他老师也是个很好的借鉴。

【名师简介】

姚松,男,1973 年 9 月生,江苏省新沂市人,1996 年毕业于徐州师范大学,现为中学高级教师。江苏省数学学会优秀会员,徐州市首批领军名师,获"一师一优课"部优奖。先后获得江苏省教育系统优秀共产党员、徐州市优秀教育工作者、徐州市支持团工作好校长、新沂市卓越教育工作者等称号,2018 年被评为江苏省数学特级教师。多次受邀在省市研讨会上作专题发言或上示范课,其中 2013 年在省第九届数学年会上作专题发言,2017 年在省第十三届中学数学教学高级论坛上上示范课,2018 年在全国家校合作经验交流会上发言。倡导教学理念:教简单数学,简单教数学,数学教简单。